JN079687

はじめに

　私が管理職として勤めていた学校には、授業力向上を目指す意欲ある教師が何人もいました。私が学校を離れてからも、私の指導を受けに来る熱心さに頭が下がりました。研究室に来ると、また学生時代に戻った気持ちで勉強をしたいという言葉を何度となく聞いたものです。

　校長時代から、多くの学校に研究会講師として訪れ、そこで出会う教師たちの中にも、自らの指導力を伸ばすために貪欲な人たちがいました。私が講師としてその学校に行かなくなった後でも、また私のもとで勉強を続けたいと言ってくれる人たちが少なくありませんでした。

　校長退職後に勤務するようになった早稲田大学教職大学院で、私のもとで研究をしていた現職派遣教員の院生たち、学部卒の院生であるストレートマスターたちは、常に研究を続け、自らを高める人たちばかりでした。大学院修了後も、また早稲田大学に来て研究をする機会を望んでいました。

　校長退職後に4年間、教鞭をとっていた開智国際大学でも、まじめで優秀な学生たちと出会いました。時間があると私の研究室を訪れ、教員採用試験に向けての勉強をしていました。私がこの大学を退職してからも、よりよい教師として成長するために早稲田大学の研究室に通って来て、中には早稲田大学教職大学院に進学した学生もいます。

　さまざまな人たちと関わり指導をしてきました。私はこれらの人たちを一同に集めて、お互いに学び合う場をつくることを考えるようになりました。現職派遣教員として、早稲田大学教職大学院の私のクラスに1年間所属し、常に私の研究パートナーでもあった江袋勇樹先生に私の思いを話しました。ぜひ一緒にそのような研究会をつくって勉強をしたい、という大変熱意ある反応がありました。2021年6月のことです。

　そこからこの教師塾の立ち上げが始まりました。同じ早稲田大学での卒業生仲間、東京都小学校国語教育研究会での研究仲間、教師としてともに同じ学校で働いていた仲間もこの趣旨に賛同をしてくれて教師塾に集まってくれました。

人が人を呼び、信頼の輪が広がり、今では150名を超える会員数となりました。優秀な運営委員たちに恵まれ、年３回の早稲田大学の大教室で行われる研究会は大盛況で活気にみなぎっています。早稲田大学教育・総合科学学術院からも、正式な学会・研究会として認可され、支援を受ける研究団体となっています。

　教師として必要な力は、授業力であり、学級経営力です。それを支えるのは、教師としての使命感、責任感であり、教師としてのよりよい生き方、考え方を確かに持つことです。これを私は「教師学」ととらえました。この教師学を土台とした教師の指導力を「教師としての総合的な指導力」と考えています。

　教師塾には、現職の教師以外にも、退職した方、校長や副校長などの管理職、教育委員会の指導主事、教師以外の教育に関わる仕事に就いている人、大学教授、大学院生や学生たちが集まっています。年齢もさまざまです。学校からの見方だけでなく、より広い視野から語り、学び合うことのできる、他に類を見ない研究会となっています。人と人とのつながりを大事にして、切磋琢磨をして、教師としての総合的な指導力を伸ばしていく研究の場がこの教師塾です。

　今回、ここで活躍している人たちの研究や実践などを集め、互いに学びを深めることができる本を作りました。常に学びを続ける我々教師塾にふさわしく、書名を『学び続ける教師たち』としました。この本が新たな出発点となり、これからも熱心に指導の在り方、教育の未来を考える教師たち。この本はその意欲が集約された一冊となります。

　日々の仕事で忙しい中、執筆をしてくれた方たち、煩雑な作業をいとわず熱心に力を尽くしてくれた教師塾の編集委員たち、そして私の思いを汲み書籍づくりに全面協力をしてくれた第一公報社の大平聡社長と山内亜也子編集部長など、多くの方たちの力が結集し、支えられてこの本ができました。深く感謝したいと思います。

早稲田大学教師塾塾長　遠藤 真司

目　次

早稲田大学教師塾が拓く可能性

大田区教育委員会指導課指導主事　江袋 勇樹

　「遠藤先生が研究会をつくったら、ぜひそれに参加したい」これは私がずっと願っていたことである。私以外にもきっと同じことを思っていた人がいるだろう。その願いを実現させたのが「早稲田大学教師塾」である。2021年度、私は東京都の長期派遣制度で、早稲田大学教職大学院に通い、遠藤先生の指導を受けていた。そんなある日、遠藤先生から新しい研究会発足の提案があり、私が運営代表となって発足した研究会がこの教師塾である。授業力、学級経営力、教師の行動力、人間力など、「教師の総合的な指導力」を学び、明日の教育を語り合う新たな研究会である。この教師塾は私にとって、長年の夢が叶った研究会でもあり、心の支えにもなっている。この研究会がどのように運営されているのか、いくつか紹介したい。

開催日と会場の設定

　開催するにあたって、最初に行うのが開催日と会場の設定である。一番に考えているのは学校で働く教師たちにとって、どの日にすれば負担が少なく参加できるかを考えている。土曜日開

催の場合は、学校では土曜授業があることも考えられるため、午後からの開催にしている。候補日の候補を何日かあげ、その後、塾長の遠藤先生が大学と折衝をする。大学の大教室を確保するのは簡単にいかない。入試、オープンキャンパス、各イベント、講演会などが、授業以外にも多数入っているからである。

　何度かの折衝の結果、やっと大教室が確保されて開催日が決まると全体に知らせる。開催日が決まるのは、私の中でも、大きな目標として楽しみが増える瞬間でもある。

　会場を大学の大教室にしているのも、通常の研究会とは違う特色の一つである。大人数が入っても十分余裕があり、最新の換気設備が整った大きな教室を

会場としている。このような会場を設定することは発表者のモチベーションを高める。伝統ある早稲田大学の大教室を舞台に発表をすることは、私も実際に経験したが、緊張もすると同時に、大きな自信にもつながる。この教師塾での発表は他の会などでの発表とは違う特別感を感じる。

研究会の内容の設定

開催内容を決めるにあたって、最初に行うのはテーマの設定や遠藤先生の講演内容の決定である。多くの場合、このテーマでグループディスカッションを行っている。幅広い職層が参加する研究会だが、一部の参加者しか理解できない内容ではなく、どの職層の参加者にも学びがあり、ディスカッションを行うことができる内容を設定している。

また、参加者が楽しめるように、内容にエンターテイメントの要素も入れている。まず、参加賞として受付時に早稲田大学グッズを配布している。この記念品は必ず遠藤先生が自ら買いに行き、参加する人が学校で使えるような文具類を選んでいる。

それだけではなく、塾長賞として少し高価な記念品も準備し、じゃんけん大会など行い、特別な記念品とし勝ち残った人に渡している。

2023年1月の教師塾では、声楽家でもある原千裕さんを特別ゲストとして呼び歌唱披露もしていただいた。このように、研究一色ではなく、多少の遊び心があることも他の研究会には見られないと言えるだろう。

幅広い参加者や発表内容

内容が決定すると開催通知を作成し、周知を行い参加者の募集を行う。早稲田大学の魅力の1つに、参加人数の多さと職層の幅広さがある。参加募集を行うと、あっという間に多くの方から申し込みがくる。今までに開催された研究会では毎回80〜100人近くの参加者が集まっている。参加者は大学教授、校長・

副校長などの管理職、教育委員会の指導主事、主幹、主任、若手の教師から、初任者、大学院生、教師以外の教育の職に就いている人など、非常に幅が広い。これは多くの人、立場からの見方がこの教師塾で交わされる強みとなっている。

　研究会では、塾長の遠藤真司先生の講演、顧問の講演や会員の実践発表などがあり、教育を幅広くとらえた内容や授業のこと、学級経営のことなど、幅が広い。どれも教師に必要な視点であり、発表者が積み重ねてきた経験や知識を知ることができる。どんな職層にも対応し、多くの知識を得られることは、複雑化された今日の教育課題に対応するために非常に有効だと考える。私は、この教師塾を通して多くの方たちと出会う機会があった。通常では出会うことのなかった人たちとの出会いは、まさにこの教師塾があったからこその出会いであり、自分の財産であり支えになっている。

教師塾当日

　教師塾の開催日当日は、朝早くから運営委員たちが早稲田大学に集まり準備を行う。会場になった教室で、受付の設営や発表用のパソコンの接続、音響の確認などを行う。運営委員全体で当日の流れや役割分担の確認をする。当日は、円滑に運営が行えるよう最初から最後まで、気を許すことなく仕事をすることになる。

　また当日の大きな仕事がグループディスカッションの運営である。塾長が設定するテーマのもとで行われるディスカッションでは、さまざまな職層の人たちの意見や思いを聞くことができる。テーマは誰もが話すことができる内容で、話し合った内容はどれも貴重な情報となる。運営委員では、参加者が有意義な話し合いができるように、当日の事前確認でグループディスカッションの司会を行うファシリテーターと話し合う内容を細かく確認している。実際に参加者

の様子を見ていると、どのグループも時間を忘れて話に熱中する姿が見られる。遠藤先生が設定する適切なテーマ、ファシリテーターの話し合いの進め方、参加者の熱意の全てがそろったこの時間は教師塾の醍醐味であると私は感じる。研究会が、無事に終わり参加者からさまざまな感想をもらった時は、疲労は大きいがとても爽快感がある。

教師塾の可能性

　教師塾は、「教師の総合的な指導力」を学び、明日の教育を語り合う研究会である。また、多くの人たちとつながりをもち、教師としての生き方の幅を広げていくことを理念に運営している。まさに、これから必要とされる教師の力（教師力）を育むために生まれた研究会と言える。

　私にとって早稲田大学教師塾は心の支えである。遠藤先生から「江袋先生がいたからこそこの教師塾ができて、前に進むことができている」と言っていただけたことは本当に嬉しく、ふだんの仕事が大変でも次の開催を楽しみに、乗り越えることができる原動力となっている。

　大学教師塾は、今後も他の研究会にはない、総合的な教師力向上のための取り組みを発信していくであろう。他の参加者にとっても、心の支えになる研究会を運営できるよう、今後も励んでいきたい。

教師塾の魅力

開智国際大学国際教養学部教授　森谷 一経

　この教師塾について、その魅力を書こうと思ってペンを取ったが、はたと手が止まってしまった。ちょっと考えてみるだけでも、その魅力があまりに多方面に伸長しているので、一向にまとまりがつかないのである。学校教育に対する熱い思いを共有する同志たちが、年齢、職位、専門領域を超えて、自らの実践と試行錯誤、授業や学級経営の取り組みについて、情報を共有し、研究し、発表する場所が早稲田大学教師塾であり、当然に、一言ではその魅力を言い難いのである。

　しかしながら、それを敢えて短くまとめるならば、この塾に参加する教師たちの学校教育に対する情熱が群を抜くものである、ということに尽きるであろう。考えてもみて欲しい。ウィークデーを忙しく過ごしている教師たちが休日に、何らの義務や指示もなく、もちろん無報酬で、いやむしろ、参加費を支払ってでも早稲田大学に集まってくることを。そして、研究と発表、ディスカッションを通じて学び合い、指摘し合い、理解し合う姿を。子どもたちの学力向上と、よりよい将来に資する土台づくりに真摯に取り組むこれらの教師たちの教育に対する熱い思いは並々ならぬものである。

　それでは、教師塾に参加する教師たちのその情熱はどこからくるのであろうか。私は、これを教師塾会員の一人一人の学ぶことに対する熱意と、それを引き出す遠藤真司塾長の教育的指導力にあると考えている。だからこそ、教師塾で発表される研究や実践事例は、新鮮かつ具体的で、誰もが唸るようなプレゼンテーションが展開されているのだ。

　日々のニュースで報じられる通り、学校教育の現場は確かに過重労働の問題などで厳しい状況であることは事実かもしれない。だが、教師塾に集う一人一人の教師たちの教育に対する情熱、そして、子どもたちに対する愛情を理解するにつけ、私はこれからの日本の学校教育に明るい希望を見出すのである。教師塾に参加し、仲間と夢を語らい、学び合うことは本当に楽しい。私も本塾の一員として大いに貢献していきたいと考えている。

師 弟 同 行

横浜商科大学商学部教授　東風 安生

　「同行」と書いて、「どうぎょう」と読む。師匠と弟子が一緒に歩むのである。教育の世界では教師が子どもたちと歩む。ただし、教師は教える師匠ではなく、学ぶ師匠になる。学びのprofessional（専門家）になるという意味だ。伊藤は、図に示すとおり、教師と子どもが同行関係において学びの体験を共有することで、互いの自己創造が生まれてくるとしている。これがかけがえのない学習活動になる。

　早稲田大学教師塾は、現職の教員が150名以上集う学び舎である。教師は指導者としてではなく学びの学習者として塾に参加する。どこにも強制はない。

　一般的に、教師は子どもたちに次の点を期待する。学びのめあてをもってほしい。仲間と話し合って、協働してほしい。1つでよいから本時で新たな学びをつかんでほしい。教師塾では、それが参加者自身に期待される。

　いつも教師は師弟同行の実践者であるため、自分が学び続ける必要がある。参加する前には、現在の指導者としての自身の課題が何かを明確にしておく。参加している間は、同じ学習者と共に協働していく。学んでいる過程で、自分の経験に照らして気づきが生まれる。新たな知識を吸収できる。参加後に自ら教壇に立つと、この学びが生かされる場面に出会う。自身の指導力となる。

　師弟同行の体験を、自らが弟子の立場となって学んできた指導者は強い。自ら積極的につかんだからである。そんな可能性が満ち溢れている場が、ここ教師塾にはある。

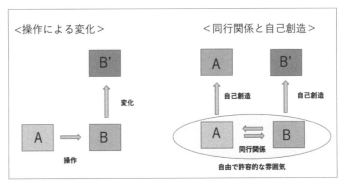

伊藤隆二『人間形成の臨床教育心理学研究』風間書房,1999

プロの教師とは

教師塾塾長　早稲田大学教職大学院客員教授　遠藤　真司

あんな授業なら私でもできる

　学級担任をしていた時、他学年の子どもが、授業参観のことを話しに来たことがあった。参観した母親が「あんな授業なら私でもできるわよ」と言っていたという。担任の授業に工夫がなく、子どもたちが飽きてしまうことを、日頃から母親と話をしていたようであった。

　私はこの担任の授業は見ていない。どのような指導だったのかはもちろんわからない。授業をしていて、自分の思いと子どもたちの受け止めがずれることがあるのは、自分も授業をしていた身なのでわかる。しかし、教師以外の人から、あんな授業なら自分でもできるなどと見られるのは教師としての矜持が許さない。そんなことを言われたら、職業として教師に就いている存在意義が問われてしまうだろう。

　他の職業で考えてみると、例えば医者は私たちの体に不調があった時、じっくり体を見る。そしてどんな病名なのか、何の薬の服用が効果的か、専門的な知識や技術をもとにして、診断をして治療を行う。とうてい素人ができるものではない。自分だってこのくらいの処置ができるとは誰も思わないだろう。

　プロのスポーツ選手の動きを見て、プロの音楽家の演奏を聴いて、こんなものなら自分でもできるとは誰も思わない。そこに至るまでに血のにじむような努力を重ねてきて、今の彼らがあるわけであり、それは素人とは格段にレベルが違うはずである。

　およそどの職業にも、それぞれの専門性があり、簡単に素人が口をはさめるようなものではない。その仕事は、知識、経験、技術の積み重ねがあって成り立っているからである。

　ではなぜ学校の教師に対して、このような言葉が出るのであろうか。それはすべての人間が必ず身を置いてきた場が学校だからであり、身近に感じるからである。保護者の中には、自分も教員免許を持っている、だから教育に対しての見方にはそれ相応の自信があると言わんばかりの人もいる。しかし教員免許を持っているのと、実際に職業として教師の仕事をしているのとでは、比べようもないくらいの隔たりがあるはずである。

プロの教師とは

　数多くある職業の中から教師の道を選んだのはなぜだろうか。一人一人、その理由はさまざまであろう。だが誰にも言えることは、教師になったからには、子どもにも保護者にもプロの姿を見せなければならないということである。プロの教師とは、専門性に秀でた指導力を発揮できる教師のことである。

　保護者から見えるのは、学校公開の時の授業、保護者会や個人面談の時の話、自分の子どもから聞く担任の日常の指導や学年だより、学級だよりの文章などであり、ここから判断をする。その時に、こんな指導なら、経験のない自分でも十分に務まるなどとは教師なら絶対に思われたくないものである。

プロの教師とは

○専門性に秀でた指導力を発揮できる教師
○教師以外の人から「さすがにプロの教師は違う」と思わせる指導
　力を身につけている教師
○勉強をして、自らの指導力を高める教師

　ではそのためには何をすべきだろうか。それは勉強をすることである。勉強をして、勉強をして、プロの教師として恥ずかしくない指導力を身につける他にはない。教育に関する本を読むのも大事な勉強である。しかしそれだけではない。よりよい授業の在り方はどうすればいいのか、実際に授業づくりに時間をかけ、工夫をして、さまざまな子どもたちに目を配りながら授業を行い、信頼できる人に見てもらう。そして的確なアドバイスをもらい改善をする。この

積み重ねが指導力向上に結びつく。

　簡単にいくものではない。だからこそプロの道である。不断の努力が必ずものを言う。教師以外の人たちから「さすがにプロの教師の授業は違う」と思われるような指導をしていかなければならない。自らの意識を高め、指導力を上げていくことを、教師になった者として常に自分に課していきたい。

言語能力

　小学校学習指導要領総則には、子どもたちに言語能力を育成することの大切さが記されている。言語能力とは、子どもたちの「自己表現、他者理解、共同生活を助けるためのコミュニケーション能力、思考力」を言う（言語力育成協力者会議2006）。

　学校生活のあらゆる場面で、子どもたちはお互いに自分の考えや思いを友達と伝え合う機会にあふれている。その言葉のやりとりの中で、自分のことを相手に知ってもらい、相手のことを理解するのである。

　しかし、時には自分の考えがうまく伝えられない
ことがある。時には相手のことを理解できないこと
がある。その時には、どのような言葉で、どのような言い方をしたらいいだろうかと自分自身に問いかける。よりよい表現は何だろうかと、言葉を通して、言葉のことを考えるのである。

　この連続した営みが、この学級で共に仲良く過ごしていこうとする態度を子どもたちに育てていく。つまり、良好な人間関係を築いていくために重要な資質・能力が、言語能力と言えるだろう。

国語科の目標

　言語能力を培うためには、国語科の学習が要になると学習指導要領にあり、国語科の目標には「国語で正確に理解し適切に表現する資質・能力」と記されている。

　国語科では文学、説明文などの教材文を読みとり、自分の考えをワークシート、ノート、原稿用紙などに書いてまとめることなどを学習する。また対話活動、スピーチ活動などを通じて、友達の話の要点を聞き取り、自分の考えを相

手にわかりやすく伝える学習をする。表現されている言葉を正しく理解する力を国語科で学び、自分の考えを適切に表現する力を国語科で伸ばしていくのである。

　日常の国語科の授業で、この力を上手に育てていってこそ、言語能力が確かなものとなって子どもに身につくことになる。この国語科の目標の文言は、言語能力をよりわかりやすく表現した言葉と言えよう。

言葉の力

　この言語能力と国語教育の目標である「言葉を正確に理解し適切に表現する」力を合わせて、私は「言葉の力」と呼んでいる。この言葉の力は、子どもにとってはもちろんのこと、学校生活を友達と楽しく過ごしていけるよう子どもたちを導いていく教師にとっても絶対に必要な力である。

　子どもたちと教師の間に築く信頼関係の根幹に位置するのは良好なコミュニケーションである。言葉の力を磨いていくこと、特に教師にとって「話す力、聞く力」を高めることが、子どもにとって信頼される教師像となって映る姿となり、信頼は強くなる。

言葉の力
○言語能力（自己表現・他者理解・共同生活を助けるコミュニケーション能力・思考力）
○言葉を正確に理解し、適切に表現をする力

　教師は、まず子どもの話を、顔を見ながら心を傾けて聞きたい。笑顔で、うなずきながら、相槌を打って、共感的に話を聞くのである。話がしやすい教師は子どもから好かれ、慕われる。そして教師は子どもたち一人一人を見て、自分の考えを、わかりやすく伝えられるようにしたい。長々と話をせず、わかりやすく、優しく語りかけることである。話が上手な教師は子どもから尊敬され、誇らしくなる。

言葉の力がある教師　ない教師

　多くの授業、学級経営を見ていて、子どもたちの心に届く話し方が教師にとって必要だとつくづく思う。

　校長の時にこんな場面に出会ったことがある。運動会を前にして高学年の子どもたち全体に学年教師たちが指導をしている場である。指導したことがうまくいっていないところ、練習が不足しているところなどを、怒鳴るようにして大声で注意する教師がいた。もっと優しく言えないのかと思うような言い方である。
決して素直に納得していない子どもたちの表
情が見える。

　その後、話をする教師が交代をした。その
教師はこのように語った。「自分が全力を尽
くした最高の演技を想像して頭に浮かべてご
らん……」と子どもたちに投げかけて、少し
考える時間をとった。しばらく時間を置いたあと、「これまで注意をされていたことがあったよね。思い出してみよう。そして自分が頭に描いた最高の演技に足りないものは何か、明日からの数日間で自分にできることは何かを考えてみよう」と子どもたちに、自分からよりよくできる方法を考えさせた。

　初めの教師の言い方には反発する子どもがいたが、次に代わった教師の話は素直に子どもたちの心に届いたのだろう、自ら前向きに取り組む態度に変わっていった。これこそ子どもたちを変えていく言葉の力であろう。言葉の力がある教師とない教師では、子どもたちとの信頼関係が変わってくる。

　言葉の力は子どもに勇気も与える。病弱で学校になかなか来られない子どもがいた。体調がよい時に登校してきた日、帰りの会で、自分はまたいつ学校に来られるかわからない、あまり学校に来られないと不安になると話していた。話をしているうちに日頃の悲しみが思い出されたのだろう。泣きじゃくってしまい、友達がみな慰めの言葉をかけたが収まらなかった。

　その時に担任は静かに語った。「来られる時でいいんだよ、無理しなくていい。でもいつでも、みんなが学校に来るのを待っているからね。どの子もみんな一人一人、先生にとって大事な存在だよ。」と語りかけた。

　誰もが耳を傾けて話を聞き、心が動かされ涙を流す子もいた。決して流暢な話し方ではなかった。しかし真剣になって、一言一言、子どもに教師の思いを伝えるその姿勢に、単なる言葉の羅列ではなく、心が伴っている言葉が存在した。言葉に力があるというのはこういうことだと思う。その子はこれから頑張れる気がしてきたと、次の日に手紙を担任に書いてきた。

　言葉で元気が出る。言葉で勇気がわいてくる。言葉の力は子どもたちに生きる力を与えるのである。

　教師の「言葉の力」を鍛えるには、日頃から言葉に対して関心を持ち、語彙を増やし、この言葉がその場にふさわしいかどうか、どのような話し方が適切かを常に考える習慣をつけることが大事である。

　私はこれまでの教師人生で、言葉の問題で何度となく失敗をしてきた。今、振り返るとたくさんの恥ずかしい思いもしてきた。よかれと思って子どもたちに指導をした言葉、保護者に理解を示して投げかけた言葉が、こちらの本意が伝わらなかった時がある。あんな言葉を使わなければよかった、もっといい話し方があったのになあ、などと反省することもたびたびであった。それは自分の未熟さゆえであろう。それらの多くの失敗を経て、今の自分がある。

　人間は言葉によって傷つき、不愉快な感情を抱き、トラブルも起きる。しかしそれを解決するのもまた言葉である。言葉によって自己肯定感も高まる。言葉の持つ力は大きい。子どもたちに明日への希望を持たせるようにするためにも、教師の「言葉の力」を高めるようにしていきたい。

【話す時には】
- 子どもの顔を見て笑顔で優しく話す。
- 言いたいことを短くまとめる。
- 身近なことを例にしたり、結論を強調したりして、わかりやすく伝える。

【聞く時には】
- 子どもをよく見て表情を読む。
- 子どもの話を最後まで聞いて、正確に要点をつかむ。
- 表情を豊かにして、うなずき、相槌を積極的に行って話を聞く。

熱・力・愛

　教師として大事な資質・能力とはどういうものだろうか。尊敬する大先輩の先生から聞いた「熱、力、愛」というこの言葉が私にはずっと心の底まで響いている。教師としての仕事を、特に意欲もなく淡々と行い、子どもの成長を一緒になって喜べないような進め方をしていたら、それは何ともつまらなく味気ないものとなるだろう。日常の子どもたちとの接し方、やりとり、言葉のかけ方、授業中の姿などから、教育に熱心かどうかを子どもは敏感に感じ取り、保護者もわかってくる。教育に対して、情熱を持ってこそ、この仕事に前向きに取り組めることであろう。

　私の担任時代、仕事に手を抜き、熱心に取り組まない教師がいた。何を計画しても、相談をしても、「そこまではやる必要ない」「大変なことはやめよう」そういう反応がいつも出てきて、こちらの意欲を削ぐ言葉ばかりであった。教師としての仕事を軽く甘く考えていることが言葉の端々に感じられた。

　教師の働き方改革が提言されている。限度を超えた仕事量や、必要性が感じられないような仕事は削り、誰もが働きやすい環境にしていかなければならないのは当然である。

　だが、教師の仕事は、未来を生きる子どもを育てるという、他の仕事とは容易に比べることができない使命を帯びている。働き方に十分工夫をしながらも、子どもへの指導については情熱を傾けるようにしたい。それが教師の仕事であり、子どもたちが寄せる信頼はここにある。

またその教師に確かな指導力があってこそ、子どもや保護者との間に、そして周囲の同僚教師からの信頼も得られる。どんなに教室で子どもたちと楽しく過ごしていても、あるいはどんなに保護者に優しく接していても、確かな指導力がないと、決して心から信頼されることはない。子どもたちから尊敬され、保護者からも敬われてこそ、教師としてのやりがいが出てくるはずである。

子どもをよりよい方向に導く指導の力を身につけること、プロの教師として常に追い続けなければならないものである。

熱・力・愛
教育に対する情熱
確かな指導力
揺るぎない人間愛

そのために本を読み、研究会に参加して、積極的に研究授業を行い、さまざまな人と指導方法について話をすること。このようにして教育の知識を重ね、指導技術を高めていくことが必要である。自らにやるべきことを課す。それを継続させることが、指導力を高めることになり、教師としての自信につながることになる。「力」とは確かな指導力である。

子どもへの愛情については、こんなことをいつも思い出す。非常に頭の切れる教師がいた。教育活動の企画立案を要領よく短時間でこなし、校内研究会などでも、他教師を率いるような研究の方向性を示すことができる。さぞ子どもたちからも好かれている担任のように見えるが、学級経営は必ずしもうまくはいってなかった。

教師として大事な子どもたちへのやさしさ、思いやりが、その教師からは感じられなかったのである。子どもが困っている時、悩んでいる時、子どもの心に寄り添って真摯になって対応する姿勢に欠けていた。

子どもたちは、この教師のことを、自分を理解してくれて、味方となってくれるという気持ちにはなれなかったのだろう。教師と子どもをつなぐもの、そ

れは、子どもを愛する気持ちである。「愛」は子どもを愛し、深く思いやることのできる人間性である。

　子どもをいつもかわいがり、弱い立場にいる子の目線で学級を見つめ、やさしく子どもたちに語りかける教師がいた。保護者に対して、親の立場から共感を示し、何か困ったことがあったら一緒に解決をしていこうという温かなメッセージをどんな時でも投げかけていた。この教師は、いつでも、どんな時でも、どんな学級を持っても、必ず子どもや保護者たちと厚い信頼関係を築いていた。愛情あふれる教師にはいつも笑顔が見られる。それを子どもも保護者も見ている。

　教育に対する情熱、確かな指導力、子どもに対する深い愛情……私も担任時代にこれを頭に入れて、教師の職を進めていたつもりである。もちろんいつもうまくいくものではない。自分に足らざるものが次々と見えてくる日々であった。自信と落胆の往き来があった教師生活、しかし常に向上心を持ち続けることが、誰からも信頼される教師に近づくことになると思う。

　子どもたちは笑顔で学校生活を送り、楽しく満ち足りたものになるよう学校に期待する。それに応えられるのは、数多くある職業の中からこの教師の道を選んだ者たちである。「熱・力・愛」、この資質能力の向上を目指し、教育の道を進んでいきたいものである。

教師は役者たれ

　「教師は五者たれ」という言葉をある本から学んだ。学者のように学べ、医者のように子どもを見よ、役者のように子どもを魅了せよ、易者のように子どもの未来を見よ、芸者のように子どもに寄り添え、と教育者に求められる役割を言っていた。

　その役者のような教師ということを考えたい。私が小学生の時に、こんな教師がいた。いつも暗い表情をしていて下を向きながら廊下を歩く。声もまた暗かった。子ども心に初めは何かつらいことがあったのだろうか、それでも自分の学級の担任ではなくてよかったとも思っていた。今にして思うと、その教師もそれなりの事情があったのかも知れない。しかし私はその学級の子どもたち

がかわいそうだなと思ったことを今でもよく覚えている。

　教師も人間である。うれしく楽しい時ばかりではない。気分がすぐれず、時には教室に行って子どもたちと会うことが苦痛の時もあるだろう。

　だが自分の学級の担任が、暗い表情をして、話し方も暗くて、明るい言動がないとしたら、誰がそれを喜ぶであろう。子どもたちはみんな、明るく元気な表情、声を望む。

　その期待を受け、役者のように魅力的な笑顔を見せ、役者のように明るく響く声を発し、その姿を子どもに見せ、魅せるのである。たとえ調子がよくなかったとしても、教室に入る時には笑顔になりたい。それが子どもの前で見せるプロの意識である。

　私が学生時代に交流をして頂いていた俳優の林隆三（故人）さんはこんなことを言っていた。

　「どんなに体調が悪くても、どんなに嫌なことがあっても、ひとたび舞台の上に立ったら、そのようなことはおくびにも出さない。それを観客から悟られたらプロとして失格。その役に応じた演技をこなすのがプロである。」
まさにプロ魂があふれる、噛みしめたい言葉である。

262の法則

　どの組織、集団でも、優秀な働きを見せる人が２割、普通の働きをする人が６割、貢献度の低い人が２割となるという理論を、イタリアの経済学者パレートがその研究で唱えている。262（にろくに）の法則と呼ぶ。

　仮に優秀な人間たちだけを集めたグループがあったとしても、その中でもやはり上位、中位、下位と必ず分かれるという。どんな組織でも大きく分けるとこの３つになるというこの指摘は、必ずしもこの割合どおりではないにせよ興味深い。

　これを学校の中で考えるとどうなるのであろうか。子どもたちへの指導に熱心であり、自分の指導力を高めることに熱心な教師が２割。それとは正反対に見える仕事の取り組みの教師が２割。そして今後、指導力向上に可能性が感じられる教師が６割と言えるだろうか。

262の法則

2	指導力向上の意欲が高い教師
6	指導力向上の可能性がある教師
2	意欲が低い教師

　教師塾に集まる教師たちは、わざわざ休みの日に参加費を払って勉強をする。実践発表、講演を熱心に聞き入り、グループディスカッションで積極的に他者と交わって教育を論じ合う。これだけで非常に意識が高い教師の集まりである。そのうえで自分の指導力向上のための勉強を続けていけば、間違いなく学校の中で上位２割に入る意欲が高い優秀な教師と言えるだろう。

　人の集まりは互いを刺激し合う。意識の高い人の近くにいると、切磋琢磨し合い、自分の資質能力が磨かれてくる。自分の意識も格段に高まってくるのである。

永遠に生きるかのように学び続ける

　運動会を前にして、その日の子どもたちの動きを振り返り、次の日の練習の計画を話し合う放課後の校庭。大道具、小道具に埋もれながら、子どもたちへの演技指導を細かく話し合う夜の体育館。研究授業を前にして、学習指導案やワークシート、掲示資料などを作っている姿が見られる休日の職員室。いじめや子ども同士のトラブルがあり、関わっている子どもたちを一人一人呼んで、事情を聴き、丁寧に記録をし、保護者と教室で向き合うこともある。計画案、日程調整、報告書づくりなどに多くの時間がとられ、その合間に明日の授業準備をして、夜遅くに学校を後にする時もある。

　毎日が忙しく、動きを止めることができない今の学校は、このような熱心な教師たちの仕事に支えられている。つらい時、苦しい時もあるはずである。しかしこの世に数多ある職業の中から選んだ教師の道、子どもたちの笑顔を見て、

また頑張る気力も生まれよう。

　研究会講師として時折訪れる学校では、子どもたちが学び合い、励まし合い、笑顔あふれる場面が見られ、何ともほほえましい風景が目の前に見える。その姿をつくり出しているのが、一人一人の教師である。授業を通して、日々の学級経営で、子どもたちによりよく生きる力をつけている。子どもたちはいつでも教師の笑顔を待っている。その役割は大きく意義は深い。未来の担い手を育てていく社会的に大事な仕事であり、胸を張って、誇りとともに仕事を続けていってほしいと願う。そして確かな指導力を身につけていくことが、この道を歩み続ける体力を養うことになる。

　「明日死ぬかのように生きろ。永遠に生きるかのように学べ」ガンジーのこの言葉が学ぶ原動力となり心に刻まれる。

　アマチュアであってはいけない。プロの教師を目指して、今日も明日も学び続けること、これが未来を築くことになる。

明日死ぬかのように生きろ。
永遠に生きるかのように学べ。

マハトマ・ガンジー
インドの政治指導者　インド独立の父

教師としてのリフレクション

横浜商科大学商学部教授　東風 安生

リフレクションとは何か

　"reflection" を辞書で引くと、光や音の反射・反響や水に映った影やよく似た人という第一義がある。これが事情や状況に関する場合に、反映や影響、熟考や反省へと広汎な意味に用いられる。科学用語以外として用いられるのはまれだという。"re-flection" のflectionは「屈曲・湾曲」で医学的に用いられる。もともと "reflection" という言葉は、教育・学術用語として用いられてはいなかった。リフレクションは「省察」という日本語に訳されている。省察（しょうさつ／せいさつ）の意味は、三省堂国語辞典では「自分の行為・生活・性質などをふりかえり、善悪・是非を考えること」と押さえられている。

教師教育とリフレクション

　"reflection" がリフレクションとなって日本に入り、「省察」という言葉と出会うまで流れを確認したい。

　1990年代に入り、日本の学校現場では盛んにリフレクションという言葉を耳にするようになった。「個別最適な学び」や「考え、議論する道徳」など、中教審の答申などで用いられた言葉がキーワードとなり、話題になることは多々ある。しかし教育学の世界から学校現場において話題となるような流れは珍しい。佐藤学や秋田喜代美により１冊の本が翻訳され、日本で出版される。1983年にアメリカのマサチューセッツ工科大学教授のドナルド・ショーンが発表した著書「反省的実践家─専門家はどう思考しているか─」。ここで、教師を含めた新しい専門家像を提唱したのが始まりと言える。

　1980年代に、この指摘は全米の教師教育改革運動で広く支持されている。教師学においてリフレクションという言葉が広がった時期は、教師が教師としての学びに何を求めていくか、それまでの教師に求められていたものがどのよう

に変わったかといった教師教育における分岐点に一致する。

　教師が自分自身の専門性や臨床的な識見を生かして、自由に教育が進められることの大切さを改めて自覚してきたことが民主主義の社会における教育の特長と言える。戦後日本の教育の歴史を顧みると、昭和時代には文部省と日教組のイデオロギーの対立はあった。その後、教師自身の成長や教師の研修や研究が強調されてきた時代を経て、教師自身の創意工夫を尊重した指導が可能になったと言えよう。自分自身を振り返り、省察的な見方をすることが、次の自分の成長につながると気づき始めたのだろう。

教師としてのリフレクション

　日本において教師を志望する学生が減少していることは、大きな課題となっている。(図2参照)教員採用試験の倍率が、2倍を切る現状が生まれている。各教育委員会は、教師の働き方改革を解決すべき課題の優先順位を上げて取り組んでいる。働き方改革のねらいは、教師という職業を敬遠する若者が増えている現状を改革する点が大きい。ただしそれに加えて、教育の質を上げていく効果が期待される。働き方が変われば、教師一人一人は教材研究や教材準備などにさらに熱が入ることが予想される。教師はよりわかりやすい指導方法を求めて、教科書以外の教材を開発したり、個に応じた指導方法も研究したりすることができる。

　ところが、教師はカリキュラムに組まれている指導内容を次から次へとどのように指導するかに熱が入ってしまう。指導したことについて、「その効果はどうだったか」「以前の指導効果をふりかえって、どの点を変更したらよいか」というような指導実践に対するふりかえりの活動(以下「リフレクション」と呼ぶ)が十分に行われていると言えない状況がある。

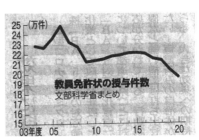

図2　2022年8月5日付　朝日新聞

勘と経験の指導からの脱却

Society5.0の社会を迎える今、教育の世界ではICT活用が急がれる。AIによる学習サポートにより、教師の役割が大きく変化していく。情報のインプットはAIを用いた機器による作業が多くなる。学習者は不明な点を検索することで確認したり、さらに問いを深めていったりすることが可能となる。

AIを賢く用いた学習者を育成するには、指導者である教師が変化しなくてはならない。これまでの先輩教師からの指導をそのまま受け継ぎ、自身の勘やこれまでの経験を基にした判断で指導していく。こうした指導観は令和時代の日本型教育にはそぐわないものとなっていく。

なぜその指導方法を選んだのかと尋ねられた場合に、数値や証拠をもとにした説明が可能だろうか。証拠となるエビデンスを記録したデータは残っているのだろうか。科学的な根拠をもった指導が求められる時代に、教師自身が勘と経験の指導から脱却を図るチャレンジが求められている。

教育と再現性（reproducibility）

教育に科学性を求めた場合、21世紀に求められる資質や能力として挙げられている3つの柱のうち、2つの柱については、単純に考えて可能であると言える。「知識・技能」「思考力・判断力・表現力」である。知識を問うテスト問題を作成し、実施、採点することで、評価のためのデータとなる。思考力や判断力を問う学習課題を作成したり、ICTを用いて話し合ったことをプレゼンテーションしたりする。しかし、3つ目の柱である「学びに向かう力・人間性」を育成したかどうか、どのように評価するのだろうか。（図3参照）

人間性など目に見えない情意的な面について、教育効果があがったかどうかを評価することは科学的に証明するには難しい部分のひとつである。また、研

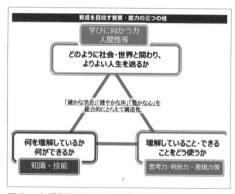

図3　文部科学省HPより（2021年）

究授業などで学習指導案を作成した場合に、この指導案を用いた授業をすれば、どこのどの学級においても同じような成果を出せるのだろうか。指導方法を検討し、学習指導案に示したことをどの教師でもできるようなものを開発していくことができなければ、科学的な教育活動をしていると言えないのだろうか。教育において再現性はあまり相性がよいとは言えない言葉である。

現象学的な視点からのアプローチ

再現性を教育の実践場面に求めるには、あまりにも実証科学としての証拠が不足している。なぜなら、Ａ教諭が35人学級で全ての児童に指導をする場合、児童は日々変化し、成長しているから、前日のＢ児と今日のＢ児であっても異なる資質・能力を持つ。まして、これが同市の小学校で、Ｆ教諭とＧ児が同じ４年生で同じ教科・同じ単元の学習を指導しても、全く異なる要素が多い。これにより、実験や観察結果を統計的に処理して、同市の小学校で行った授業より、Ａ教諭が指導した方法で行う場合には指導効果があがったなどと言えないのである。たとえ、全国学力調査で算数の平均点が高くなったとしても、この授業のあの指導方法によって効果をあげたという証拠となる資料はどこからも出てこない。（図４参照）

そこで、教育の臨床的な場において科学的な研究をどのように進めればよいのだろうか。ここに登場するのが、1980年代に全米の多くの教師が指示したＤ・ショーンが提示した専門家に求められる反省的な実践なのである。専門家は、実践研究家でもある。自ら提案したことを実践して、その科学的な明証性を明らかにする。しかし、教育の場面において、一度きりの教師と児童・生徒の出会い、教材と児童・生徒の出会いは、もう一度やってみようとしても、明日には実践できない。一度きりの現実の中で、実践した指導者は、自身の言動をつぶさに、誠実に、できる限りの謙虚な姿勢で振

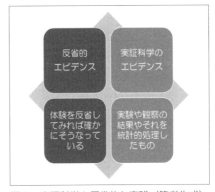

図４　実証科学と反省的な実践（筆者作成）

り返ることが大事になってくる。

学校現場でこの考え方をどのように活かすか

　西研[注1]が2019年に「現象学的還元」で言うように、教育実践の内実を問う（科学する）ためには、私たちの具体的な体験（授業での学習指導）に戻り、そこでの事柄の意味（どのように指導実践をしているのか）を問う以外にはない。西はこれを体験の共通構造を問う「本質観取」という方法だと位置づけた。

　すでに実践している多くの教師もいるだろう。この研修の意義づけを、これまでの教師という専門家の反省的実践から紹介する。

<教科指導における反省的実践を活かした研修－新任教員向け>

- ベテランの指導者の教室での授業参観。
- 机を一脚後ろに置き、PCで教師と児童の逐語録を作成する。
- 放課後の協議会で、プリントアウトした逐語録を研修会の資料とする。
- 放課後の協議会の開始までに逐語録の言葉を改めて新任教師は読み返す。
- 指導者の自評のあと、新任教師から指導に関する質問をする。
- 新任教師は授業参観で学んだことを発表する。
- ➡ 後日、自分自身のクラスで同じ単元の指導を実施。 録画・録音をして、逐語録を作成する。 ベテラン教師と自身の指導を比較し、気づいた点を明記する。

注1　西研 著『哲学は対話する：プラトン、フッサールの〈共通了解をつくる方法〉』筑摩選書,2019年。

＜生徒指導や教育相談などでの反省的実践を活かした研修－新任教師向け＞

- 週末の学年会で、気になる子どもの情報交換を行う。
- 情報交換までに継続して自身が指導していて気になる子どもを追跡する。
  →継続的に、授業等でその子どもを意図的に指名する／→休み時間等でも注意深く見守る／一日のどこかのタイミングで話を交わす場面を設ける。
- 新任教師から見た気になる子どもに対するコメントを発表する。
- 客観的な視点として、学年のベテランの教師からのコメントをもらう。
- ➡自分の見立てと同学年の教師の見立てを比較し、主観と客観のちがいに気付き、視点の異なる見方を学ぶ。注意する点をどこに置いているか、問いの立て方についても学ぶ。

誰にでも実践できるリフレクション

　週案簿はなぜ書くかと尋ねられると、事故が起きた時に自分を守ってくれるからと管理職から指導を受けた覚えがある。もちろん教育公務員として授業の計画や指導した事実を記録する責任はある。教育を科学する意味から週案簿について考えてみると、そこには自分自身の指導実践をリフレクションする意義があるのだろうと考える。図5は、筆者が教職について3年目の週案簿に記述した指導をリフレクションしたものである。自分の記述に校長が励ましのコメントを入れる。この励ましがなかったら、週案簿によるリフレクションは、その後30冊の週案簿の記録にはならなかっただろう。現象学の基礎をつくったフッサールは、リフレクションが独善的でなく、明証性の高い共通了解のもとに疑いを捨象することの大切さを説いた。その上で、デカルト由来の意識体験の反省をするために、ソクラティス－プラトン由来の本質を求める「問い」が大切だとしている。白紙のレポート用紙に一週間を振り返り、何を記すのか。

　ここに省察的考察を含めた教育の科学的実践が始まるのである。

図5　筆者が教員3年目（小学校3年生の学級担任時代）の週案簿から

教師の役割とキャリア教育

開智国際大学国際教養学部教授　森谷 一経

　私は現在、大学でキャリア教育の授業を担当している。大学生の就職活動における成否の要因はさまざまであるが、私はこれまでの自分の経験からある仮説を持っている。就職活動での成功は、次の二点にかかってきているのではないか。

　まず、学生本人がこれまでどれくらい、自分の将来について考えてきたかということ、次に、これを肯定的にとらえることができるかどうかの二点である。こうしたことは大学時代においてのみ養われるものではない。むしろ、小学校から高等学校に至る期間に、自然に、かつ着実に、根深く育まれていくものである。実際に学生の進路相談やキャリアの面談で気づくのは、自己進路の決定要因が、過去の恩師の存在に起因する

ものが少なくないということだ。教師のアドバイスや考え方、その姿勢に影響を受け、将来の職業、生き方を決める学生が驚くほどに多い印象がある。毎年そういった学生に少なからず遭遇する私は、小中高の教師の存在の大きさに改めて気づかされるのである。

教師の存在と役割

　大学に入ると学生は学内での授業だけでなく、アルバイトやクラブ・サークル活動を通じて、その活動範囲は広がり、交友関係は老若男女を超えて深化する。しかしながら、小中高段階における子どもたちの交友範囲は、基本的に家族と学校内の関係、付け加えるならば、学習塾などとの関わりに限定されるであろう。そうした範囲においては、家族関係を除けば子どもたちを指導し教育する立場の者は学校の教師に限られてくる。教師の役割の重要性は誰しもが認識し、そして肯定することである。しかしながら、実際のその影響力の強さは想像以上のものがある。

現に「あなたは責任感が強いからリーダーになれる」と小学校の教師から言われた子どもが、その言葉をずっと文字通り心に刻みながら、中・高・大学と、体育会系の部活動を続け、あえて主将を引き受けてきた例を私は知っている。この男子学生は就職活動においても、自分の長所を「リーダーシップがある」とアピールすることで、希望内定先を勝ち取っていった。

また、小学校時代に「あなたは縁の下の力持ちだね」とほめられたことを誇らしく思い、その言葉を以来、忘れなかった女子学生は、地方公務員になる夢をかなえた。大学の卒業式では、少子化の進む故郷の市町村で街の活性化をめざす縁の下の力持ちになりたいと、その意気込みを語ってくれた。

また、別のある女子学生は自分が幼稚園から小学校へ入学した際に気後れし、

友達をつくれず独りぼっちであったとき、教師が優しく一緒に遊んでくれたこと、一緒にお弁当を食べてくれたこと、絵を一緒に描いてくれたことを詳細に覚えていた。自分もそのような教師になりたいと思い頑張り、本当に小学校の教師になった学生も私は知っている。

このように活動と交友範囲が限定される子どもや生徒にとって、教師はかけがえのない存在であり、その一つ一つの振る舞い、考え方のそれぞれが子どもたちに大きな影響を与え、そのキャリア形成上で想像以上に強く作用するのである。

職業には貴賤がない、という言葉がある。世の中にある職業は全て何らかの需要があるからこそ存在するのであり、良し悪しはあっても、尊い、卑しいはないというこの考えに私は強く同意する。しかしながら、こと教師という職業に限っていえば、教科教育の専門家としての立場だけでなく、人に教えるという崇高な使命が付随する。特に小学校の教師においては教科の授業をすることはもちろんのこと、むしろ社会で生活すること、それ自体を教えているのであり、子どもたちの人格を陶冶する人間教育をしているのである。これほど、貴

く、やりがいのある職業があるだろうか。自分の考え、行動、言動が子どもたちの成長の糧となる。子どもたちの育成と発達に水をやり肥料をまき、その家庭、地域社会と協働しながら、日本の次なる世代を創っていくという教師の職業は、人生をかけて取り組むべき一大事であり、素晴らしい仕事である。

　あらゆる職業が細分化、高度化していく現在、私たちの仕事は少なからず、誰に対して提供され、誰のために役立っているのかがおぼろげになっている。そのような社会の中で、教師という職業は、相手の顔を見て、教え、教えられ、笑い、ときには叱り、そしてほめ、彼ら彼女らの成長を目の当たりにできる仕事である。この教師の仕事、役割を尊いものと言わずして何と言い表せるだろうか。

　恩師という言葉は、教えられた生徒が教えを受けた教師に対して呼び表す言葉である。恩人という言葉はあれど、特定の職業に「恩」がつく言葉を私は他に知らない。この言葉は、単に教師、先生を表す言葉でなく、そこに含まれるのは、慈愛と恩義であり、このことこそが、教職が他の職業とは異なるものの証左ではなかろうか。

　昨今は教師の過重労働問題や利害関係者からの過度な注文、続々と導入されるIT機器への対応など、その責任ばかりに焦点が当たり、現場の教師にとってはなかなか厳しい環境である。それでもなお、教師という職業は可能性に満ち、やりがいに溢れ、子どもたちと共に自分自身が成長できる職業であり、社会に貢献できる職業だと強く思う。

　私も参加する早稲田大学教師塾には、関東一円から選りすぐりの教師が集まってくる。主宰者の遠藤真司塾長のもと、早稲田の杜で学ぶ教師たちが、これからの日本の学校教育を先導していくことに私は明確な信頼を有している。

　塾がスタートしてはや２年、既に、未来へつながる情熱の火は灯された。学校教育に対する熱い思いがこの場所から日本全国の教育現場へ、燎原の火のように燃え広がっていくことを私は確信しているのである。

小学校におけるキャリア教育

キャリア教育という言葉が学校教育のなかで聞かれるようになってから、お
よそ20年程度経つであろうか。当初は経済の悪化状況に伴って大量に発生した
ニート、フリーター向けの対策という側面があった。その後、社会の雇用シス
テムの変化や高度情報化、少子化・高齢化の問題やグローバリゼーションの影
響を受けながら、キャリア教育に対して学校教育に求められている姿も変容し
てきた。

しかしながら、現在は「一人一人の社会的・職業的 自立に向け、必要な基
盤となる能力や態度を育てることを通して、キャリア発達を促す教育」として、
「生きる力」の育成を念頭に、学校教育の中で重要な教育領域として確立され
ている。具体的には、学力、人間性、健康・体力など、社会人として自立した
人を育てる観点から、キャリア教育は幼児期から大学に至るまで子どもの発達
状況に応じて展開されている。近年では社会人になってからのキャリア形成を
促すために、「学びなおし」や「リスキリング教育」と連動しながら、その領
域を拡大させている。中でも、今注目を集めているのが小学校段階で実施され
るべきキャリア教育である。現行の学習指導要領から本格的に導入され、さま
ざまな取り組みが実施されている。小学校学習指導要領第6章の「特別活動」
で「児童が活動を記録し蓄積する教材等を活用すること」と定められたが、こ
れがいわゆる「キャリア・パスポート」と呼ばれるものであり、これまで各学
校で実施されてきたキャリア教育に関する個々の取り組みを学年を超えて、ま
とめ、振り返ることができるようにするものである。

これまでは各学校で実施されてきた取り組みと学びが散逸し、その結果、子
どものキャリア発達の記録を確認する手段を持ちえなかった。キャリア・パス
ポートを全国統一的に導入することで、学年を跨ぎ、さらには学校種を超える
ことが可能になり、その記録を積み重ねていくことで、計画的に自己のキャリ
アの成長を振り返る機会を持つことができるようになったといえよう。

キャリア教育に対する誤解として、これが職業教育であるというものがある。
キャリア教育の内容として、職場見学や職場体験は王道のプログラムであるが、
キャリア発達を促す教育として重要なことは「生きる力」の養成であり、前述
の職場体験などは、取り組み例の一つに過ぎない。

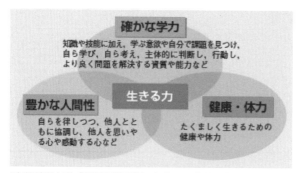

確かな学力

知識や技能に加え、学ぶ意欲や自分で課題を見つけ、自ら学び、自ら考え、主体的に判断し、行動し、より良く問題を解決する資質や能力など

生きる力

豊かな人間性

自らを律しつつ、他人とともに協調し、他人を思いやる心や感動する心など

健康・体力

たくましく生きるための健康や体力

(文部科学白書「学習指導要領のねらいの実現に向けて」より)

「生きる力」を涵養するためには、学校で日々行われている通常活動でも十分に可能である。例えば、自分たちの暮らし、生活を改善するという観点から、学級活動のなかで、一日の中で行った良いこと、問題点を話し合い、次の日に向けた改善点を考えるというPDCAサイクルを継続していくことである。これは多くの学校で一日の帰りの会で実施されていることであるが、これが子どものキャリアを形成する上で非常に重要であるということを、教師たち自身が再認識したうえで続けていくことが必要である。また委員会活動や当番活動、係活動といった学級や学校単位での役割と責任を分掌した活動は、キャリアというものが、生涯にわたる多様な役割や経験などの積み重ねによってつくられるということを理解するうえで大切な取り組みである。キャリア発達概念を提唱したDonald E.Superは、そのライフロール理論の中で、我々のキャリアはまさに、役割と責任の相互積み重ねであると論じている。

現在、教育の現場には続々と、○○教育といった新しい教育領域の導入の要請があるが、キャリア教育の内容自体はこれまでの学校現場で、丹念に実施されてきた教育活動と大きな遜色はない。教師にとって重要なことは、キャリア教育が「生きる力」を育む教育なのだということを認識し、自らが教えるすべてのことが、子どもたちのキャリアを形成する基礎となっているのだということを自覚することである。

キャリア教育の具体的実施策として、職場体験などがあるが、振り返りの際には「生きる」ことと「仕事」との関わりについて、教師自らの体験を交えて子どもたちに話をすることが肝心である。キャリア教育は生き方の教育であって、教師たちの真摯な教育活動、行動、言動の全てが子どもたちのキャリア形

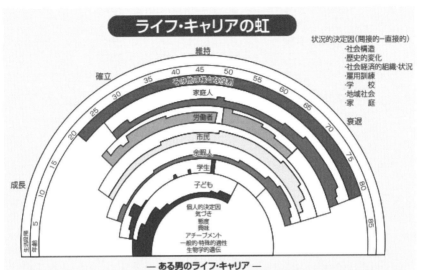

ライフ・キャリアの虹

状況的決定因(間接的−直接的)
・社会構造
・歴史的変化
・社会経済的組織・状況
・雇用訓練
・学　校
・地域社会
・家　庭

— ある男のライフ・キャリア —

「22歳で大学を卒業し、すぐに就職。26歳で結婚して、27歳で1児の父親となる。47歳の時に1年間社外研修。57歳で両親を失い、67歳で退職。78歳の時妻を失い81歳で生涯を終えた。」D.E.スーパーはこのようなライフ・キャリアを概念図化した。

出典　文部省『中学校・高等学校進路指導資料第1分冊』平成4年

(文部科学省「高等学校キャリア教育の手引き」より)

成によい影響を与え、人格を形成する基礎となるのである。

　教師は人を創るという作業において、貴く、やりがいに溢れた素晴らしい職業であり、生涯をかけて行うに値する幸せな職業であるといえよう。その反面、社会に対して大きな影響力を有するという観点から、周囲から過度な責任や役割の負担を期待されてしまうという現実もある。

　社会全体、地域ぐるみ総出で、教師たちが働きやすい環境をつくることが、すなわち、次代の子どもたちをつくることであることを我々は忘れてはならないと思う。市井の人が、そのような教師の役割を再確認し、社会におけるその存在意義と役割、そして抱える責任の重大性について改めて理解することが大事であり、こうしたことが可能になれば、人々が笑顔で手を取り合える、調和した社会を構築できるはずだ、と私は臆面もなく夢想するのである。

子ども・教師・学校の元気を支える

玉川大学教師教育リサーチセンター客員教授　神田 しげみ

子ども・教師・学校の元気を支えたい

　私は40年間、小学校教育に携わってきた。そこから思うのは、教師の仕事とは、日々ドラマがあり創造的な仕事であるということである。それは子どもたちの笑顔のため、専門職としての指導力を伸ばし、学び続けることから生み出されるものである。

　私は現在、玉川大学で教師を目指す学生の指導をしている。教師になりたいという熱い思いを彼らから日々感じている。教壇に立った彼らの先輩たちの多くは、忙しい中でも生き生きと働いている。今、目の前にいる学生たちもその先輩のように成長してもらいたい。教壇に立って日々の業務に追われ、人間関係に悩み、元気を失っていくとしたら、その姿を見るのは辛い。働き方改革が叫ばれる今こそ、効果的な学びを得る工夫が大切である。どんなに忙しくても、子どもたちとふれ合う時間や自分の指導力を磨く時間は決して蔑ろ

NPO法人「まなび部」

まなび

放課後の居場所所としての役割
居場所

宿題から自由研究まで、児童生徒のニーズに沿った学びの提供
学習支援

異学年の交流教え合いの場　地域とのつながり
仲間づくり

退職教員や教職選考の学生など
専門性の高い講師

つながる・つなげる
谷中の寺子屋
本通寺で開催

相談（保護者）
子育てや学習面での相談。保護者のつながり

教師の育成
若い教員の悩み相談室。教員を目指す人への支援

コーディネーター
外部人材を活用したイベント
学校へ講師の紹介

子供食堂
子供食堂事業を通した居場所づくりや食育

にしてはならない。早稲田大学教師塾に集まる教師たちは、まさに自ら学ぼうとする熱意に溢れていて、この力を伸ばしている教師たちに他ならない。この教師塾に集まる教師たちのように、常に学び続ける教師となることを望みたい。そして、多くの課題に挑戦する学校が元気でいられるように、それを応援し支えることをここ数年間考え続けてきた。長く携わった小学校教師、管理職などの経験を生かして、子ども・教師・学校の元気を支える事業を立ち上げた。

NPO法人「まなび部」設立

「まなび部」では、①放課後の居場所づくりと学習支援②相談事業③教師の育成④学校と企業や大学をつなぐコーディネーター事業などを行う。この事業は、私が校長として勤務してきた台東区で始めた。仲間は、地元で活躍するPTA会長・主任児童委員、専門性を有する元アナウンサー、元小学校教師たちである。

（1）放課後の居場所づくりと学習支援

台東区の谷中地区はお寺が多い。子どもたちのために役立ちたいという本通寺の住職の厚意を受け、学習支援が実施可能となった。

週1回、学習が苦手、学校に行き辛さを感じている子どもを中心に寺子屋風の学習会を実施している。学校の宿題や問題集を持ってこさせ個に応じた学びと支援を行う。保護者からの要望を生かして、子どもたち一人一人の実態に応じてきめ細やかな指導を行っている。講師は経験豊かな元教師たちである。教師を目指す学生は学生ボランティアとして、子どもたちとふれ合い、元教師の指導力から多くのことを学んでいる。保護者も自由に参観できる。ここでは、子どもたちだけではなく、さまざまな立場を超えて、大人も学ぶことができる場である。「まなび部」とは学校の部活のように、放課後みんなが集まり、工夫しながら学び合う楽しい場所にしたいという思いから名づけたものだ。

（2）相談事業

学校は多くの課題を抱え、一人一人のやらなければならない仕事も決して減ることはない。疲れきっているように見える教師たちがいる。ストレスや心の

病で休職したり退職したりする教師も増えている。そして教師志望者も減っている。これらのことが頭にあり、子ども・教師・保護者を支えたい、元気を出してほしいと思い、公認心理師の資格を得て相談事業を始めた。

　まずは、まなび部会員の子どもや保護者の悩みに寄り添うことにした。悩みを抱えた教師が気楽に立ち寄ることができる場、心を休める場にしていきたい。さらには保護者が子どものことで、悩みを聞いてもらえる場としてありたい。悩みを聞いてもらえる場があると、みな元気を取り戻すことができるだろう。

（3）教員発掘・育成事業

　もう一つの事業は、地域に埋もれている教師の候補者を発掘することである。学校では、担任だけでなく、産休代替教員、講師なども不足している。子育て等で退職した人、教員免許を持っている人などを発掘して、教員採用選考に向けた指導を行う。

（4）学校と地域をつなぐコーディネーター事業

　私は校長だった学校で教科横断型の指導や外部人材を活用した授業を多く行ってきた。内閣府知財創造教育推進コンソーシアムの委員を行い、学校に企業や大学の外部人材の活用や教材づくりに携わってきた。現行の学習指導要領でも地域に開かれた教育課程の重要性について述べられている。外部人材の活用が現在多くの学校で実施され、その効果も表れている。私は当時から必要であると感じていたのが、コーディネーターである。外部人材の活用の場合は、綿密な打ち合わせが行われないと、効果的な授業にならない。学校が求める内容と外部人材が実施する内容に齟齬がないように、また、効果的な学習展開となるようにすることが課題でもあった。コーディネーターの数が少なく、予算化もされていない。この課題の対応として、学校に外部人材を紹介したり、学習内容を共に考えたりする活動を提供しようと考えている。

　まなび部で実施した取り組みとして、「上野松坂屋と東京芸術大学とコラボ」事業がある。11月の連休に上野松坂屋のシタマチ文化祭のイベン

シタマチ文化祭
上野松坂屋、東京藝大とのコラボイベント

トで「芸大と一緒に壁画づくり」の企画を行った。事前に子どもたちと大学に行き、教授や学生たちと壁画づくりワークショップの構想を立てた。車座になって意見を出し合い、試作品を作成した。壁に自分たちの体をかたどったシートを貼り、その上から型紙を使って思い思いに色を乗せていく。最後に人型を剥がすと、花畑の中に躍動した子どもたちの姿が浮かび上がってきた。学生と楽しく会話をしながら作成する子どもたち。来場者の大人も子どもも巻き込んで、芸術を楽しむ空間になった。地域と学校と子どもたちがつながった瞬間だ。

　今後は、親子に向けた講演会も企画している。まなび部が提案する学校と企業、大学がつながる事業をこれからも広げ、地域で子どもたちを育てていきたい。

　まなび部の講師は、「退職してのんびりしていたのですが、まなび部に来ると子どもたちにもっと教えたいことがたくさん見つかり生きがいになりました。」と話している。学生は、「ここでは一人一人に子どもたちとふれ合いながら、子どもたちや保護者の思いを直に感じることができます。講師の先生から子どもの接し方や指導法を学ぶことができます。」教師になって疲れた時に、相談に来る場所があることが安心感につながるようだ。子どもたちからは「宿題があっという間に終わるし、勉強が楽しくなった。」「講師の先生からもほめられて自信がついた。」と好評である。

　まなび部は、「誰かに何かをしてあげる」というところではない。学びたい子ども、学びたい学生、学びたい地域の大人たちが自然に集まってくる場である。支えながら、実は支えられていることに気づく。「まなび部」が、人とのふれ合いを楽しみ、安心する場所であり、明日への元気を得ることができる場所であり続けることを願っている。

教師の重要な仕事　「自分自身のセルフケア」
〜教師の仕事は「感情労働」〜

元板橋区立舟渡小学校校長　本間 信治

「教員不足」「志願者減少」の現状

　教師という職業は、未来を創る仕事であり、まさに「聖職」と呼ぶにふさわしいもの。それが、毎日子どもたちの成長と幸せを願い、実践に全力を傾注している人たちの思いであろう。私も教職にあった40年余の時間、そう考えてきた。もちろん現在も、その職業観は変わることがない。しかしながら、現在マスコミ報道でも「教員不足」「教員志願者減少」が取り上げられる状況である(注1)。また、令和4年も押し詰まった12月には、「教員『心の病』急増。休職者は最多の5897人に」という衝撃的な報道がなされた(注2)。

　確かに教師の仕事は、やりがいがある。同時に大変な仕事でもある。では、教師の仕事の大変さの根本原因は何か。それは、教育労働の本質にある。すなわち、教師の仕事は、「高度な感情労働」ということである。

「教育を語る」筆者（右）

教師の仕事は「高度な感情労働」(注3)

　教師の仕事には高度なコミュニケーションスキルが要求される。それだけでなく、感情労働の難しさは、自分自身の内面の感情を問わず、求められる感情表現をしなければならないことにある。まさに「心を削りながらする仕事」と言えよう。子どもたちがさまざまな言動・行動をとり、教師

注1　「教員不足１学期に深刻化、９月までに改善されず」教育新聞　2022年11月7日
注2　教員の「心の病」コロナ響く　昨年度休職急増　朝日朝刊　2022年12月27日
注3　感情労働　コトバンクより
　　　アメリカの社会学者Ａ・Ｒ・ホックシールドによって提唱された肉体労働や頭脳労働に並ぶ労働の分類。具体的には、接客業、営業職、医療職、介護職、カウンセラー、教職など。近年はあらゆる職種で感情労働が強いられるケースが増加傾向。

自身がそれによって心にさまざまな感情が浮かぼうとも、笑顔で受容と共感を心がける。それが教師の仕事なのである。また、「肉体労働」に比べ、「知的労働」「感情労働」の心身のダメージは、自分も周りもなかなか理解しにくい。やりがいや充実感を感じていればなおさらである。そして、労働力は消耗品である。労働力を消費すれば、その分の補充、再生が必要となる。どんなに優れている人でも、労働力の再生には、時間と休養が必要なのだ。国際比較でも、例えば欧米に比べて「連続休暇の取得日数」では日本は極端に少ない(注4)。これは、感情労働における休養の重要性への認知の違いによる。すなわち、大切な子どもたちを教育する教師は、よい仕事をするためにそれだけの休養を与えるのが当然という国民的なコンセンサスの形成の差なのである。

困難を増す児童生徒の状況

　35人学級へ、そしてさらなる学級定数改善への移行期にあること、ICT機器導入による改革などを含め、教育条件は改善されつつある。しかし、子どもの指導上の課題は山積しているのが現実である。家庭の教育力の衰退も、経済的な格差を理由に語られることが多いが、児童生徒の語彙力、表現力の弱まりと、それを育む家庭環境の格差も課題とされている(注5)。

　こうした困難な仕事に文字通り全身全霊を傾けている教師にとって、感情労働の本質的な理解と、「自分自身のセルフケア」という仕事の重要性は高くなっている。教師の突然死などの不幸な事故を公務災害として認定する動きも出てきた(注6)。しかし、その内容は、過労死などの健康被害を「過度な時間外労

注4　「フィンランドの先生の"幸せな"働き方に関して」Hatena Blog 2019.10.24
注5　「誰が国語力を殺すのか」　石井　光太著　文藝春秋刊
注6　「小学校の教員死亡『公務災害』認定」　NHK NEWS WEB 2022.11.14　公務災害は平成25年に福岡市の小学校に勤務していた53歳の女性教員（6年生担任と生徒指導の主任などを担当）。突然、自宅で倒れ、くも膜下出血で死亡。地方公務員災害補償基金調査では、直近1か月の時間外労働は163時間に上り、同基金は過度な業務が病気発症につながったと判断。去年2月に「公務災害」と認定した。

働時間」などの量的なものを根拠に認定するものはあっても、教師の職務における感情労働の負荷が心身に与える影響を根拠にすることは少ない。

「セルフケアサークル」のすすめ

　自分の実践に向き合い、そして、心身に活力を取り戻しながら前に進むために、消費した労働力の回復の場として、またメンタルケアの場として、自由な立場で教師が思いを語り合う「セルフケアサークル」を私は提案する。

　「セルフケアサークル」の「ルール」は、次の
4つのみである。

　　1．心の内について、何を話してもよい。話をせ
　　　ずに聞いているだけでもよい。
　　2．結論を出すことが目的ではない。
　　3．聞き手は、常に共感的に聴く。
　　4．話されたことは、外に出さない。

　参加者は、他の人からのアドバイス以上に、話をする中で自ら気づき、自ら進むべき道を見つけていくことが大切である。聞き手は傾聴する中で、「鏡の役割」を果たし、参加者に貴重な気づきをもたらしていく。「労働力の再生」とは、話をしている教師自身が、自分の進む道や方策を、自分で自覚して選択する力を回復させることなのである。「悩み苦しんでいるのは自分だけではない」「みんなも苦しんでいるのか」などの思いを共有し、「また、明日からも頑張ろう。」という気持ちが再生されることが目的だ。教育現場の教師の心身の健康と、児童生徒の健やかな成長を願うものである。

【資料】教師の仕事（感情労働）セルフケアチェック表

◆健康状況　　　　　　　　　　小計　※「はい」の数1つ1点 [　　　] 点——A

①最近、疲労を自覚することが多い。	はい	いいえ
②就寝時、仕事について頭に浮かぶと寝付きが悪い。	はい	いいえ
③目覚めたとき、疲労が残っている。	はい	いいえ
④食欲が減退してきた。	はい	いいえ
⑤仕事についての夢を見ることが多くなった。	はい	いいえ
⑥（飲酒、喫煙習慣のある人）飲酒、たばこの本数などが増えた。	はい	いいえ
⑦胃腸の調子がよくない。	はい	いいえ
⑧動悸が激しくなることが多い。	はい	いいえ
⑨大きな声で叫びたい時がある。	はい	いいえ
⑩感情が高まり、涙ぐんだりすることがある。	はい	いいえ

◆仕事について　　　　　　　　小計　※「はい」の数1つ1点 [　　　] 点——B

①授業がうまくいっていない、と気になる。	はい	いいえ
②学級経営がうまくいっていない、と気になる。	はい	いいえ
③指導上気がかりな児童・生徒が複数いる。	はい	いいえ
④職場の人間関係が気になる。	はい	いいえ
⑤上司は自分を理解していない、と感じることがある。	はい	いいえ
⑥一月に50時間を超える超過勤務がある。	はい	いいえ
⑦休憩時間がほとんどとれない。	はい	いいえ
⑧週休日も出勤することが多い。	はい	いいえ
⑨日曜日の夕刻になると気が重い。	はい	いいえ
⑩仕事と家庭との両立に不安、不満がある。	はい	いいえ

◆リフレッシュ、復元力　　　　小計　※「はい」の数1つ1点 [　　　] 点——C

①気分転換は得意である。	はい	いいえ
②没頭できる自分の趣味がある。	はい	いいえ
③忙しい中でも、趣味などの自分の時間が持てている。	はい	いいえ
④なんでも話せる職場の仲間がいる。	はい	いいえ
⑤困難があっても助け合える学校組織である。	はい	いいえ
⑥管理職や同僚も、自分の仕事ぶりを理解してくれていると思う。	はい	いいえ
⑦次の日が楽しみだ、と思うことが多くなった。	はい	いいえ
⑧教師としての仕事に生きがいを感じている。	はい	いいえ
⑨子どもたちは、自分を受け入れてくれていると思う。	はい	いいえ
⑩自分の人生設計の理想を持っている。	はい	いいえ

☆合計　　| ※A＋B－C＝ [　　　] 点 |

☆診断・考察

　　○5点以下　……現状、大きな心配はありません。

　　○6点～12点 ……心身のケアにも十分気をつけましょう。

　　○13点以上　……今は自分自身の心身のケア第一に。「休むことも仕事」です。

文学散歩で教師や子どもの物語を読む感性を磨く

東久留米市立第五小学校校長　古矢　美雪

文学散歩とは

　「文学散歩」という言葉を聞いたことがあるだろうか。私は、文学散歩をするのが好きで、今までに幾度か出かけたことがある。以下の写真は、不朽の名作で小学校国語科の教科書に掲載されている「ごんぎつね」の舞台、愛知県の半田市の風景である。「ごんの秋まつり」という催しがあることを知り、現地に出かけたことがある。矢勝川の堤に、一面に彼岸花が、まるで赤いきれのように咲き続いていた。「ごんぎつね」の物語の中の、兵十のおっかあのお葬式の場面に、「赤いきれのように」という叙述があった。まさに、その言葉どおりであった。

　つまり文学散歩とは、文学作品に登場する場所や作家ゆかりの土地、文学に関する資料館などを訪ね歩き、文学の世界を身近に感じることである。散歩なので、文学の読解というような堅苦しさではなく、ゆったりと風景を見たり、物語に出てくる食べものを食べ歩いたりしながら楽しく過ごす、という地域に根づいた文化の理解も、一つの楽しみだと私は感じている。

　「ごんの秋まつり」は、作者、新見南吉のふるさとである矢勝川に300万本の彼岸花が植えられていたわけだが、その壮大さに圧倒された。と同時に、彼岸花が咲き乱れる様子が、「ごんぎつね」を象徴する情景描写であることを再確認することもできた。彼岸花の「彼岸」は、「悲願」に通ずるとも言われている。彼岸花を見ながら、主人公ごんの悲願、そして、不遇の人生を送った新見南吉の悲願をも感じることができたのである。

　また、文学散歩の楽しみの一つに食べ歩きもある。ここでは、屋台のような食べ物屋さんが多くあった。私は、お団子や、物語の中で、兵十のおっかあが

食べたいと言っていたうなぎ（うなぎ丼）などを食べた。一面に広がる彼岸花を見ながら、「ごんぎつね」の世界を堪能しながら味わうことができた。

岩手県への文学散歩

　岩手県に関わる文学といえば宮沢賢治である。小学校国語科の教科書では、「注文の多い料理店」「やまなし」が有名である。岩手県花巻市にある「宮沢賢治記念館」「宮沢賢治イーハトーブ館」「宮沢賢治童話村」を訪れた。岩手県を流れる北上川の雄大さや、日本の原風景が多いこの土地を訪れて、宮沢賢治の独特の世界観が、ほんの少しだけ理解できたような気がした。

　再び、食べ歩きについてだが、注文の多い料理店（山猫軒）が、宮沢賢治記念館のそばに実存していたことには驚いた。入口には、「どなたもどうぞお入

りください。けっしてご遠慮はありません。」と書いてあった。おそるおそる入ってみた。

　「体にクリームを塗ってください」や、「体に塩をもみ込んでください」などと店員さんに言われるかと冷や汗をかきながら入ったが、大丈夫であった。とても居心地のよい料理店で、私は、岩手の山菜の入ったおいしい蕎麦を食べて帰ってきた。

子どもたちにも文学散歩を！

　私は、子どもたちにも文学散歩を体験してほしいと思っている。以前に勤務していた学校では、遠足の目的地を、国語の文学作品に関わる場所に選んだ。校長の私が提案したというよりも、担任の教師たちが計画をしてくれた。目的地の「小平ふるさと村」では、小学校国語科の教科書に掲載されている「モチモチの木」「ごんぎつね」の世界観を感じることができる場所であった。

　「モチモチの木」の豆太が、寒い冬の夜に、大好きなじさまのために医者様のもとへ裸足で走った道のりが、ちょうど学校から目的地までであった。また、目的地にあった古民家のせっちんを実際に見て、街灯のない真っ暗な夜に、一人で行くことができなかった豆太の気持ちを考えた。さらに、「ごんぎつね」

のごんが、兵十へのつぐないのために、土間に多くの栗や松たけを固めて置いた時の気持ちを、土間を見つめながら想像した。子どもたちは、日々の生活ではなじみのないせっちんや土間を実際に見て、教科書の叙述だけでは感じることができないものを感じ取ったようで、いつまでも静かに見つめていた。

　上記の実践は、校外での学習であるが、校外に出かけられない時は、校内でも十分にできる。以下は、私が以前に勤務していた学校の実践であるが、小学校国語科の教科書の

① 「わたしはおねえさん」の学習の前に、学校の敷地内のコスモス畑に、子どもたち全員を連れて行き、コスモスとはどのような花なのかを知ることができた。

② 「くじらぐも」の学習後、まさにくじらぐもに似た雲がぽっかりと浮いていた秋空の下の校舎の中庭で、担任教師と子どもたちと全員で丸く輪になって手をつなぎ、「天までとどけ、一、二、三」と言いながら、ジャンプをする。

などである。②の学級では、その後、くじらぐもに楽しそうに乗っている自分の姿を絵に描いてイメージを膨らませ、音読発表会という実践につなげていた。

全校朝会における校長の読み聞かせが、子どもたちを文学散歩に誘う

　私は学級担任の頃から子どもたちに読み聞かせをするのが好きで、低学年に限らず、どの学年を受け持った時も、時間があれば読み聞かせをしていた。そして、読んだ本の名前と作者を短冊に書き、教室に掲示をしていた。とりわけ低学年を担任した時は、短冊を教室に掲示することを続けていて、気づいたら、教室中に短冊が貼り巡らされており、苦笑してしまったこともあった。

　校長となった現在でも、全校の子どもたちが読書をするのが好きになってくれることを期待して、全校朝会の時間にたびたび読み聞かせをしている。全校の子どもたちに体育館に集まってもらいステージのスクリーンに絵本を投影して読んだり、また時には校長室からオンラインで読み聞かせをしたりしている。

文学散歩のよさ

文学散歩のよさは、以下のことだと思っている。

- 文学作品の裏にある、その時代の背景を知る。
- その時代に生きた作者が、作品に込めた思いを理解する。
- 作者の思いを知ることで、自分の生き方を考えたり見つめ直したりするきっかけになる。
- 景色を楽しみながら、また食べ歩きも楽しみながら、文学の世界に浸ることができる。

文学散歩は、物語の世界を体験しながら、子どもたちも私たち教師も物語を読む感性を磨いていくことができる。より深い読みにつながっていく学びの体験、それが文学散歩なのである。

生活や社会の中の音や音楽と豊かに関わる資質・能力の育成

三鷹市立北野小学校校長　山根 まどか

音楽科で求められていること

　音楽科では、音楽の雰囲気と音楽を特徴づけている要素などとの関わりについて理解し、歌唱、器楽、音楽づくりなどの表したい音楽表現に必要な技能を身につけることや、曲の特徴をとらえた表現を工夫したり聴いたりして、思いや意図を持つ力の育成が求められている。また、生活や社会の中の音や音楽と豊かに関わる資質・能力を育むことを目指している。

　しかしながら、音楽を聴いて感じることなどの曲想をとらえることにとどまり、音楽の特徴との関わりを考え理解するまでには至らない授業をしばしば見かける。また、歌唱や器楽などの表現活動では、教師主導で技能習得の訓練のような授業がある一方、子どもに思いを持たせて表現の工夫をする際、思いを実現するための手立てについての指導をせず、子どもに任せっきりにする授業も見かける。加えて、日常生活や社会の営みの中であふれている多様な音や音楽の役割、そして音楽科の学習との関連を意識させる必要がある。

音楽の雰囲気と音楽を特徴付けている要素などとの関わりを理解する

　音楽のよさを感じるためには、曲想を感じ取るとともに音楽の構造を聴き取り、それらの関わりを理解することが大切である。音楽固有の雰囲気や表情、味わいを曲想という。また、音楽を形づくっている要素の表れ方や、音楽を特徴づけている要素と音楽の仕組みとの関わりは、音楽の構造である。子どもに音楽の特徴をとらえさせる際は、

音楽のよさを感じ取る方法	
【曲想】 その音楽固有の雰囲気や表情、味わい 「どんな感じがしたか」 ≪例≫	【音楽の構造】 リズム、音色、速度、強弱、音色、旋律、反復等 「どうしてそう感じたのか」 ≪例≫
はずんだ感じ　⇒ だんだん近づいてくる感じ ⇒ 急いでいる感じ　⇒	音が短く切れるリズムから 音がだんだん強くなるから 速さが速いから

リズムや速度、強弱など、着目させたい音楽を形づくっている要素の視点を示した上で、例えば「リズムの特徴に気をつけて聴きましょう。」などと伝えて音楽を聴かせる。その後、「音楽を聴いて、どんな感じがしましたか。」と発問する。すると子どもは、「はずんだ感じだった。」等と曲想について感じたことや心の動きを言葉で答えたり、時には体の動きで表現したりする。その次に、教師は、「そう感じたのは、リズムがどうだったからですか。」とその理由を聞くようにする。すると子どもは「跳ねているように音が短く切れているリズムだから。」などと、リズムの特徴について答える。このように、まず音楽の音や音楽を聴いて子どもがどのように感じたのかという心の動きを大切にして言葉や体の動きで表出させ、その上で音楽を構造的にとらえさせ、関係づけるようにする。これらの活動を積み重ねることにより、子どもたちは、音楽を曲想と音楽の構造との関わりを理解する力が身についていく。

曲の特徴を捉えた表現を工夫し、思いや意図を持つ

　音楽表現をする際には、知識や技能を得たり生かしたりしながら、その曲の特徴をとらえた表現を工夫し、どのような表現にするか、思いや意図を持つことが大切である。

　例えば、第3学年で「ふじ山」の歌唱の授業の場合、まず、歌を聴いて口ずさんだり、旋律の動きに合わせて手を上下に動かしたりして、曲の特徴をとらえさせる。また、歌詞を音読して歌詞の意味を考えさせる。すると、子どもからは、「富士山の大きさが伝わるような、ゆったりした旋律だ。」「音が上がったり下がったりするのが、山が連なっているように感じる。」「『ふじは日本一の山』の『ふじ』という部分は、この曲で一番高い音から始まる。」などの意見が出る。そして、「日本一の高い山の様子が伝わるように、遠くに響き渡る

ようにのびやかに
歌い、『ふじは…。』
の部分を一番強く
歌いたい。」などと、
どのように歌いた
いか、思いや意図

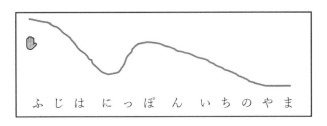

を持つようになる。

　その上で教師は、「遠くに響き渡る声」「強く」等の子どもの思いや意図を実現するために必要な技能について、「体の力を抜いて、背筋を伸ばして歌う。」「あくびをした時にのどの奥が冷たくなる部分を開くように歌う。」「強く歌う時には、腹や腰回りに風船を膨らますように空気をしっかり入れてから出す。」などの指導を行う。それを踏まえて、子どもたちは試行錯誤しながら歌い方を工夫し、互いに聴き合いながら、それぞれの表現のよさを認め合ったり助言をしたりしてよりよい表現にしていくようにする。

生活や社会の中の音や音楽と豊かに関わる

　音楽科の学習で学んだことと学校内外におけるさまざまな音や音楽との関わりを子ども自身が自覚できるようにしていくことは、豊かな生活を営むことができる持続可能な社会の実現に向けて音楽科の果たす大きな役割の一つである。そのために、例えば身の回りの音に着目させることや、他教科などにおける諸活動や地域行事などにおいて、子どもたちが音楽科で学習した歌を歌ったり楽器を演奏したり、音楽を聴いたりする機会をつくる。これらの取り組みは、SDGsの実現への活動にもつながる。

（1）身の回りのさまざまな音を意識する

　カナダの作曲家R・マリー・シェーファーが提唱した、サウンドスケープ（音の風景、または音の環境）は、生活の中に存在するさまざまな音に気づき、それらの音が暮らしの楽しみや新たな課題とどのように関わっているのかを改めて見つめ直すことを目的としている。サウンドスケープを取り入れた音楽科の活動を行うことは、音への感覚を研ぎ澄まし、音を手がかりとした環境教育の視点で日常生活を見つめ直すことができる。

【授業実践例】　第1学年または第2学年　音楽づくり

見つけたすてきな音
○音のしゅるい 　はっぱがゆれる音 ○言葉であらわそう 　サワサワ ○色や形であらわそう 　〜〜〜〜〜〜 ○音のとくちょう： 　よわく、おなじくら 　いのたかさの音がつ 　づく。 　風が強くふくと、音 　がひくく強くなる。

≪用意するもの≫筆記用具、色鉛筆、バインダー、ワークシート

≪実践≫

①教室や校庭、屋上、自然がある公園や川岸などで、目を閉じて1分間、耳をすまして、何の音が、どこからどのように聞こえてくるのかを考えながら聞く。

②聞いた音の中から、気に入った音を、ワークシートにオノマトペや色、形、音の高さや長さ、音色、強弱などの特徴を記入する。

③子ども同士で、自分の気に入った音について紹介し合う。

④紹介し合った音を使って声遊びをする。

　（例）まねっこ A児「チクタク」⇒B児「チクタク」

　よびかけっこ　A児「サワサワサワサワ」⇒B児「サーワサワ・」

おわりに

　今回は、音楽科で求められていることや身につけるべきことを確認し、それらを実現するための授業改善のポイントについてまとめた。子どもたちが、音楽科で学習したことを生かして生活や社会の中の音や音楽のよさを感じ取り、生活を豊かにするために音や音楽と主体的に関わり、心豊かな生活を営むことのできる人に育っていくことを願う。

生きる力を育む家庭科教育
～教師も子どもも楽しく学んで～

大田区立赤松小学校校長　飯島 典子

　これからの社会を担う子どもたちには、予測困難な事態や、家族・家庭生活の多様化、消費生活の変化、少子高齢化の進展、持続可能な社会の構築など、今後の社会の急速な変化に対応することができる資質・能力が求められている。このような時代を生き抜いていかなければならないからこそ、一人一人が自立し、家族や地域の人々と共に支え合うことが重要であり、家庭科の果たす役割は大きい。

　私は、小学校家庭科専科として28年間、家庭科で学ぶことの大切さを子どもたちに伝え、子どもたちが楽しく学ぶ姿を思い描きながら、授業づくりをしてきた。家庭科は、生きる力を育む大切な教科である。予測困難な時代であり、家庭生活の変化も多い中だからこそ、家庭の役割は重要であり、家族が協力し、工夫して家庭生活を過ごしていくことが大切だと考える。

　家庭科の学習では、自分の生活を見つめ、衣食住に関する知識と技能を習得し、家庭生活を大切にする心情を育み、よりよい生活を目指す。実践的・体験的な活動を重視しながら、楽しく学べる家庭科の授業としたい。そのために、私がこれまで実践してきた授業づくりの工夫について伝えていく。

　担任が教える家庭科の授業は、子どもたちの生活についてよく理解しているからこそ一人一人の課題を把握し、個に応じた指導ができる。専科、教科担任制として家庭科を教える場合には、同じ授業を何度か教えることができることから、よりよい家庭科の授業に発展していくことが期待できる。教師も自分の生活を見つめ、教材研究を楽しみながら家庭科の授業づくりができることを願っている。

家庭科で大切にしたいこと

　家庭科の授業の中で「わかった！」「できた！」というだけでなく、「なぜそのようにするのか」ということを大切に指導したい。身につける知識を根拠として理解させ、家庭や地域などにおけるさまざまな場面で活用し、変化する状況や課題に応じても活用できる知識や技能となることを目指す。

　調理実習でみそ汁の作り方を学習し、家に帰った時の家族との会話を想定する。

それはよかった。家にあるじゃがいもとわかめでおみそ汁を作ってほしいな。

家庭科の時間におみそ汁の調理実習をしたよ。

その材料では作っていないからできないよ…。

　これでは、調理実習をしたという体験だけで、家庭で実践できる知識と技能が身についていないことになる。みそ汁づくりのポイントについて根拠をもとに理解し、家庭生活で工夫して生かすことができるようにしたい。

　みそ汁づくりのポイントを理解していれば、家庭での実践で生かすことができる。

みそ汁づくりのポイント

- だしをとる。
- 実の大きさ、切り方を考える。
- 煮えにくい実から先に入れる。
- みそを入れてから煮立たせない。
- 香りを大切にしたい実は最後に入れる。

じゃがいもは煮るのに時間がかかるから、少し薄く切ろう。固いじゃがいもを先に入れてみよう。

このように、みそ汁づくりには、だしが欠かせないこと、実の組み合わせや切り方、入れる順を考えること、みそ汁は煮立たせると味や香りが悪くなるなど科学的な根拠を考えさえ、家庭で生かされるように指導する。

家庭科の学習のねらいと進め方

家庭科の授業では、実習が楽しかった、作品ができたということで終わるのではなく、家庭科で学習したことを生かして、生涯よりよい生活を目指すことができるようにする。

家庭科の学習を進める際に教師が行うことは、この題材でどのような子どもを育てたいかを明確にすることである。子どもたちには生活を見つめさせ、学習課題を考えさせる。教師はその児童像に向けて授業づくりをし、子どもたちの学習課題が解決できるよう指導計画を立てる。

「主体的・対話的で深い学び」の実現に向けた授業改善を進めるに当たり、学びの深まりの鍵となるのが「見方・考え方」である。「協力・協同」「健康・快適・安全」「生活文化の継承・創造」「持続可能な社会の構築」という４つの視点について教師が教えるのではなく、子ども自身が授業を通して働かせることができるよう授業を組み立てていく。

内容の指導に当たっては、第５学年の最初に第４学年までの学習を踏まえ、２年間の学習の見通しを持たせるガイダンスの授業を行う。そして題材の区切りや学期の終わりに自分の成長について振り返りをさせる。また、「課題と実践」として実践的な活動を家庭や地域などで行うことができるよう配慮し、２学年間で一つまたは二つの課題を設定できるようにする。（学習指導要領（平成29年度告示）解説　家庭編　第３節　内容Ａ「家族・家庭生活」参照）

授業づくりの工夫

家庭科の学習は、教師自身が自分の生活を見つめながら、日頃の生活の中で教材研究をすることができる。日々の買い物や食事づくり、衣服の着方や住まい方など教師自身の生活の中で教材研究となることが多くある。

○まずは共通課題から考え、自分の生活につなげさせる。

家庭科の学習では、子どもたちの家庭生活にふれることから、プライバシー

に配慮が必要である。導入を共通課題から考えさせ、自分の生活と比較させることで、自分の課題の発見につなげられる。架空の家族をもとに考えさせたり、移動教室での生活を考えさせたりするなど、共通の話題を通して家庭生活について共に学ぶことで、プライバシーに関係なく安心して考えを伝え合うことができる。

○体験を通して実感させる。

　前述のように、生活の中で生きる力として活用できるようにするために、なぜそのようにするのかを考えさせる。そのためには、実験も効果的である。だしをとったみそ汁とだしのないみそ汁の比較、じゃがいもや青菜のゆで時間による違い、衣服の役割を知るために保温性や吸水性の実験、快適な住まいのための風通しの実験など、子どもたちに興味を持たせながら、なぜそうするのかという科学的な根拠を実感させる。

○道具の正しい使い方を習得させ、ものづくりの楽しさを教える。

　調理用具、裁縫用具など正しい使い方を習得させる。子どもたちの生活経験には個人差があるが、まずは基本的な使い方を丁寧に指導する。技能にも差があるので、その子にあった課題を設定し、ものづくりの過程を通して自分でできた喜び、達成感を持たせる。

○映像の活用や身近な人から学ぶ。

　家庭科で教えることには、ちょっとした技や工夫を伝えることで、技能の上達につながることがある。それは、熟練したり、研究を積み重ねたりしていないとわからないこともある。そのため、わかりやすく編集されている映像を使うと効果的である。また、家族や地域の方、教職員へのインタビューや学習への協力をお願いすることにより本物にふれ、最新の情報を学ぶこともできる。

　このように家庭科の学習では、教師がまず教材研究を楽しみ、子どもたちと共に発見した喜び、体験した喜び、完成した喜びを味わうことである。

風の人と土の人がつながり、校風を育む
〜再発見! 学校の魅力〜

練馬区立田柄小学校校長　伊藤 雄一

　今、社会の風潮として学校、特に公立学校へのネガティブな感情が広がっていることを多くの人々が感じている。私はこれまでの教師生活の中で、数多くの人々との出会いやさまざまな経験を通して「視点を変え」、「視野を広げる」ことで学校の魅力を再発見することができた。ネガティブな感情は容易には一掃できない。それどころか、教師の多忙感は心理的な余裕を奪い、自身の視野を狭くする傾向すらある。しかし、私は教師として学校の魅力を自覚して職を務めていきたい。校長として学校経営を進めていく上でも自校が本来持っている学校の魅力を大切にしていきたい。以下、私が教師として当たり前に感じる学校の魅力をさまざまな視点で再発見したことについて述べていく。

1　再発見のきっかけとなった自身の学び
（1）2つのきっかけ

　私が公立学校ならではの面白さ、魅力を感じるきっかけとなった学びは2つある。

　1つめは異動である。異動をした時に地域の雰囲気がつくる学校の風土の違いが面白いと率直に感じた。初任校では、課外クラブを担当し、毎日のように早朝から夕方暗くなるまで子どもたちとグラウンドでサッカーをして過ごしたのんびりした雰囲気が心に残っている。20代の時、都心の学校へ初めての異動を経験した。高層ビルの間にも下町風情のある地域で、カルチャーショックを受けた。保護者や地域の方々と教師たちとの距離が近く、学校の外に一歩出れば生活の息遣いが感じられた。その後も東京都の公立小学校の教師としてさまざまな学校を経験し、その地域の子どもたちの教育に携わることができることに、わくわくするような気持ちが高まってきたことを覚えている。

　2つめは、研修を通して数多くの学校を参観した経験である。20代の時、東京以外の他県での先進研究校を参観したことがあった。それは、都内で異動をした時よりもさらに大きな衝撃であった。公立学校には、地域とのつながりがつくり出す、独特の学校文化や風土があり、子どもたちが生き生きと学んでいることと、地域の雰囲気には関係性があることを強く実感するようになった。40代になった時に、都の教職大学院派遣制度を利用して現職のまま1年間東京学芸大学教職大学院で学ぶ機会を得ることができた。20代の時に感じた自身の問いをさらに追究していきたいとの考えから、特に学校の文化や風土に着目し、多くの学校を訪問することができた。研究のために校長や教師へのインタビューや調査をする中でそれぞれの学校において独自の大切にしていきたい校風があり、学校を動かす大きな力の源になっているとの思いを強くした。

（2）校風を育むために

　教職大学院派遣研修において、私は、課題研究「校風を育むカリキュラムマネジメント〜学校の組織と文化の向上を目指して〜」に取り組んだ。

　研究を通じて、概要として明らかになったことの一部は以下の通りである。

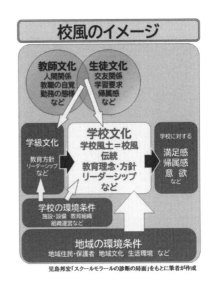

児島邦宏「スクールモラールの診断の局面」をもとに筆者が作成

・校風には「受け継がれてきた校風」と「育んでいく校風」がある。校風は変化していくが、本研究ではその学校独自で継続、継承されている学校文化や風土で教師・児童・地域から指示されているものを「校風」と定義づけた。

・校風を構成する要素には、①教師文化　②児童・生徒文化　③地域とのつながり　④教育目標、校訓、合言葉、指針など　⑤カリキュラム文化　⑥学校行事　⑦その他（施設など）がある。

・校風を類型化していくと「地域志向型」「子ども志向型」「教師協働型」など特徴的なタイプが見られた。

- 教師は、自校の良さに気づいていないことが多いが、（ワークショップなどにおいて）視点（校風を構成する要素）を与えて見直すと潜在的な良さを再発見し、自校の教育活動など肯定的にとらえ直すことができる。

この研究への取り組みを通じて、私自身の学校経営を進める上での大切な視点を形成するきっかけとなった。

2　管理職になって変わった景色からの再発見！

管理職になり、今まで見えていなかった景色が広がった。学校は、学級担任の時に思っていたよりも想像を超える多くの地域社会とのつながりがあった。学校には教師のように数年で去っていく「風の人」と、その土地で長年生活を営む「土の人」がいる[注1]。この「土の人」は10年、20年、それ以上と長い年月の間学校に関わってきている。私は学校の代表として交流をする中で、学校や子どもたちのためにとの強い思いをその土地の人から感じることができた。生活の中に学校があり、学校のため、子どもたちのためであれば協力を惜しまないという「土の人」に数多く出会った。その方々の人生の一部である学校の開

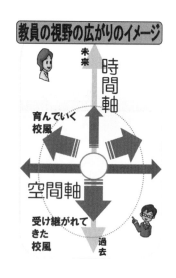

校や、歩みの中に学校の魅力がたくさん詰まっていることも知った。そのことを「土の人」たちとの交流で知った時に、学校への見方は大きく転換された感じがした。どれだけの人が学校のためにという思いを持って関わってきただろうか。私はこの「地域性」が公立学校の最大の魅力であるとの思いを強くした。管理職として、学校に赴任した時にその学校の負の側面に目がいきがちになる傾向は否めないし、学校改善は校長としての職務でもある。だからこそ、その学校に確かにある学校文化や風土、教育活動などを肯定的に見直し、大切にし

注1　志水宏吉 著「公立学校の底力」ちくま選書　2008年

たい「校風」としてとらえ直すことで、新しい見方をつくっていくことが大切である。

3　校風を育み、人と人がつながる学校を目指して

　私は今、以下の手順を踏まえて学校経営を進めている。

（1）　学校が持つ人的、物的資源や環境そのものを肯定的にとらえる。

（2）　学校に本来備わっている力である「校風」をその場に集う人々である子ども、教師、保護者、地域の人々が手を取り合って育み続けていくことを経営の基本方針とする。

（3）　改善を進めていく際、学校の原点を大切にすることから着手する。
　　　（自校の地域や学校のあゆみ、校名、校章、校歌、教育目標などの由来に目を向けてそこに込められた思いや願いを知る）

（4）　子どもも教師も共に学び続け、変わり続けていくことを学校経営の柱としていく。

　特に、学校を取り巻く社会そのものがあまりに急激に変化をしているため、教師自身も常に情報を的確にとらえ、判断することができるように学び続けることが求められる。上記の手順を基本に今後も自身の学びを踏まえ更新されていくものと思う。

　以前、学校の良さに目を向けてそのことに気づいた教師が、「学校は多くの人が集まる『広場』だと感じた。教師だけでなく保護者や地域の方も子どもたちを共に育ててくださっている。協力なくしてできない環境だと改めて感じることができた」と感想を述べていた。この教師は、こちらから意図的に視点を与えることで視野を広げることができた。しかし、何もしなければ、視野は知らず知らずのうちに狭くなってしまう。今、教師自身に余裕がない。そのため自分の立場ばかりを守ろうとしがちな傾向がある。

　「昔があって、今があり、今があるから未来がある。」　地域の協力者が対話の中で語ってくださった言葉である。子どもたちがたくましく未来を切り拓いていくための「広場」を今こそ大切にしていきたい。

教師が働きやすく子どもが輝く学校経営の在り方について

はじめに

　私は令和4年4月1日より副校長からの昇任で本校へ着任した。本校は、児童数242名（令和4年12月末日現在）で、創立51年目の小規模校である。教師は、職務に対して非常に真面目に取り組む姿勢であった。一方、多忙感や疲労感があることに気づいた。また、子どもたちの様子を見ていて、自ら学ぶ姿勢を持たせ、学習意欲を喚起するようなより多彩な経験をさせ、子どもたちの可能性を伸ばしたいと思うようになった。そのために、以下の取り組みを実施した。

朝の時間の余裕を生みだすために

　まず、私が着任して感じたことは朝の電話の多さであった。基本的には、副校長が電話対応をしているが、その他は学級担任が対応している。

　現在、子育て世代の教師が多くなってきており、朝の1分1秒が本当に貴重な時間となっている。そんな現状に対し、「仕方ない」と我慢して対応している姿が1学期間続いた。このまま教師の善意に頼っているだけでは何も好転しないと私は考え、自身で「欠席・遅刻等連絡フォーム」を作成することにした。本市は、Googleのシステムを利用しているため、Googleフォームを使用しての作成となった。できるだけ、保護者に入力の負担をかけない、教師が確認しやすいよう内容項目の精選を図る、この2点をクリアすることを念頭に置いて作成した。

　何度かICT担当や養護教諭との話し合いを重ねながら、次のように運用を開始した。①兄弟、姉妹で遅刻・早退・欠席する場合は、

R4　大山小　欠席・遅刻等連絡フォーム

Google にログインすると作業内容を保存できます。詳細

*必須

連絡種別

欠席・遅刻・早退の選択をお願いします

*

◉ 欠席

◯ 遅刻

◯ 早退

60

全ての子どもについて、1回ずつフォームに入力・送信すること、②送信は、遅刻・早退・欠席が発生する前日の13：00から当日朝8：00の間にお願いすること、③当日の朝、8：00以降の連絡は、直接学校に電話をしてもらうこと、④8：15以降、朝の健康観察の様子によっては学校から電話連絡をすることがあるということ、⑤朝の時間、教師が仕事に専念できるよう、フォームでの連絡に協力していただくこと、というように、上記5点の内容を配布文書に盛り込むとともに、本フォームは、スマートフォン等でQRコードから読み込んでもらえれば、すぐに使用できるようにした。

2学期からの運用となったが、こちらの連絡フォームの効果は目に見えて現れてきた。配慮を要する子どもやケアが必要な家庭とは、直接担任が連絡を取ることは続けるべきである。しかし、朝の電話が減ったことで、1日の始まりを教師が穏やかに迎えられるとともに、各自の授業準備に朝の時間を充てられることにより、教師にとって心身の余裕が生じるようになった。

ただし、今後もより保護者や教師にとって使いやすく、見やすい「欠席・遅刻等連絡フォーム」の体裁を追求していく必要があると考えている。

交換授業の開始

本校の学級数は、10学級である。私が着任するまで、学級の子どもを見るのは、その学級担任というように従来のスタイルでの学級経営が行われていた。確かに、私自身が担任の頃は、自分の学級のことは全て自分の責任という現実があり、何とか良い学級をつくらなければと意気込んでいた記憶が今も強く残っている。

しかし、現在は子どもの個性やそれぞれが抱える家庭的背景が複雑化しており、担任一人で対応していくのはかなり厳しい実情がある。また、私は学校経営方針で、「全ての子どもたちを全教職員で支援する」ということを柱にしており、これを実現するため、まずは各学年で「交換授業」に取り組むようにした。各学年ともに、最初は特別の教科道徳の交換授業からスター

トした。子どもたちは自分の学級以外の教師が授業に来ることで、新鮮な刺激を受けるとともに、ふだんよりもやる気を見せて取り組む姿が多く見られた。それに伴い、教師も授業に対する楽しさと準備の負担軽減が図られるようになったことで、2学期には国語科や体育科など、自分たちで考えて交換授業をする姿が見られるようになった。

4年生と5年生は1学級のため、縦の関係での交換授業となり、難しい面もあったが、子どもたちの学ぶ姿の変化が教師を良い意味で刺激し、どの学年よりも積極的に取り組む姿勢が見られたのは、本当に大きい成果であった。

出前授業の実施

本校の最大の課題は学力面である。教師もその課題の克服に向けて、朝学習や放課後補習教室等に真剣に取り組んでいる。しかし、教師が与える学習だけでは、子ども側の成長がなかなか見られない現状がある。ましてや、子どもたちの学習に対する意欲を引き出すのは容易なことではない。

そこで、発想を変えて、子どもたちに日頃経験できない学習機会を設定することで、学びの心を耕すとともに、自ら学習に取り組みたいという姿勢を引き出すことをねらいにして、外部講師を招聘しての出前授業を行うこととした。

1・2年生には、食育授業（生活科）を、3・4年生には、タグラグビー（体育科）を、5・6年生には、NPO法人おやじ日本にコーディネートをしていただき、複数企業からキャリア教育（総合的な学習の時間）の体験学習を実施した。

こうした専門家からの指導を受けることにより、子どもたちの学習意欲や興味・関心に広がりが見られたとともに、教師自身の授業準備の負担軽減にもつながることで、子どもにも教師にも以前より活気が見られるようになってきた。今後、さらなる教育効果をもたらす出前授業や専門性の高い外部講師を招聘することで、教師の授業の負担軽減と教育内容の充実を図っていく。

通知表の２期制と水泳学習の民間委託へ

　この２点に関しては、令和５年度より実施していく内容である。まず、年間３回の通知表作成で、学期末に教師は大変忙しくゆとりがなくなっていた。そこで通知表を２回（10月と３月）の発行に切り替えることにした。

　これにより７月にゆとりが生まれ、学校行事や出前授業など、学校教育の更なる充実が図れると考える。また、１学期の評価については、７月の夏季休業時における夏の個人面談で、学級担任から丁寧に説明をする機会を設けていく。さらに、12月には希望する保護者に個人面談を設定する時間を取ることもでき、教師側は余裕をもって、保護者との面談に対応することができる。

　水泳指導の民間委託については、立川市の施策であるが、本校は先行実施に名乗りを上げた。これまでは、猛暑の中、子どもたちの熱中症へのリスクを考慮しながらも教師が行ってきた。しかし、これからは、民間プール施設で専門的なスタッフから質の高い指導を受けられるようになるとともに、教師は安全管理と評価に専念することができるようになる。もちろん、教師の指導力の低下を招かないよう、事前の水泳研修は民間プール施設でしっかりと実施していく。上記２点の実施により、教師の心理面及び肉体面での負担軽減を図ることができると考えている。

まとめ

　学校の主役は当然子どもたちである。しかし、そこで働く教師に心身のゆとりや活気がなければ、学校の進化はあり得ないだろう。急激な社会の変化へ柔軟に対応できる視野を校長は持つこと、つまり、パラダイムシフトをしながら真摯に学校経営を行っていくことが常に求められている。

　私は、今後も校長職を担っていくにあたり、前例踏襲ではなく、教師が効率的に気持ちよく働ける職場環境を構築していく。そして、子どもたちが学校生活を通して、日々幸せを感じながら、一歩一歩確かな成長を遂げることができる学校づくりを行っていきたい。

「森の中の学校」に種を蒔く

豊島区立池袋第一小学校校長　内田 典子

はじめに

　「地域の方々と、森の中の学校を創ってください。」これは、着任直後の面談での区長の言葉である。夜景のきれいな高層階にある重厚な区長室は、森とは対極の場所のように思われた。その中で伝えられたこの言葉は、私の心に強く刻まれた。

　「森の中の学校」とは、創立87周年を迎えた校舎を改築するにあたり考えられた新校舎のコンセプトである。豊島区の緑被率は12.9％で、23区の中でも決して多い方ではない。平成26年に定住率が低い消滅可能性都市と指摘された豊島区は、令和２年に「SDGs未来都市」に選定され、「住みやすいまちづくり」のためにさまざまな施策を進めていた。池袋第一小学校は森の中にある学校として、豊島区に点在するみどりのネットワークの一つとなった。

学校に種を蒔く

　区長の一言を「期待と激励」ととらえた私は、まず、校内でコンセプトの共通理解を図ることにした。職員会議で新校舎のコンセプトについて説明し、「森の中の学校」をテーマに、SDGsに取り組んでいくことを確認した。新校舎の環境を強みに、地域の方々とどんな活動ができるか、検討していくことになった。

PTA役員会に種を蒔く

　本校のPTAは独自のHPを開設しており、学校や保護者のニーズに合わせて、頻繁に更新していた。みんなが共に楽しむ夏祭りを企画し、集まることができない時はオンライン上で夏祭りを楽しむ企画を立て、実現してしまうパワフルな組織である。早速、PTA会長に協力をお願いしたところ、「森の中の学校」をテーマにした活動について、役員会からも提案してもらえることになった。

PTA役員会から芽が出る

　1か月ほどで、一覧表が届いた。「給食の残菜でミミズコンポストを作り、できた肥料を地域に配る」「森のどんぐりや季節の花を飾るコーナーを作る」など、12ものアイディアが集まった。いずれもSDGsを意識し、子どもも興味を持ちそうな内容である。その中から、教師や役員が交代しても継続可能なものを選ぶことにした。学校目標、子どもや地域の実態、行事や学習など、さまざまな視点から検討し、花を育てて地域に役立てる活動を選択することにした。

地域に種を蒔く

　活動を推進していく組織づくりに悩んでいた時、学区内で公園の花壇を整備するボランティアが見つかった。リーダーは「森の中の学校」のコンセプトに理解を示し、学校への協力を快諾してくださった。アドバイザーとして、大学の先生も支援くださることになり、PTAを中心としたネットワーククラブが誕生した。当面は、校内の安全に配慮してメンバーを限定した活動にし、徐々に卒業生や地域の方々にも広げていくことにした。

教師に種を蒔く

　その年の校内研究は国語科であった。次年度も継続したいとの声があったが、新校舎を生かした研究を推す方が強まっていた。そこで、テーマを「未来を生きる子供の育成〜SDGs森の中の学校作りを通して〜」として、教科を絞らずに自由度を高くして分科会ごとに研究することにした。

　しかし、すぐに壁にぶつかった。教師の多くがSDGsについて十分に理解していないことに気がついたのである。本校の状況を踏まえて研究の方向性を示し、教師の意欲を高めてくださる講師は私の知る限り一人しかいない。無理を承知で遠藤真司先生に相談をしたところ、多忙なスケジュールを調整してくださり、SDGsの授業づくりをご指導いただけることになった。研修で教育の不易と流行、ESDや学習指導要領との関連、授業実践例、授業の構成要素を理解

することができ、研究の土台が固められた。演習では、「森の中の学校」について語り合い、意欲やアイディアが引き出された。この研修会の後から、教師たちがSDGsの授業について考えることを楽しみ始めたのはいうまでもない。

教師から芽が出る

校内研究1回目は、総合的な学習の時間であった。3年生が「池一の森ワクワク探検隊」の授業を行った。学校の森を調べる活動を通して「森の中の学校」の役割について考え、校内や地域に発信していく学習である。授業を通して、大人になっても地域のために活動しようと考える子どもを育てたいと担任は熱く語っていた。この教師の熱意に応え、区長から子どもたちにビデオメッセージが届けられた。子どもたちはこのメッセージにより、豊島区の未来を託されたと感じ、「陸の豊かさを守ろう」の目標を自分事としてとらえ、意欲的に取り組むようになった。

学校から芽が出る

校舎が新しくなることは、子どもたちにとって一生に一度あるかないかの出来事である。これを機に、新校舎で学べるのは当たり前でなく大変幸せなことだと気づかせたいと考えた。全校朝会で、創立70周年記念として作られた歌に乗せて、建築作業の写真や新校舎建築に携わった方々のインタビューを収録したビデオを視聴させた。視聴後は、大人も子どもも新校舎建設に携わった方々に感謝の気持ちを伝えたくなるほどの感動を覚えた。

その日の午後に開かれた代表委員会で、全校で取り組む活動について話し合われた。「新校舎の緑を使ったウォークラリー」や「おもちゃ作り」など、たくさんのアイディアの中から子どもたちが選んだのは、「全校で花を育てて地域の方々を笑顔にする活動」だった。自分たちの楽しさよりも感謝の心を伝えることを大切に考えた子どもたちを誇らしいと感じた。

演劇クラブが広く種を蒔く

　豊島区のブリリアホールで、教育委員会主催の「SDGsフェスティバル」が行われた。区内の小中学校7校がSDGsの取り組みを発信するのだ。本校は「森の中の学校」に込められた願いと地域との取り組みについて発信した。演劇クラブによる劇と映像を組み合わせ、わかりやすく伝えることを心がけた。森の中の学校ネットワーククラブの方々も劇に出演してくださった。

　後日、全校で動画を視聴し、改めて「森の中の学校」にこめられた願いを皆で確認することができた。最後の「100年後、この地域が緑豊かになるように一緒に協力しましょう！」という言葉が、地域の方々の心に響くことを願った。

地域で芽が出て成長が始まる

　11月のSDGsウィークで、子どもたちは植木鉢に花の苗を植えた。一人一人が責任をもって育てるように、プランターでなく植木鉢を選んだ。ネットワーククラブの方々のサポートにより、校舎裏に面した広場に色鮮やかな鉢が並んだ。これなら、育てて

いる間も地域の方々を笑顔にすることができる。

　水やりは縦割り班で行うことになった。下級生思いの6年生たちは、卒業後も花の成長を見守ろうと、学校を訪れるにちがいない。

おわりに

　森の中の学校ネットワーククラブは、地域・保護者・学校をつなぎ、強力な応援団として力を発揮し始めた。そして、子どもたちは、地域の方々と共にSDGsに取り組めるこの「森の中の学校」に感謝し、自分も地域のために頑張りたいと行動するようになった。これまで学校を囲んでいた見えない柵が取り払われ、代わりに森の緑を中心に人と人とがつながり始めた。

　私はこれからも種蒔きを楽しみ、地域の拠点となる「森の中の学校」を創っていく。一緒に楽しく種を蒔ける職員、子どもたち、保護者や地域の方々がいることに心から感謝しながら。

養護教諭から管理職へ

東久留米市立第十小学校校長　樋口　由紀子

養護教諭から管理職へ

　私は30年余り、多摩地区で中学校の養護教諭をしていた。主幹養護教諭を経て現在、校長として勤務している。管理職になる時に、養護教諭から管理職になるのは、学級担任から管理職になるよりも、さまざまな面で不利になると言われた。確かに自分自身で行った授業は数えるほ

どしかなく、学級担任をやったこともないため学級経営の経験もない。

　そこで自分は学級担任の経験はないが、養護教諭ならではの経験を生かした学校経営ができるのではないか、これを考えて日々の学校経営に取り組んでいる。

学級担任との違い

　養護教諭時代には子どもたちの心身の健康を第一に保健指導に取り組んできた。特に心の教育に力を入れてきた。

　学級担任と養護教諭の大きな違いは、学校で子どもたちに会う時と場の違いである。子どもたちは、朝、登校すると教室に入る。それを担任は待っている。一方、養護教諭は保健室に来る子どもたちを待つ。しかしそれは、怪我や体調不良の時であり、いつ来るかわからないものである。担任と比べて、受け身の立場で子どもたちと会うのである。担任をうらやましく思うこともあった。保健室に子どもが誰も来ないということは、子どもが心身ともに元気な証拠と思いつつ、寂しい気持ちになる時もしばしばあった。

　しかし、休み時間や昼休みには学年を問わず多くの子どもたちが保健室に集まってきた。ある男子が「俺たちは先生のことが好きで保健室に来ているわけじゃなくて、保健室っていう場所が好きなんだ。ここに来ると何だかわからないけど気持ちが落ち着くんだよな〜」と言っていた。私と話をする子もいたが、

ほとんどの子が友達や異学年の子とおしゃべりしたり、身長を測り合ったり、宿題をやる子もいたりした。中には大勢いる他の子と関わることはなく、それでも保健室の中で笑顔で過ごしている子もいた。それぞれに教室とは違った保健室という場所の居心地の良さがあったのだと思う。子どもたちの話が盛り上がり過ぎてしまい、生活指導主任が心配してのぞきに来たこともあった。

　学習を充実させるためにも、いい学級をつくるためにも、子どもの健康に気をつけてきた。学校行事を成功させるためにも、部活動で活躍するためにも、自分に合った進路選択をするためにも、心身が健康でなければどれも実現させることはできない。自分の学級や学年だけでなく、学校全体の子ども一人一人の心身の健康に気を配り、特に心の変化にいち早く気づき、担任や学年主任と情報を共有して対応策を考えていた。この養護教諭の経験を校長としての学校経営に生かして行きたいと思う。

養護教諭の経験を校長として学校経営に生かす

　養護教諭は初任の時から全校の子どもたちを見て、コーディネーターとしての役割を担っていることも多い。その経験は管理職になっても絶対に生きるはずと考えている。朝の校門での登校指導、集会などでの子どもの様子、廊下などですれ違った時の様子、中休みに校庭で遊んでいる様子、給食中の様子、衣服の状態、授業観察での子どもの表情など、学校生活のさまざまな場面で子どもたちの心身の健康の状態を伺い知ることができる。

　そして子どもたちの言動にはその時々の心の状態が表れる。その心の揺れ動きをしっかりとらえ、気になる子どもについては声をかけ、寄り添い、担任と情報共有をし、子どもたちが心身ともに健康に学校生活を送れるよう支援していく。子どもだけでなく、子どもたちを教え育てる教師もまた同じである。教職員の健康もまたよく見ていく必要がある。「誰もが心も体も元気で活気にあふれる学校」、この学校経営を行うことが養護教諭から管理職になった者の役割だと強く感じている。

読書推進を意識した図書だよりの取り組みと工夫

武蔵村山市立第一小学校講師(元副校長)　芳賀　英幸

　読書は生涯幸せな人生を送るための「生き方」の基本として、また「学び方」の基礎として大切な学習の場である。これは時代が変わっても、いつまでも変わらない真理である。そして、子どもたちを「良き読書人」に導いていくためには、読書指導の場として、読書材を提供する役割の場として、学校図書館が重要な位置にあることは言うまでもない。

　私は定年退職後の現在、東京都の時間講師として任用されている。職務は勤務軽減を受けている担任に代わっての学習指導である。幅広い教科に対応しているが、「読書指導」も担当している。

　学習指導要領総則〔「指導計画の作成等の配慮すべき事項」2（9）〕には次のように記載されている。「学校図書館を計画的に利用しその機能の活用を図り、児童の主体的、意欲的な学習活動や読書活動を充実すること」

　そのために講師の立場としては何ができるであろうか。私は若き日の担任時に当時の校長から言われたことを思い出した。それは「子どもを図書室に連れて行って、本を読ませることは誰でもできる」との言葉。プロの教師ならどうやって読書指導をしていけばよいのか、問題を投げかけられたのである。校長は国語が専門、多くの書物を読み広い知識を持つ博覧強記の人物である。

　後日、その校長から一冊のノートを見せてもらった。それは自身が学級担任時の子どもたちの実態がびっしりと書かれたものであった。一人一人の子どもたちの読書活動や読書傾向をとらえ、子どもの持っているよさや可能性を見出し、その視点から助言や援助についても詳しく書き連ねてあった。また、児童書の情報にも精通していて、子どもの読書活動の動機づけに役立てている様子は、模範となるものであった。しかし、今回は時間講師という立場であり、担任時と基本姿勢は変わらずとも、子どもと対峙する時間は「図書の時間」に限られる。そこで子どもたちに本の面白さを伝え、読書の幅を広げていくために、「図書だより」の発行を考えた。

> 　読書活動を大切に考え、子どもと本をつなぎ子どもたちが読書に少しでも主体的にかかわっていくことができるように、月1回「図書だより」を発行する。

　この実践のためには、①子どもを本の世界に引き込むような話題を提示して、読書に対する興味を誘発させる　②世の中の動きと読書活動を関連させることで、より一層読書への必要感を持たせる　③その記事をいろいろな場面で話題にして、子どもとのコミュニケーションを活発にする　④保護者の目にふれることで、読書活動に対しての理解と協力を得るなどに主眼を

置いた。子どもの読書時間をできるだけ多くとるために、担任に配布をお願いし、時間がある時には学級で読み上げてもらった。また、配布前には担任に必ず目を通してもらい、お互いに共通理解を図った。これは学級の子どもの共感的理解を継続して行うことにつながり、充実した打ち合わせの時間になった。

　具体的な「読書だより」の内容として次の2点を紹介する。陸上競技の田中希実選手の活躍とノーベル賞受賞の真鍋淑郎氏の言葉から触発され記事にしたものである。

図書だより　9月号	「読書のために走る!?」

　40日ほどの夏休みも終了。夏休みはたっぷりと時間もあり、いろいろな本を手に取ることができたと思います。今までさまざまな体験を通して成長し、考える力を伸ばしてきたみなさんは、夏休みの充実した読書で、さらに自分の世界を広げていったことでしょう。また、このたくさんの本をたっぷり楽しみ、満足できたという経験は、大人になってからも続く、豊かな読書の基礎となります。

　さて、先日閉幕した東京オリンピックでは、陸上女子代表の田中希実選

手の見事な活躍がありました。女子1500mでは日本人史上初の決勝進出、8位に入賞。これは快挙です！　そして、この活躍の原点には、「読書好き」があったということであり、とてもうれしくなりました。

　読書の好きな少女時代、学校から「歩きながら本を読むのは禁止」と注意があります。田中選手は、当時「赤毛のアン」などの本を読みなが、通学していましたが、「それなら、速く走って帰ってから読もう」と思ったのです。

　兵庫県小野市の自宅から小学校までは約2.5kmの道のりです。ランドセルを背負って、暑い日も寒い日も走って通学、それが日常になります。この読書好きが、「田中選手の心身の成長を支え、スポーツ選手としての土台になった」と父親でコーチでもある健智（かつとし）さんが述べています。

　田中選手の高学年の時の夢は、作家になることでした。原稿用紙30枚の童話を書いて、コンクールに応募したこともありました。21才の今、思い描いていた未来とは違いますが、自らが本になって残るであろう、陸上史に価値ある1ページをきざみました。

　陸上競技と言えば、運動会がいよいよ近くなってきました。勝敗にかかわらず「自分の力が出せた」「みんなで協力できた」などと実感できるように、頑張って力を発揮してください！

| 図書だより　10月号 | 「好奇心を高める読書」
「読書の秋」 |

　さて先日、米国プリンストン大学の気象学者、真鍋淑郎（まなべしゅくろう）さんが今年のノーベル物理学賞を受賞しました。真鍋さんは気候変動の研究を進め、天気予報の基礎をつくりました。また、50年も前から始めていたのが、地球温暖化の原因となる二酸化炭素（CO_2）の問題の提起です。

　今でこそ私たちは、地球温暖化を重要な課題と捉えて、SDGsをうたい目標をかかげていますが、これを設定できたのも最初に真鍋さんの温暖化の予測法の開発があったからです。今回の受賞はとてもすばらしく意義が

あると感じました。

　この真鍋さんが、取材のインタビューでくり返し使っていたのが、「好奇心」という言葉です。「好奇心が研究の原動力になった」「最もおもしろいのは好奇心に基づいた研究だ」など、好奇心の大切さを熱心にうったえています。

　みなさんは、「新しいことをもっと知りたい」「知らないことを学ぶのは楽しい」というわくわくした気持ちになったことがあると思います。このような好奇心は自分で学習を探究しようとするはじめの心情なので、大切にしたいことです。では、この好奇心をさらに伸ばすにはどうすればよいのでしょうか？

　それは、「読書」が重要なポイントになると考えます。私は図書の時間にいつも好奇心にあふれたみなさんの姿を見ています。自分の興味・関心にあった本を探し回る、友だちどうし本を紹介し合う、先生におすすめの本を質問してくるなど、みなさんの好奇心がぐんぐん広がっていることがわかります。さらに、一冊の本の興味から同じ作者の本を読んだり、同一ジャンルの本を読み続けたり、好奇心が知識にレベルアップしている様子がうかがわれます。

　このような活発な読書活動が知的好奇心をいっそう高め、自分でもやってみようという探究心を育てる土台になっていくと考えます。読書はやはりすばらしいものですね。

物語文の主題をとらえる授業の提案

大田区教育委員会指導課指導主事　江袋 勇樹

はじめに

　例えば４年生国語科の「ごんぎつね」の単元で、教師が子どもたちに「この話はどんな話でしたか。」と発問したとする。それに対し、子どもから「つぐないをする話」「悲しい話」「最後は幸せになった話」「ハッピーエンドで終わる話」など、さまざまな読み方が挙がり、それを教師がすべて認めたらどうだろうか。ただ、物語文を読ませて、子どもにさまざまな感想を言わせるのは、教師ではなくてもできる。プロの教師は、目的に沿って子どもに正しく読解させる必要がある。

国語の物語文の授業を通して育てる資質・能力

　小学校学習指導要領の国語科目標には「言葉による見方・考え方を働かせ，言語活動を通して，国語で正確に理解し適切に表現する資質・能力を次のとおり育成することを目指す。」とある。つまり、国語科では「正確に理解し適切に表現する資質・能力」を育てることが重要となる。国語には３領域「話す・聞く」「書く」「読む」があり、子どもの言語活動としては「話すこと」「聞くこと」「書くこと」「読むこと」として、４つの活動に分けられる。国語科の目標と、この４つの言語活動を整理すると以下のようになる。

> 正確に理解する　→　「読むこと」「聞くこと」
>
> 適切に表現する　→　「書くこと」「話すこと」

　物語文の指導では主に「読むこと」の学習となり、「正確に理解する」力の育成が必要となる。最初の「ごんぎつね」の例にあるように、子どもがさまざまな読み方を持ってしまうような指導では「正確な理解」を育成した授業とは

いえない。そこで、「読むこと」を通して全ての子どもたちがその話をしっかりと読み取り、「正確に理解する力」を育成するための指導が求められる。

教師が事前に物語文の「主題」を明確にする

　物語文を「読むこと」で、その内容を「正確に理解する力」を育成するには、その物語で作者が伝えようとしていること、つまり主題を教師が明確にとらえる必要がある。その上で、教師は主題に沿った思考を子どもたちにさせなければならない。例えば、教師が「ごんぎつね」の主題を「すれ違い」ととらえることで、子どもたちが物語で「すれ違い」を読み取れるように授業を組み立てることができる。

　では、単元計画をする上で、教師は主題をどのように見つけたらよいのだろうか。物語の主題を誰かから聞いたり、本やインターネットで見つけ出したりしたとしても、授業者が主題について十分に理解していないと、授業を組み立てるのは難しい。主題を授業設計に生かせるようにするには、事前に教材文を読み込むなど、教師自らが十分に時間をかけて教材研究を行うしかない。

子どもが主題を意識できる授業

　子どもにも主題を意識した読み取りを学ばせることも重要である。教師が主題を意識して教材文を読んでいたとしても、子どもが主題を意識しているとは限らない。教師も子どもも、物語文における作者の伝えたいことに焦点を置きながら読解をすることで、より正確に理解する力が育成される。そこで私は、４月の学年の始まりに、主題を見つけ、それを生かして課題解決を行う授業を行なってきた。ここでは、子どもが主題を見つけながら課題解決する授業例と

して、東京書籍6年「サボテンの花」（やなせたかし文）を使った授業を紹介する。

　この授業では、課題を「最後の一文を考えよう。」として下のように、最後の一文を四角で囲んだ教材文を配った。

ある日、一人の旅人が通りかかった。もう死ぬ直前だった。体中がひからびていた。旅人はこしにつるしていた剣をぬいた。気力をふりしぼってサボテンに切りつけた。ざっくりと割れた傷口からおどろくほどの水が流れた。旅人はサボテンの水を飲んだ。

そして、旅をつづけた。

あのときの風がまたふいてきた。

「ばかだな。君は何もしていないのに、切られてしまったじゃないか。」

サボテンはあえぎながら答えた。

「ぼくがあるから、あの人が助かった。ぼくがここにいるということは、むだじゃなかった。たとえ、ぼくが死んでも、一つの命が生きるのだ。生きるということは助け合うことだとぼくは思うよ。」

サボテンの傷口はやがて回復した。信じられないほどの気力で立ち直った。砂ばくは全くかわいているように見える。でも、水はどこかにある。サボテンは、ほんのわずかな水を体にためて、さりげなく立っている。見たところは砂まみれだが、ある日おどろくほど美しい花がさいた。

①導入

　課題を確認した上で、音読を行う。その後、最後の一文は何でもいいのではなく、物語文の内容から外れたものにはならないことを伝えた。ここで、主題についてふれ、山場を見つけることでその主題に迫る読みができることを指導した。

②山場を見つけ主題を考える

　山場は、物語が大きく動く部分であることを教え、この物語ではどこが山場になるのかを学級全体で考えた。この物語では、次のページに挙げた場面が山場となり、そこから主題が何になるのかを話し合った。この授業では、物語の主題を「生きることは助け合うこと」としてまとめた。ここでも、いくつか主題が出てくるが、一つに絞ることが大切である。

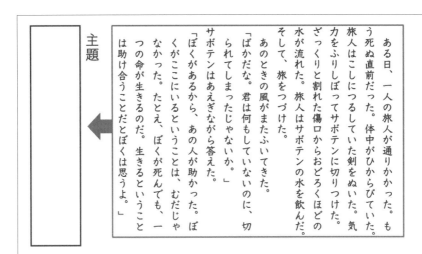

主題

ある日、一人の旅人が通りかかった。もう死ぬ直前だった。体中がひからびていた。

旅人はこしにつるしていた剣をぬいた。気力をふりしぼってサボテンに切りつけた。

ざっくりと割れた傷口からおどろくほどの水が流れた。旅人はサボテンの水を飲んだ。

そして、旅をつづけた。

あのときの風がまたふいてきた。

「ばかだな。君は何もしていないのに、切られてしまったじゃないか。」

サボテンはあえぎながら答えた。

「ぼくがあるから、あの人が助かった。ぼくがここにいるということは、むだじゃなかった。たとえ、ぼくが死んでも、一つの命が生きるのだ。生きるということは助け合うことだとぼくは思うよ。」

③主題から最後の一文を考える

　主題をもとに、最後の一文を考える。この場合、教材文の最後の一文は「だれ一人として見る人もなかったのに。」である。だが、これを当てるのがこの学習の本当のねらいではない。最後の一文に近い、遠いではなく、どれだけ主題に沿って最後の一文を考えられたかを評価する。このことで、主題を考えることの大切さを学ばせる。

④授業を価値づける教師の言葉

　まとめでは、授業を価値づける話をした。この授業の成果は、最後の文が隠されていても、主題をとらえることで文脈に沿った最後の一文を考えることができることである。これから１年間学んでいく物語文も、主題を意識することで、より深く読解できるという話でまとめた。

まとめ

　国語で教材研究を行う際に、本来の目的を見失ってしまうことがある。目的に則した資質・能力を育てるためには、教師が教材研究で主題をしっかりととらえ、「正確に理解する」ことを目標に主題を軸とした授業作りが大切である。

コーチングの技法を生かす指導力

練馬区立豊玉第二小学校主幹教諭　関川 卓

コーチングの必要性

　私は、初任者の時の研修でコーチングという技法に出合った。研修では、コミュニケーションを図る上で「相手の話をよく聴くこと」「相手を認めること」「効果的な質問をくり出すこと」が必要であると伝えられた。私は、相手とコミュニケーションをとることを苦手にしていたので、自らのコミュニケーション手段として取り入れようと思い、外部の専門機関（一般社団法人 日本コーチ連盟）での学びを継続して行っている。

　学びを進めていく中で、コーチングとティーチングの違いを示された。一般的に比較し、仕分けする（表1）と確かに納得感があった。教師として、このコーチングを子どもたちの指導に生かすことができるのではないかと考えるようになった。

　このことが私の原動力となり、教育を考える上での軸となっている。コーチングの要素を生かした小さな実践を繰り返す中で、教育におけるこの必要性をまとめた。

コーチングとは

　コーチングは、人材開発の技法の1つであり、対話によって相手の自己実現や目標達成を図る技術である。

　相手の話をよく聴き（傾聴）、感じたことを伝えて承認し、質問することで自発的な行動を促すとするコミュニケーション技法である。コーチングによるコミュニケーションが人間関係を築き、信頼関係を育むものとなる。

　コーチングとティーチングを比較してみると、コーチングとティーチングは、場面によって行ったり来たりするものではないかと感じた。コーチングの要素を生かして実践している教師も多く存在すると考える。

表1　コーチングとティーチングの比較

	コーチング	ティーチング
目的	自発的な行動を通じて、成長・変化を促す。	できないことをできるようにさせる。知らないことを教える。
スキル	傾聴、承認、質問の技法	優れた技術、知識、経験等
スタンス	「対等」な扱い「気づき」を大切にする。	「上下」の扱い「教え込む」傾向にある。

コーチングの技法

　コーチングの技法には、一般的に「①傾聴」「②承認」「③質問」の技法を駆使して、相手の自発的な行動を促していくものとされる。クライエントとコーチが「教えられる－教える」や「指導される－指導する」というティーチングの関係ではなく、クライエントの内側にあるもの（可能性、能力、やる気、自発性、責任感、アイディア等）を「引き出す」というコーチングの関係を通して、クライエントはもちろんコーチ自身にも気づきが生まれ、それぞれが主体と主体の関係でかかわることが必要である。

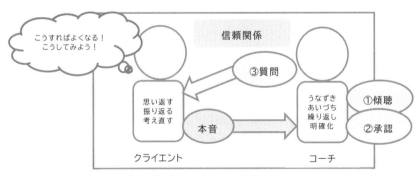

図1　コーチングによる関係図（本間2006をもとに筆者作成）

コーチングと国語科を基本とした話し合い活動

　コーチングとティーチングが同じ土俵にあるものは何なのか。それは「傾聴」である。これは、コーチングの技法の最も基本的なスタンスの一つであり、テ

ィーチングにおける国語
科「話すこと・聞くこと」
の指導事項とつながるも
のがある。私は、国語科
「話すこと・聞くこと」
の指導をもとに、コーチ
ングの傾聴する方法や姿
勢、考え方の要素を教師
のモデルで提示したり、

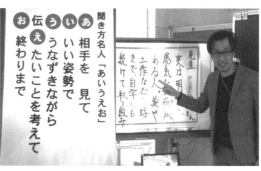

図2　話型の掲示、モデル提示

話型を常時掲示（図2）したりしている。各教科での話し合い活動においても、
継続し指導、支援を重ねることで、コーチングの要素を生かしたティーチング
ができるのではないかと考える。

コーチングの「傾聴」を生かした授業実践

　道徳「自分らしさ」を見つめよう（きみがいちばんひかるとき　小学校5年
光村図書）の学習において、傾聴を意識した2時間での道徳を構成し実践した。
　1時間目は、導入で「自分らしさ」とはどういうことなのかと発問し、子ど
もたちがその考えを共有する場を取った。「自分にしかないもの」「自分の得意
を生かすこと」「個性」などのとらえが出てきた。そこでさらに、「自分らしさ」

図3　「傾聴」を意識した伝え合いの様子

は必要なのかと問い、
一人一人に考えさせた。
　展開では、手塚治虫
さんのエピソードを通
して、「自分らしさ」
を持って生きていくこ
とへの大切さについて
考えさせた。その後、
学習のめあて「『自分
らしく』生きていくた
めの『自分らしさ』を

見つけよう」を提示した。そして、心理学者ジョセフ・ルフト（Joseph Luft）とハリ・インガム（Harry Ingham）が発表した「対人関係における気づきのグラフモデル」＝「ジョハリの窓」を活用して、自分では気づいていない自分を他者の視点から刺激してもらうことで、自分自身に目を向けるきっかけにした。「自分らしさ」のまど（図３）を作成することを共通認識のもと、自分の好きなことや得意なこと、変えたいと思っていることをカードに書かせた。

　「自分の知らない自分を友達が見てくれていた」「友達から伝えられて納得することもあった」などから、自分らしく生きることの大切さに気づき、これからどのように自分と向き合っていこうかと考えている記述が多かった。

コーチングの可能性

　コーチングの手法を意識して取り入れたことで、以下の４点を実感した。

1　聴く力の育成につながる。コミュニケーションの始まりは、まず、相手の話をよく聴くことである。よく聴くことで自分の考えを深めたり、見つめ直させたりすることを認識させ、各教科や学校生活での場面においてそのような機会を設定していくことが大事である。

2　言葉を大切にし、表現する自分に気づく。相手の話をよく聴くことで、自分の考えや思いから共感（共に同じように感じる、共に違ったように感じる）が生まれる。その上で自分の言葉を選択し、表現していこうという気持ちに気づくことができると考え、仲間との交流を生む。

3　振り返る力から自分に向き合う。相手の考えや思いを受け取るということは、とても刺激的なことである。自分とは全く違うものの見方・とらえ方をしている友達がいることを知るのである。そのためには振り返りの時間を設定し、自分と向き合う時間の確保が大事である。そのことが、自分の考えや思いを広げ、深めることにつながる。他者を理解しようとすることから自分を理解しようとすることにつながるのである。

4　次への学習意欲につながる。①〜③を継続的にくり返していくことで、自ずと「次の話し合いも楽しみ」や「今度はどんな考えが出てくるかな」などの気持ちを生み、習慣化していくと考え、意欲的な姿勢をつくることにつながる。

新時代の教育に投げてみた！ 学級経営10の変化球！

世田谷区立中丸小学校主幹教諭　齊藤 佑季

先発完投型教師：【齊藤佑季の誕生】

（１）恩師との出会い：【早稲田での誓い】

　教育の道を歩むと決めた時、教員という「仕事」ではなく、教師という「生き方」を選んだ。その生き方には、教育への「情熱」、子どもへの「愛情」、プロとしての「指導力」が必要だ。「教育は人なり」という言葉通り、人を育てる教育が日本の未来を築くと信じ、早稲田の下でマウンドに立つ事を決めた。

（２）教師人生の羅針盤：【三種の神器】

　教師17年目を迎え、私は３つのものに、教師人生の軌跡を残してきた。それは、①聖書のように厚くなる毎年の週案簿、②学級の写真と自ら制作した思い出の動画、③週１回発行の成長記録となる学級通信である。この３つは、齊藤型学級経営の「三種の神器」として、教師人生を物語る宝物と言える。

（３）齊藤型学級目標：【全力×協力×○○力】

　初めて担任を受け持った頃から、学級目標に以下の３つの力を掲げている。「①全力：自分の力を出しきること」「②協力：皆でその力を合わせること」「③○○力：３つ目は、学級の子どもと話し合って決めている」。ここ数年は、子どもたちとiPadの力で「創造力」を磨き、現状に打ち勝ち進むことを誓った。

デジタル革命への挑戦：【学級経営10の変化球】

（1）Viscuitでゲームクリエイターになろう！

　校内研究では、「プログラミング的思考の育成」をテーマに掲げている。6学年の担任として、低・中学年向けのプログラミングアプリを試行し、子どもに必要な知識・技能・思考を身につけさせる方法を提案した。初回の45分間で、簡単なゲームを完成する6年生を見て、多くの教師が期待に胸を躍らせた。

（2）Zoomで海外とオンライン交流をしよう！

　子どもとの出会い・別れは、学校生活の中で何度も訪れる出来事である。本校では、海外に転出する子どもも多いが、Zoomを使えば海外との交流も簡単にできる時代だ。また、卒業アルバムの撮影も、画面を通して転出した子どもに参加してもらえば、いつまでもどこでもつながる環境を作ることができる。

（3）LINEスタンプ工場で思い出を制作・発表しよう！

　ペンで絵を描く時代から、デジタル機器で絵を描き・編集する時代が、小学生の中でも浸透している。クリスマスや卒業といったテーマを設定し、イラストにメッセージを加えて、LINEスタンプを制作・発表した。小学校を卒業しても、友達との絆や楽しかった思い出をつなぐ、世界に一つの作品になった。

（4）GarageBandでオリジナル曲を制作しよう！

　音楽室で使用できる楽器には限りがあり、また1人で自由に音を重ねることも難しい。実際の楽器にふれることはできないが、自分の思い通りにいろいろな楽器の音やリズムを重ね合わせ、1人で簡単にオリジナル曲を制作できる。

（5）CupCutでオリジナル動画を制作しよう！

　動画の制作方法を知ることで、今までのテレビの世界が、より身近に感じられた子どもも多い。グループによる約30秒のCM制作であれば、企画・撮影・編集の行程を通して、約2時間で完成させることができる。近年、将来なりたい職業にYouTuberがあがることも、子どもの姿を見ていると納得してしまう。

（6）QRコードを作成してコンテスト動画を届けよう！

　学級内・企業協賛も含め、年間20回のコンテストを行い、新たなアイディアを生む創造力を育成する。また、どんな学習にも、基礎基本の知識・技術と共に、その世界の一流の作品にふれることを重視している。「学ぶ＝マネぶ」という言葉通り、基本に対して「守り・破り・離れる」ことで創造性を養っている。

（7）イベント実行委員で学校行事を盛り上げよう！

　学校は、子どもの学び・遊び・成長のために存在し、子どもにとって「小さな社会」とも言える。そんな学校生活を、より価値のあるものにするため、学年で年間10のイベント実行委員を設立している。「全員主役・全員参加」を合言葉に、1年間の学年行事を成功させ、自治的活動を加速させている。

（8）オリパラ観戦で選手との交流に挑戦しよう！

　学校公開では、オリパラ教育について学び、実際にパラリンピックをオンラインで観戦した。また、選手とつながる機会を見つけ、NHKの応援サイトから学年100人で一斉にメッセージを送った。「チャンスの神様」に出会えた時にはその姿を見逃さず、一瞬の行動する勇気が新たな奇跡を呼び起こす。

（9）大学生とのコラボ授業でダンス発表会を開催しよう！

　運動会は時代と共に形を変え、体育発表会という新たな形で行うことになった。学年種目の表現運動を盛り上げたいと考え、娘の所属する立教大学の公式ダンスチームに講師を依頼した。学生ダンサーによる振付・練習は、子どもの意欲を高めると共に、キャリア教育の一貫にもつながった。

（10）新たな卒業式の形を「卒業ムービー」で創造しよう！

　教え子との別れとなる卒業式では、例年と異なり声を発することが難しく、呼び掛け・合唱が禁止された。そこで、約1か月前から、卒業ミュージックビデオの企画・制作に取り組んだ。各学級で選んだ楽曲の歌詞に合わせ、ストーリー性のある動画を制作し、保護者への最後のプレゼントとして上映した。

教育管理職への道：【一度きりの人生を、悔いなき心の冒険を】

　私は、17年間の教師生活を終え、教育管理職の道を歩み始める。教育資源となる「人・モノ・金・時間」の中で、一番重要なものは「人（＝人財）」である。そのため、教師が変われば、教育・子ども・学校が変わり、日本の未来が変わると信じている。教育管理職として、未来の教育に向けた人財育成とデジタル化による学校改革で、日本の未来に貢献していくことを卒業作文と共に誓う。

「一度きりの人生を、悔いなき心の冒険を」と
　　　　　　　　　　担任　齊藤　佑季

　夢は、夢のままでは叶わない。これが大人になって学んだ現実だ。夢が目標に変わる時、そこには必ず道筋が見える。その道筋を一歩一歩進む時、目標は現実に変わる。そして、人間力・行動力・創造力を切り札に、最後は人生の道筋を繋ぐ出会いの「縁」や「運」を掴みにいくっか、この品川の町で産声をあげて四十年、学生時代に小さな夢を抱いてきた。宇宙飛行士、デザイナー、起業家......（社長）。成長と共に心を回す青年時代の夢ではあるが、三十歳になる今でも心の奥で追いかけている、二十代、三十代と小さな一歩ではあるが、実現できたのは、言うまでもなく現在就いている職に、一心不乱に突き進んだから。そんな私は、小学校教員として十六年が経過し、東京都の研究員、大学院での研究、人間の生き方と学び方を研究する職に現在就いている。教員になり十六年が経つ。海外派遣等、目標に向けて担任に全児童と共に実現し、幸せな人生を築いてきた。

　教育という教員生活は、教え子の自己実現と創造力の育成を基盤に進めてきた。今まで担任に人間力と創造力、夢や目標を抱くと共に実現し、幸せな人生を築いてきた。それが、教員としての願いの全てだ。今まで教育と向きあう中で、そして、一度も忘れたことはなかった。

「母さんにしてもらった事を、あなたに残した財産はありません。私の了だ」。齊藤家の家訓、母の言葉だけで、本当に十分だった。それだけで、人生を切り開く糧になる。「母の財産は、今まであなたに与えた教育です。生きる」。これから胸を張って、生きていく。あなたに残した財産だけで確信十分だった。それだけで生きていける。母の言葉を思い出す。そして、十八歳の門出にもらった。

　徐々に動き出す自分にも気付いた。だから、令和四年、家の中にある小さなブラックホールだ。少年時代に抱いた最初の夢に、決着を付けようと思う。今まで募集要項が緩和されたJAXAの宇宙飛行士の、道筋は未だ見えないにはいかない。

　しかし、必要な知識・技能も足りず、試験、人生で最後の機会を、行動せず終える訳にはいかない。残念な結果に終わっても、「諦める」とは明らかに見極める事。自分の人生を価値ある未来へ繋いでいく。

不登校に対する予防的支援
～レジリエンス・ピアサポートを通して～

江東区立第五大島小学校主幹教諭　前河 英臣

はじめに

　「うちの子が学校に行きたくないと言っているので、今日は休ませます。」

　始業前にこんな連絡を受けた経験はないだろうか。私はこんな時、友達と何かあったのだろうか、学習に不安を抱いているのだろうか、さまざまなことが頭をよぎる。そして、心配な気持ちを胸に、登校してきた子どもたちをいつも通り笑顔で迎え入れて一日を始める。放課後に改めて保護者と連絡をとり、家庭を訪ねて本人の話を聞くと、きっかけとなっていることがわかり、「一緒に解決しよう」と励まし、翌日からいつも通り登校できる子どももいた。しかし、保護者や子どもに話を聞いても理由はわからず、学校に行こうという気持ちが湧かないという子どももおり、定期的に会って話をして、学習支援をすることができても、結果的に不登校となる子どももいた。

　不登校は誰しもに起こり得ることであり、子どもたちや保護者の心に寄り添った個別の支援が全国どこの学校でも長年行われてきた。しかし、不登校は増加傾向にある。（文科省の調査によると、令和3年度の不登校児童・生徒数は21536人で過去最多である。特に、小学生はこの10年で3.6倍に増えている。）学校生活は、学級や学年の友達と学習したり生活したりすることを通して、時には子どもたちの心に負荷のかかる場面もあるだろう。学校生活で何かあった時に、気持ちを切り替えて登校する子どもと、気持ちが沈み学校に足が向かなくなる子どもがいる。そこで、新たな不登校を未然に防ぐために子どもたちの心に着目し、「レジリエンス」と「ピア・サポート」を通した不登校の予防的支援についてその実践を紹介する。

レジリエンス

　レジリエンスとは、心に負荷のかかる出来事（親や先生に叱られた、友達と

けんかした、成績が下がったなど）があり、ネガティブな感情になった時に、そこから立ち直る心の力のことである。誰もが持っている力であり、さまざまな経験を通して、よりしなやかでたくましい心の力として伸ばすことができるのがレジリエンスである。この力の向上を目標とした実践を行うことで、不登校の予防的支援となるのではないかと考えた。

レジリエンスの実践例

私が行った実践（学級活動：全3時間）の概要は以下の通りである。

時	目標	主な学習活動
1	レジリエンスについて知り、自分のレジリエンス向上に興味・関心を持つ。	①レジリエンスについて知る。 ②自分自身が困難から立ち直った経験を振り返って共有する。
2	ネガティブ感情から抜け出す方法について考え、自分の生活に生かすヒントを見つけることができる。	①ネガティブ感情も生きていく上で必要であることや、その特徴を知る。 ②ネガティブ感情から抜け出す方法を考え、共有する。
3	自分を支えてくれる存在について振り返り、サポーターの存在がレジリエンス向上につながることを理解することができる。	①サポーター（支えてくれる・守ってくれる・助けてくれる・応援してくれる・一緒にいて安心する人）を想起し自分のサポーターマップを作る。 ②サポーターマップを見て気付いたことや考えたことを共有し、これまでの学習を振り返る。

1時間目では、まず日常生活で落ち込んだ経験をみんなで話し合った。「友達とけんかしたままで仲直りできるか心配な気持ちだった。」「宿題を忘れて先生に叱られたから、悲しい気持ちだった。」など、子どもたちの反応はさまざまであった。子どもたちの話を学級全体で共感的に受け止めながら、「そんな時に、いつまでも悲しい気持ちのままではなかった。」という発言も見られた。そこで、「ネガティブな気持ちから立ち直る心の力をレジリエンスと呼び、そ

の力は誰もが持っていて、伸ばすことができるんだよ。」とまとめた。

2時間目では、まずネガティブ感情（不安、悲しい、怒り、緊張など）にはどのようなものがあるのかを話し合った。ネガティブ感情は心地よいものではないが、生き

「ネガティブ感情から抜け出すヒントを見つけよう」より

ていくためには必要なものであることを押さえた後で、そこから抜け出すヒントをグループで考え、学級全体で共有した。

3時間目は、まず誰かの支え（サポーター）によって立ち直れた経験を話し合い、家族や身近な大人、友達のことを思い出して、自分のサポーターマップを作った。落ち込んでも誰かの支えで立ち直ることができることを共有した。

ピア・サポート

仲間と支え合う体験を通して、友達とのつながりや絆を感じたりできるようにする活動をピア・サポートという。自分の学級を思い浮かべると、いつも友達に囲まれて笑顔が印象的な子どもだけでなく、自分から友達に声をかけるのが苦手な子ども、休み時間に1人でいる姿を見かけることの多い子どももいる。授業の中のグループ活動、係活動やクラブ活動、委員会活動を通して、子どもたちは多くの友達との関わりを経験する。子どもたちが友達をより身近に感じることで、学級や学校が安心できる場となることも、不登校の予防的支援となると考えた。

ピア・サポートの実践例

私の行った実践（放課後15分間・全5回）の概要は以下の通りである。

	テーマ	主な活動
1	ピア・サポートについて知ろう	①ピア・サポートについて知り「バースディ・チェーン」を行う。
2	身近に仲間がいることを感じよう①	①ウォーミングアップ「心のキャッチボール」 ②うれしい言葉・悲しい言葉について考える。

3	身近に仲間がいることを感じよう②	③活動「うれしい言葉を送ろう」 ・ペアでうれしい言葉を送り合い、活動を振り返る。
4	自分たちで解決しよう①	①「AL'Sの法則」について知る。
5	自分たちで解決しよう②	②活動「けんかのお助けマンになろう」 ロールプレイ ・けんか役2人、お助けマン1人、感想役1人

　本実践は、「友達と仲良く助け合うためのヒントを体験する活動に興味ある人はいますか。」と呼びかけ、参加希望の子どもたち（10名）と行った。

　第1回目はピア・サポートについて知り、バースディ・チェーン（言葉を使わずに誕生日順で輪になる活動）を通して、互いに気持ちが通じることの心地よさを体験した。第2・3回目は、「身近に仲間がいることを感じよう」をテーマに、コミュニケーションの中には言われてうれしい言葉と悲しい言葉があることを確認した。

　第4・5回目は、「けんかを解決するためのヒントを知りたい」という思いから、「自分たちで解決しよう」というテーマを設定した。

　まずは解決のためのヒントとして「AL'Sの法則」（けんかを解決するための約束）を紹介し、「けんかのお助けマンになろう」というロールプレイを行った。「どちらの話もちゃんと聞くことが大切だと思ったよ。」「けんかがないのが一番だけど、今度誰かがけんかしたら自分で試してみたい。」という感想を共有した。

おわりに

　レジリエンスとピア・サポートの実践は、子どもたちが自らの力や誰かの支えを受けて困難から立ち直ったり、学校や学級が友達との絆を感じられる場となったりすることが目的である。目の前のすべての子ども

> 「けんかのお助けマンになろう」
> ☆ロールプレイ：それぞれの役割になって、体験する。
> ロールプレイが終わったら、やってみてどうだったか、感想を共有する。
>
> AさんとBさんは、いつもは仲良しです。今日のお昼休み、ふざけあっていたら、とちゅうからけんかになってしまいました。そばにいたあなたは、お助けマンとして解決のお手伝いをすることになりました。
>
> 資料「自分たちで解決しよう」より

たちの心に寄り添い、仲間を身近に感じたり助け合ったりすることを意識した関わりを通して、子どもたちの成長を支え、不登校の予防的支援を続けていきたい。

子どもと作り上げる算数の授業

千代田区立お茶の水小学校主任教諭　佐々木 千穂

「読み書きそろばん」と言われるように、算数で学習する知識や技能は生きるための基礎基本となる大切な力だ。日常生活で使える技能の習得を優先させてしまうと「すでに明らかになっている知識を教わる、覚える」という学習観を持ってしまうと感じることがある。

私は、算数を学ぶ楽しさを「子どもたち自らが、既習の原理・法則をもとにして新しい算数の体系を作り上げる楽しさ」と考えている。そして、算数の授業を通して、前に学習したことを使えば、新しい問題を解決できたり、新しい知識や法則を作り出したりできるという経験を積み重ねてほしいと願っている。それぞれが持っている知識を活用しながら一生懸命に試行錯誤し、問題を解決する達成感を味わい、新しい発見を楽しむことができる授業を作っていきたい。

「算数を作る」とは

子どもが算数を作り出す授業にするためには、教師の授業観を「原理・法則をもとに新しい知識を作り出す学習」として授業作りをしていくことが大切である。既存の知識や技能を効率よく教えることよりも、子どもがいかに問いを持ち、よりよく解決していくかを認めていくよう

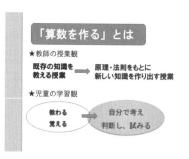

にしていく。そのような評価があると、「自分で考え判断し、試みる」という学習観が育まれ、教師と子どもがともに作り上げる算数の授業になっていくのである。

学び方のモデルと数学的な考え方

　学級開きをしてまもなく、写真のような掲示を見せながら、「どんな考え方や学び方が大切か」ということを子どもたちに話している。これは、私が大切にしている次の5つの「数学的な考え方」を具体的な子どもの姿として示したものである。

①筋道立てて考える。

②多様な表現の仕方で考える。

③仮説を基に考える。

④多様な考えを受け止め価値づける。

⑤根拠を基に考える。

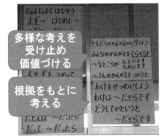

　これは、話型として指導しているのではなく、学び方や考え方のモデルとなるものであり、主に算数の学習で必要とされる思考につながるものである。

　その一方、話し合いの場面では、子どもたちが学級で自分の考えを説明する時にモデルとしても有効に働いている。そして、論理的に考えをまとめていくような学習場面では、算数に限らずさまざまな場面において学級の学び合いの基礎となっている。

授業の実際

（1）多様な表現を用いて考える「くり下がりのあるひき算」（1学年）の授業

　13－9の計算の仕方を考える場面で、算数ブロックの操作をしながら、自分の考えた答えの見つけ方を友達に伝えていく。

　ブロック操作は、実際にそのやり方を真似て全員が体験することができるので、それぞれの考えを学級で共有する時に便利な表現の一つである。実際に操作してみることによって、それぞれの考えを比べることができる。よりよい考えを見つけることにもつながるのである。

また、ブロック操作をして学級で共有したやり方を、言葉で説明したり、図や式で説明したりすることで、数値が変わった時にも使える考え方として定着していく。操作や図、式などいろいろな方法で説明することで、子どもたちがいつでも使える一般化された確かな知識となるのである。

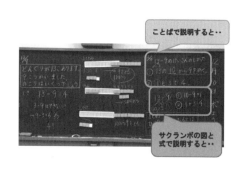

（2）きまりを見つけ、それを根拠に考える「かけ算」（第2学年）

2年生の「かけ算」は、30時間も超えるような大きな単元で、新しい演算を学習するのを子どもたちはとても楽しみにしている。長い単元だからこそ、子どもたちが自ら作り上げる楽しさを感じられるようにしていきたいものである。ここでは、計算のきまりを発見し活用する楽しさを大切にした授業を行った。初めてつくる2の段の授業から累加のきまりを意識させたり、各位の数の並び方にきまりがあることを楽しんだりする時間を持つようにした。また、新しい段を作るごとに、九九表に整理していったり、段ごとに右図のようなカードを作ったりしながら、新しいきまりを見つけていくように促した。

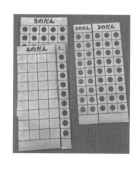

そのようにしてかけ算九九をある程度作っていくと、子どもたちは、「2の段と3の段を合わせたら5の段ができる」というような新たなかけ算のきまりを見つけることができる。このかけ算のきまりは、これから新しい段を作るときに使えそうだという見通しを持つことができると、子どもたちの意欲は次第に高まっていく。

新しい段を作る時に、自分たちの見つけたかけ算のきまりを根拠に使っていったのである。それぞれのきまりに、子どもたちは名前をつけて学級の財産として大切にしながら、学習を進めていくことができた。

「ふえるん」「はんたいおなじん」「たしだん」という名前を付けたきまりを

自慢げに使いこなす子どもたちの姿からは、「算数を作る楽しさ」が感じられた。

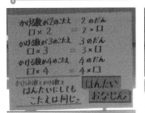

おわりに

　実践を振り返ると、子どもたちは、「見つけたきまりはもっと数が多くなっても使ってみよう」とか、「くり下がりのあるひき算は、まず10からとって計算するのがわかりやすい」というように、自分たちが作った算数の中から、よさを見つけ使っていこうとする姿が見られた。

　子どもたちが自分の学びに自信を持てるような日々の授業を作っていきたいし、子どもたちと一緒に算数を楽しめる教師でありたいと思う。そのためには、子どもの学ぶ楽しさに寄り添う姿勢と確かな教材研究が必要だと感じている。

子どもも教師も楽しくなる小学校英語

江東区立豊洲小学校主任教諭 英語専科　関口 友子

　中学生の時に、オーストラリアに文通相手がいた。英語で書いた手紙の内容が伝わった時の感動を今でも覚えている。大学3年生の時には、アメリカの大学に留学をした。海外で過ごした1年間は大変なこともあったけれど、楽しい思い出ばかりが残っている。このような経験を通して、私は英語でやりとりすることの楽しさ、自分の人間関係や世界観が広がっていく喜びを学んだ。この経験を子どもたちに伝えたいと思い、小学校の教師になり、学級担任として英語の指導に携わってきた。そして今、英語専科教員として、学級担任時代の経験を生かして、日々楽しく子どもたちに英語の指導をしている。

　私は、小学校の英語の授業における「楽しい」とは、「英語が使えるようになること」だと思う。小学校段階でも、授業の中で子どもたちに英語力をつけていく必要がある。そして、子どもたちが着実に力をつけ、成長を感じることができる授業実践を重ねていくと、教師もやりがいや楽しさを感じることができる。このように、子どもたちが楽しく英語力を身につけ、教師が英語の指導を楽しんでいくために、私は①「意味のある場面」での活動、②単元のゴールの明確化という2点を大切にしている。

① 「意味のある場面」での活動

　「意味のある場面」とは、コミュニケーションを図る必然性があり、言葉でのやりとりが必要な場面である。小学校の外国語指導でよく目にする、あいさつの場面を例に「意味のある場面」について考えていく。

場面①	場面②
教師：Hello, hello, hello!! 　　　How are you ? 児童：Hello, hello, hello!! 　　　How are you ? 教師：I'm fine, I'm fine. 　　　I hope that you are, too. 児童：I'm fine, I'm fine. 　　　I hope that you are, too.	教師：Hello, hello, hello!! 　　　How are you ? 児童：I'm fine, I'm fine. 　　　I hope that you are, too. 児童：Hello, hello, hello!! 　　　How are you ? 教師：I'm great, I'm great. 　　　I hope that you are, too.

　場面①では、子どもたちは教師が言っていることをくり返しているだけである。実際のあいさつの場面で、このように言われたことをおうむ返しすることはなく、不自然なやりとりとなっている。一方で場面②では、質問と答えという、現実の生活でも生かせる自然なやりとりの形になっている。小学校の英語の指導では、②のような実生活に活用できる、言葉でのやりとりの場面を大切にしていきたい。このような場面を作り出せると、子どもたちは自分なりの表現をしてくるので、教師は、児童理解を深めるとともに「今度はどのような反応が出てくるだろう？」と楽しみながら授業を進めることができる。

　英語でのやりとりには、文法や語彙といった言語形式だけではなく、伝えたいという思い、つまりメッセージが必要である。もちろん練習は大切である。しかしそればかりでは、メッセージを伝える力、コミュニケーション力は育たない。メッセージを含んだ「意味のある場面」でのやりとりを、指導の各段階に応じて意図的に取り入れていくことが大切である。

　導入場面では、子どもたちとの英語でのやりとりを通して、言語材料が使われる場面や状況を設定していく。数字を学習していく単元では、「one, two, three…」と練習していくのではなく、複数枚の色画用紙を提示して「How many cards do I have？」と問いかける。こうすることで、数字を使ってやりとりをする必然性を設定するとともに、子どもたちの「答えてみたい！」という気持ちを引き出すことができる。これが英語での自然なやりとりにつながる。

　このように導入を行っていくと、反応によって子どもたちの習熟度を判断することができる。教師が言ったことを真似してリピートしようとしている子どもは学習の準備ができている。一方、何を話しているのかを理解するのがやっとという子どももいる。導入の段階で、子どもたちの反応をよく見ることで、子どもたちの準備段階を知ることができ、その後の指導における練習の時間や活動の難易度を調整することができる。実際の生活に即した「意味のある場面」でのやりとりを設定することは、指導と評価の一体化につながるのである。

活動の場面では、やりとりの必然性がある活動を設定する。例えば、好きなスポーツや色を学習した後でのインタビュー活動では、「友達と同じところ・ちがうところを見つけよう」というねらいを示す。このねらいがないと、子どもたちは習った英語表現を話すことに必死になってしまう。相手意識を持たせることで、英語で友達とやりとりをする必然性ができる。そして友達の答えに興味を持つようになる。相手意識を持たせるねらいを設定した授業では、「友達と答えが全部一緒だから、びっくりした」「友達と答えが同じところと違うところがあり、それぞれの考えがわかった」といった子どもたちの振り返りが見られる。このように新しく何かを知ることができた時、子どもたちは英語という言葉を使う楽しさを感じることができる。

　スピーチ活動にも「意味のある文脈」を持たせることはできる。例えば、自分のヒーローを紹介するスピーチ活動では、ただのスピーチではなく、自分のヒーローを紹介する３ヒントクイズ（ある人について３つのヒントを出し、推測してもらうクイズ）形式にする。こうすると、聞き手は「誰を紹介しているのだろう？」と興味を持って発表を聞くことができ、聞く必然性ができる。

②単元のゴールの明確化

　単元のゴールが不明確だと、子どもたちは何のために英語を学んでいるのかがわからず、学習意欲は高まらない。しかし、ゴールがわかると「これならできるかもしれない！」「このように伝えたい！」と子どもたちは英語の学習に意欲的に取り組むようになる。

　ゴールをわかりやすく伝えるためには、教師がゴールとなる活動のデモンストレーションをするとよい。こうすることで、子どもたちは英語を使って何ができるようになるのか具体的にイメージすることができ、ゴールに向かって自分なりの目標を持って、主体的に学習に取り組むようになる。

　５年生で「英語で自己紹介をしよう」というスピーチを単元のゴ

ールとして設定した時、授業中の子どもたちの表情が大きく変わった。「私は
できることを伝えたいから、しっかりと英語で言えるように練習しよう」と、
ゴールとなるスピーチに向かって、子どもたちが自ら学習に取り組み始めたの
である。ゴールとなる活動について具体的なイメージが持てると、子どもたち
の頭の中は伝えたいメッセージでいっぱいになる。そして自分なりの表現がで
きるように、主体的に学習に取り組むようになるのである。

　デモンストレーションを行うた
めには、教師側でも準備が必要で
ある。子どもたちに使ってほしい
表現、話す分量などを具体的にイ
メージしていかないと、手本を示
すことはできない。デモンストレ
ーションを準備する中で、使用表

現や内容などが明確になる。このように指導のポイントが明確になると、教師
は余裕と自信を持って授業を進めることができ、授業を楽しむことができるよ
うになる。

おわりに

　子どもたちが楽しみながら英語力をつけることができる授業を実践していく
ことで、主体的・対話的な学びを実現することができ、この積み重ねが小学校
の英語教育における深い学びにつながる。そして、子どもたちが主体的に学び、
自分なりのゴールに向かって努力する姿を授業中に見ることができると、教師
はやりがいを感じ、さらに授業改善をしていこうという気持ちになる。そして、
そのように改善した授業で、さらに子どもたちは楽しく英語力をつけていくこ
とができ、指導と学びの良いサイクルを作り出すことができる。

　このような英語の指導を目指して、早稲田大学教師塾の塾長である遠藤真司
先生を講師に招いて校内研究に取り組んでいる。英語の知識・技能ではなく、
コミュニケーション力の育成を目指した指導を積み重ねていく中で、今まで英
語に自信がなかった教師も生き生きと英語の指導ができるようになってきた。
教師も子どもも楽しめる英語の指導が広がっていくことを願っている。

子どもを主人公にした授業の作り方

板橋区立北前野小学校主任教諭　西田 雅史

　東京大学社会科学研究所・ベネッセ教育総合研究所の共同研究プロジェクト「子どもの生活と学びに関する親子調査2021」によると、2019年〜2021年の3年間で「勉強する気持ちがわかない」が半数以上であること、また、学習意欲向上の鍵は「学習方法の理解」や「授業の楽しさ」であることを分析結果として報告している。

　では、授業の主語を「子ども」と考えると、子どもたちは「学習方法の理解」「授業の楽しさ」をどのようにすれば体得できるのだろうか。学習の主人公は教師ではなく子どもであることを常に念頭に置きながら実践してきた中から、ここでは3つに絞って具体的に述べていく。

子どもが選択する（6年国語）

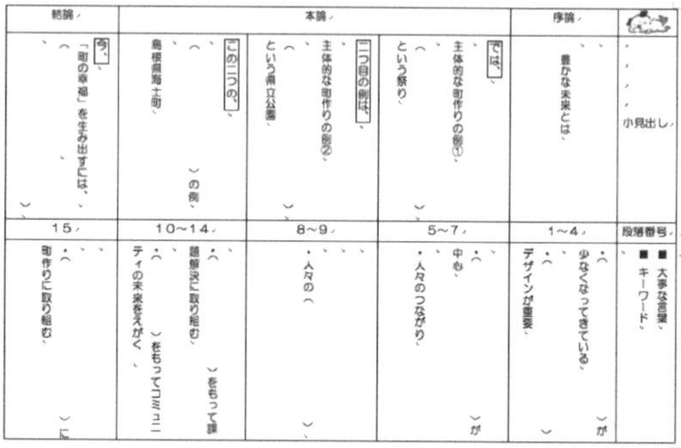

　今、私が勤務している学校の子どもたちの実態として、初読で内容のだいたいをとらえることが苦手な子どもが多いことが課題として上がっていた。それゆえ、学習意欲がわかなかったり、話し合いに参加することができなかったりする姿も見られた。一方で、初読で内容をつかむことが得意な子や読書量が豊富で国語が得意な子も一定数いる。ここから子どもへの支援の質や量を、子どもの学習状況に応じて変える必要性があると感じていた。

　そこで、6年生の国語科「町の幸福論」の学習では、ワークシートを「初級」「中級」「上級」の3種類用意することにした。（※上図は「初級」ワークシート。中級、上級とレベルが上がるにつれて枠内の言葉が少なくなっていく）子ども

98

たちにはその中から選択させたのだが、特に効果があったのが「初読で内容のだいたいをとらえることが苦手な子」であった。Ａ児は国語に対する苦手意識が高く、学習中でも教科書を開くことは稀だった。そんな中、Ａ児は「初級」を選んだのだが、授業が始まって間もなく、自ら教科書をめくり、読み取ったことを記入していたのである。

　以上のことから次のことが考えられる。一つ目は一方的に与えられたものではなく、「自分で選ぶ」ことによって主体性が生まれたこと。二つ目は「このワークシートをもとにすれば、国語が苦手な自分でも読み取ることができる」と学習方法の理解が進んだこと。初級のワークシートは穴埋め問題さながらのものではあったが、本当に読み取りが苦手な子どもにとっては必要な支援だと感じた。

　全員に同じような支援を行うのではなく、目の前の子どもの実態に合わせて支援の質や量を変えることで主体性をも生み出すことができると考えている。

子ども自身が学習のレールを敷く（４年社会）

　「単元のゴールは全員の共通認識として持つが、そこに至るまでの道のりは自分で決める」。これが授業の楽しさであり、そして学ぶ原動力になる。

---

①新聞記者になりきって「玉川兄弟新聞」を作成する
②ニュースキャスターになりきって「玉川兄弟ニュース」を配信する
③マンガ家になりきって「玉川兄弟マンガ」を作成する

　４年生の社会科で玉川上水について学習した時のことだ。この学習のゴールは①江戸の人々の悩みや願いを理解する②玉川兄弟が取り組んだことを具体的に押さえ、彼らの苦労や思いを考える③自分が選んだ「出口」で玉川兄弟が取り組んだことを伝える、の３つだった。「出口」というのは自分が調べたり、考えたりしたことを伝えるための手段のことで、ここでは事前に「玉川兄弟のなりきりレポートしよう！」という単元名で、以下の中から子どもたちに「なりきり」を選択してもらった。　学級で取り組んでいた会社活動でマンガ会社

の社長として活躍していたＢ児はマンガ家になりきって玉川兄弟マンガを書くことに決めた。Ｂ児は東京都の地図を使って玉川上水がどれだけ長い距離なのかを解説したり、玉川兄弟だけでなく、当時（江戸時代）の人々の思いにまで考えを広げたりすることができた。

　実は４月当初、Ｂ児にとった社会科に関するアンケートの「社会は好きですか？」の項目には「好きではない」に丸がついていた。３学期の玉川兄弟の学習期間には社会が予定されていない日に「先生！なんで今日は社会がないんですか！」と心底残念がるほど、学習に没入していた。自分の得意なことを生かして授業の楽しさを味わい、学習のゴールに向かって自分でレールを敷くことができたことでＢ児の学習意欲が高まったと考えられる。

子どもが「学校の外」と関わる（６年総合）

　私は常々、「どんどん学びを外に開いて、ふだん触れられないような考えや新たな価値観にふれることが学ぶ楽しさにつながる。」と考えている。

　そこで、「郷土愛」がテーマの総合的な学習の時間で、今や多数のメディアでも取り上げられている島根県の離島にある海士町の子どもたちとオンライン交流をしながら授業を進めていく、という構想に至った。海士町の６年生は毎年２月に町長により良い街作りについて意見を具申する「子ども議会」に向けて準備をする。誰もが幸せに暮らすことができる街の姿について考えるというこちらの学習内容とも合致すると考えたからである。

　実際に、週１回のペースでオンライン交流をしている学級の子どもたちを対象に、オンライン交流に関するアンケートをとったところ以下のようなことを書いていた。

- 東京都とは違う環境で育った彼らと交流することで、自分の中に新しい感性が花開いているように感じます。
- 自分と違う環境の人と同じ課題について話し合ったり意見を共有したりするのがとても楽しいです。

　子どもたちの言葉から、授業の楽しさを見出していることがわかる。それだけでなく、海士町の子どもたちが街の課題を自分事にして考えていること、街の人にアンケートをとる予定であることをヒントに「自分たちも同じ板橋に住んでいるいろいろな人にインタビューしたい」という意欲が高まってきた。

　そこで、「特別養護老人ホーム」「子どもを持つ主婦」「保育園の先生」にオンラインインタビューを実施することになった。現在は、得た情報を整理・分析して、「まずは自分たちにできることをやろう」を合言葉に学校公開で老若男女問わずさまざまな年齢層の交流の場を作る計画を立てている。

学習のコントローラーを子どもに委ねる

　3つの授業に共通しているのは学習のコントローラーを子どもに委ねている、ということである。教師が学習のコントローラーを握り、教師が学習のレールを敷いて子どもたちに学ばせることはできるが、そこで主体的な姿を子どもたちが見せたとしても、それは教師が子どもたちを「主体的にさせているだけ」である。学習のコントローラーを子どもたちが握り、教師はそこに伴走していく。そんな授業の在り方をこれからも模索し続けたいと考えている。

おわりに

　現在ある職業の半分が10年後にはなくなると予測されているだけでなく、今の子どもたちの大半は現在の社会にはない職業に就くと言われている。その中で、子ども時代に圧倒的に必要な経験は自分で選び、決定して、時には失敗しながらも学習を進めていくことではないだろうか。それができるのは、主人公が子どもである授業だけだ。学校の中だけで通用する力ではなく、社会に出てからも生きて働く力を育てていくために、私たちは今一度、これまでの「授業観」を問い直していくことが求められていると思う。

シドニー日本人国際学校から日本の教育を見つめる

小笠原村立母島小学校主任教諭　増田 智恵子

はじめに

　2016年４月、私はシドニーへと渡った。日本から船
で送った引越し荷物が届くまでの数週間、当面の生活
を支えるのは４つのダンボールに詰め込んだ最小限の
生活用品だけだ。今日から３年間、この異国の地で、
どのような素晴らしい出会いと日々が待ち受けている
のか。私は、期待に胸を膨らませ、美しい海辺の街シ
ドニーへ、意気揚々と一歩を踏み出した。

　しかし、現実はそう甘くはなかった。立ちはだかる言葉の壁、土地勘はなく、
初日から車の運転で肝を冷やし、家の契約やら何やらで、身も心も疲れ果てて
しまった。こんな状態で数日後に始業式とは、何かの冗談だろうか。

　シドニーでの苦労話を語り出したらきりがないが、本筋から外れてしまうの
でこれくらいにして、ここでは外国の学校に勤務したからこそ見えてきたこと
について、少しばかり記したいと思う。

シドニー日本人国際学校

　私が勤務したシドニー日本人国際学校は、世界に100校近くある文部科学省
認定の日本人学校の中でも、やや特殊な学校である。「国際」という言葉がつ
いている通り、日本人学級と国際学級を併設するインターナショナルスクール
であり、日本とオーストラリア、２つのカリキュラムが同じ学校の中で共存し
ている。国際学級を担当するのは現地のオーストラリア人教師で、教室も職員
室の机も隣り合わせである。図工・音楽・体育や学校行事などは、日本人学級・
国際学級合同の「ミックスレッスン」で行うことも多い。

　このような環境で、オーストラリアの学校文化にふれ、これまで当たり前だ
と思ってきた日本の教育についてオーストラリア人教師たちから度々説明を求
められているうちに、私の考え方は否応なしに変化していくことになる。

シドニーから日本の教育を見つめる

　日本とオーストラリアの学校には、当然たくさんの違いがある。それらを通して感じたことを、いくつか紹介していく。

①教科書のある日本と教科書を使わないオーストラリア

　私が担当する日本人学級では、日本の教科書を使い、日本の学習指導要領に沿って授業を行っている。しかし、国際学級に日本のような教科書はない。教師が州の定めるカリキュラムに沿って自分でプログラムを作り、授業を行うのである。そんな彼らが口をそろえて、日本の教科書は素晴らしいと言い、中には算数の教科書の英訳本を使っている教師もいた。こうして改めて日本の教科書を見てみると、義務教育から高等教育まで見事に研究され、継続性を持って構成されていることがわかる。これはまさしく、世界に誇れるものの１つである。

　では、教科書がないオーストラリアの教師には、何があるのだろうか。それは、驚くほど柔軟な発想と豊かな感性、教材を見つけるアンテナ、そして考えたことを素早く実行に移す行動力である。世界に誇れる日本の教科書。しかし

それに頼りすぎて、目の前の子どもたちが置き去りになってしまっては元も子もない。オーストラリア人教師たちの姿を見て、自分の手で子どもたちとともに授業をつくっていく実感を、取り戻すことができたように思う。

②教材開発から見えてきたこと

　オーストラリアは南半球にある。このことを日本の教材を使う中で、私は思い知ることになった。当然ながら、北半球とは季節が逆である。太陽は「北中」するし、夜空を見上げれば南十字星が輝いている。何か変だなと思うと、月の模様や星座が見知ったものとは上下逆さまであることに気づく。それだけではない。ここは言葉も文化も日本とは違う。法律も違う。気候は温暖で、一年中タンポポが咲いている。道路に飛び出してくるのは猫でもたぬきでもなく、カンガルーと相場が決まっている。スーパーにはあまり見たことのない野菜や果物が並んでいるし、それはつまり日本と同じものを手に入れようとしても難し

いということだ。

　これを聞いただけでも、日本の教材をそのままオーストラリアで使って指導する難しさが想像できると思う。理科や社会だけではない。国語の読み物教材や算数の問題1つとっても、いかに「日本固有の自然や文化」が文脈の中に隠れているかに気づかされる。だからといって、文句を言っても始まらない。先ほどのくり返しになるが、教科書や出来合いの教材に頼りきるのではなく、むしろこの状況を楽しむくらいの気持ちで、教材開発するしかない。形へのこだわりを捨て、余分なものを削ぎ落とした本質を見出す。捨てればよいというわけではなく、やみくもに守ればよいというわけでもない。自分の頭で考えなければ立ち行かなくなるのである。

　私たちはつい、「この教材をどう教えようか」と考えてしまいがちである。しかし「この教材で何を学んでほしいのか」、つまり、ゴールが明確であれば、そこに至る道筋は何通りあってもよいはずである。教材は、あくまで「材」なのだ。私は、日本の先輩教師たちが「教科書『を』教えるのではなく、教科書『で』教えるのだ」と口を酸っぱくして言っていたことを、オーストラリアで痛感し、一層意識するようになった。

③まだまだ違う日本とオーストラリア

　日本の学校にあって、オーストラリアの学校にはないもの。いろいろあるが、プールもその1つである。しかし、シドニーっ子にとって水辺は身近な遊び場であり、サーフィンやカヌーなどのアクティビティも盛んだ。そのため学校では、夏になると近所のスイミングスクールへ子どもたちを引率し、泳力別の小グループでレッスンをしている。高学年や中学生になると、実際に海で行う「サーフ・エデュケーション」というプログラムもあった。これらのレッスンで教えるのは、単なる泳ぎ方やサーフボードの乗り方だけではない。水の事故から命を守ること。それが一番にくるのだ。

　したがって、プールに入る前に、毎回「万が一の場合の浮き方、助けの呼び方」などのレクチャーを受ける。そして、最初に習う泳ぎ方は、呼吸しながら泳ぐことのできる背泳ぎである。

　日本とオーストラリアを比べて、どちらが良いと言っているわけではない。「日本の当たり前」が通用しないからこそ、なぜ、何のために、何を教えるの

かを、自分自身に問い直すことができたのだ。

　日本とオーストラリアの学校の違いを目の当たりにした時、今まで常識と思っていたことの意味を考え、本質をとらえた判断ができないと、ただただ面食らってしまう。例えば、オーストラリアの子どもたちは、学校におやつを持ってくる。休み時間に栄養補給をするのだ。また、整列するという習慣はほとんどないので、教室移動や運動会の様子は言わずもがなである。細かいところでは、いわゆる「体育座り」はなく、あぐらが正式な座り方だったり、上履きがないので教室も体育館も外履きのままだったりする。清掃の時間もなく、放課後にクリーナーと呼ばれる清掃員の人が掃除機をかけてゴミ箱のゴミを集めてくれる。現地の学校では毎日の宿題がないため、日本と同じ感覚で宿題を設定していると、オーストラリア人家庭からクレームが入ることもある。

　これらを非常識だと切り捨てるのではなく、「ではなぜ、日本には清掃活動があるのか。毎日宿題を出す必要はあるのか。どんな目的があって整列しているのか。」と考えられるかどうかが重要なのである。日本とオーストラリア、どちらが常識でどちらが非常識かではなく、それぞれ大切にしているものが違うだけなのだ。「なぜ？」と自問し、物事の本質に立ち戻る姿勢を、忘れずにいたいものである。

おわりに

　外国の学校に勤務したことで、日本の教師たちの熱心さや丁寧さ、質の高さを改めて感じ、これまで大切に育み受け継がれてきた学校文化にも気がつくことができた。と同時に、当たり前と思い込み、つい思考停止に陥ってしまう自分自身にも気づくことができた。世界に誇る日本の教育だからこそ、本当に子どもたちのことを思い、本質を見つめ、柔軟であり続けたいと思う。

子どもがつくる問いから始まる国語科「読むこと」の実践

江戸川区立篠崎小学校主幹教諭　渡邉 成啓

はじめに

　映画などを観た後に、その結末や伏線について友人とあれこれ感想を述べ合い、新たな気づきを生みながら、さらにその作品を好きになる経験を多くの人がしているのではないだろうか。私は、子どもたちにも同様の経験を積み、他者と交流する意義を実感してほしいと考えている。

　子どもたちにとって、学校生活で共通体験をすることで、交流が始まり、深まる。そこで、私は、国語科で共通教材として物語文を扱う際、子ども同士の交流を通して楽しみながら作品を読むことのできる手立てを模索している。

　ここでは、その手立ての一つとして、子どもがつくる問いをもとに物語文を読み深めていく実践を紹介する。前提に、問いとは「作品を読んだ際に表出された疑問」として定義したい。これを解決することが、学習活動のめあてとして位置づけられ、解決に向かう交流が言語活動となる。問いを解決するまでの交流を通して、考えが広がったり深まったりする過程が、作品自体を楽しむことにつながると考える。

　下の表は、過去に取り組んだ子どもがつくる問いから始まる授業の学習過程の一例である。

導入①	・既習事項の想起 ・題名読み ・範読 ・初発の感想
導入②	・登場人物と内容の把握
導入③	・初発の感想の交流 ・「大きな問い」の決定
展開	・「小さな問い」の解決
まとめ	・「大きな問い」の解決

導入③詳細
1　小グループで個人の問いを出し合う。
2　小グループで問いを分類・整理する（基準を作る）。
3　全体で問いを出し合う。
4　「大きな問い」を決める。
5　「小さな問い」をもとに学習計画を立てる。

物語文と出会う前の土台づくり

①既習事項の想起

　単元の導入の際に「これまでの物語文の学習を通して、何ができるようになったか」ということについて、子どもたちと確かめ合っている。子ども自身が成長を振り返り、学びを自覚することで、これからの学びに対する意欲を高めたり、見通しを持ったりすることができると考えている。

②題名読み

　「これから読むのは、どんなお話だろうか」と、わくわくする感覚を子どもたちに感じてほしいと思い、題名や挿絵をもとに物語の登場人物や内容を想像する活動を取り入れている。物語の核心に迫るような発言が出ることもあり、子どもたちの勘の鋭さに驚かされる。

物語文との出会い、そして、問いづくり

①範読

　教師の範読を聞く際に大事にしていることが、「どうしてだろう」という不思議に思う感情である。このような疑問が問いになる。そのため、範読を聞く際には疑問を持つという視点を示し、傍線を引いたり付箋紙を貼ったりしながら読むことが、手立ての一つとして考えられる。

②登場人物と内容の把握

　範読を聞いた後、初発の感想を書く前に取り組んでいるのが、登場人物と大まかなあらすじの確認である。この後の初発の感想の交流で問いを分類・整理していく際に、大きな読み違いから論点がずれないようにするために、中心人物の変化を中心に、何が起こったのかを確認している。

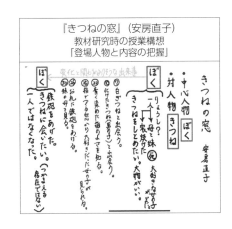

③初発の感想

　初発の感想を書く際には、心に残ったことと不思議に思ったことの2点を視点として示し、特に不思議に

思ったことを中心に書くように子どもたちに伝えている。子どもたちは、不思議に思ったことについて、一度読んだだけではわからないことや、友達と話し合いたいことなどを意識しながら感想を書いている。こうして子どもたちが出した疑問を問いとして、授業で交流を通して解決していく活動に結びつけるのである。その際、「はじめに」の冒頭で述べたような生活経験や、これまでの物語文の学習経験を想起することで、子どもたちが問いをつくることに必然性を持ち、物語文をより楽しむことにつながる。

④初発の感想の交流

初発の感想の交流では、全体交流の前に小グループでの交流を取り入れると、問いが分類・整理され効果的である。発達の段階や学習経験の程度によっては、本文を読めばすぐにわかるようなものや叙述を根拠にできないようなものが出てくる場合

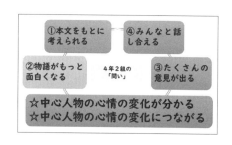

がある。そのため、子どもたちの実態に応じて、基準を示したり子どもたちと共に設定したりするとよいだろう。

ここで、例として「プラタナスの木」を学習した際に子どもたちと考えた基準を、右に載せる。小グループでの交流を通して、基準に照らしながら問いを分類・整理したり、簡単な問いについて解決したりすることに取り組んだ。実際に、「なぜ、他の公園と違いボール遊びができるのだろうか」や「なぜ、この公園には、プラタナスの木が一本だけ生えているのか」といった問いは、本文をもとにして考えられないものとして分類している姿が見られた。

小グループで分類・整理した後は、学級全体で交流しながら解決したい問いとして、全体の場に挙げることとなる。

「大きな問い」と「小さな問い」

全体の場に挙がった問いを、分類・整理していく過程で重要な点が、単元を通して意識し続け、学習のまとめに扱う「大きな問い」の決定である。これは、その作品の主題に迫る問いであり、前時までに理解したり想像したりしたこと

にもとづいて、自分の考えを形成できるものとしたい。そのため、「大きな問い」を検討する際には、「この中で、たった一つだけしか選べないとしたら、どれが一番作品をより面白くする問いだろうか」と、子どもたちに伝えている。もし教師のねらうものが出てこない場合は、話し合いを通して上述した条件に合うものを選び直したり、つくり直したりして決定することが必要である。

　「大きな問い」が決定した後は、残った問いを「小さな問い」として分類・整理し、次時から扱って解決していく順番を決める。順番を考える視点は、発達の段階や作品の特徴、その単元で育てたい資質・能力によって示し方を変えている。例えば、場面の順や登場人物ごと、また、行動・心情・情景描写のまとまりといった視点である。これらの視点をもとに、「小さな問い」を整理して学習計画をつくることができたら、いよいよ問いの解決の学習が進んでいくこととなる。

おわりに

　学びの主体である子どもたちが、主体的な読み手として作品とじっくり向き合い、作品を深く楽しむ姿を目指し、授業実践に取り組んでいる。ここでは、問いをつくるまでの導入の段階を中心に紹介してきたが、以下の論文や文献を参考に、私なりにアレンジしたものである。今後も、「読むことって楽しい！」と子どもたちが思える授業のため、試行錯誤していきたい。

【参考文献】
○遠藤真司（2021）「国語科における「一貫した問い」の有効性－「読むこと」を通して実現する「主体的・対話的で深い学び」－」『早稲田大学研究紀要』第13巻, 29－40.
○松本修・西田太郎（2020）『小学校国語科〈問い〉づくりと読みの交流の学習デザイン 物語を主体的に読む力を育てる理論と実践』明治図書.

主体的に学ぶ「じどう車くらべ」の指導

台東区立石浜小学校主幹教諭　大熊　啓史

はじめに

「思ったよりも、楽しかった。」

入学後しばらくして、新しい学習活動に取り組むと、最近の子どもたちからはそんな声をよく聞く。子どもは、学校でどんなことをするのか不安を抱きつつも、新しく経験すること全てが学びであり、それを楽しいと感じているようだ。子どもは次第に、もっとやりたい、もっと知りたい、もっとできるようになりたいと主体的に学び続けるようになる。

子どものそんな思いや願いを受けて、教師は国語科で学ぶべき資質・能力をしっかり身に付けられるように、単元を組み立てていく。今回は、1年生の説明的文章「じどう車くらべ」の指導を通して、主体的に学習に取り組む態度を育成し、他の資質・能力も高めるポイントを述べる。

全文を「まず、音読する。ひたすら音読する。徹底的に音読する。」

説明的文章を読む学習について、全学年を共通して一言でいえば、筆者の伝えたい事柄がどのように書かれているのかを読んで理解する学習である。つまり、子どもは書かれている「事柄」と筆者の「述べ方」を理解する学習だ。「じどう車くらべ」の学習では、まず「バスやじょうよう車」「トラック」「クレーン車」がどのような「しごと」と「つくり」になっているかの「事柄」を理解する。同時に、筆者がその3種類の自動車を「しごと」「（そのための）つくり」という順で説明しているという「筆者の述べ方」を子どもたちが理解するように指導する。後者の学びは、子どもにとってあまりなじみがない。お話が面白くて読んでいた絵本や、興味があってずっと眺めていた図鑑を、どのように書いてあるのかを考えながら読む習慣や必要がないからだ。

その2つを学習するための手だてが音読である。低学年の子どもの発達段階として、思考したり、理解したりするために声に出すことが重要だ。成長すれば、頭の中で、声に出して考えることができるようになるが、低学年ではまだ

難しい。だから、国語の授業中はもとより、家庭でも音読の宿題をくり返し行い、徹底的に声に出して読んでいくことが学びの土台となる。単元に入る際、漢字等の読み方を学んだら1週間程度は朝学習や宿題等で読み続け、なんとなく「どんな車」のことが「どのように」書かれているかわかった状態で、読みの学習に入っていきたいところだ。

導入で単元のゴールの活動「じどう車ずかんカード」を示す

　本単元の文章を初めて読むと、小さいころから自動車好きの子どもが「僕の好きな車が、国語の学習で使われるなんて信じられない。」と目を輝かせて喜んだ。しかしながら、それは一転して「クレーン車なんて知ってるよ。」「僕の好きなスポーツカーが出てこないじゃないか。」と一気に意欲が冷めてしまうこともある。これは、先に述べた事柄だけに着目して読もうとした場合に起こることである。このままでは子どもの意欲が失われたままになる。ここで、単元のゴール設定が重要になる。

　　　　　　　教師は、教科書の次の単元「じどう車ずかんを作ろう」で例示されている「じどう車ずかんカード」を自作して（「モデル文」という）子どもに示し、「これを自分が選んだ車で作ろう。」と投げかける。じどう車の絵の下には、説明が書いてあるが、子どもにとってこの時点ではなんか書いてあるぞという程度しかわかっていない。それよりも、自分で自動車の図鑑のページを作ることに大きな期待を持ち、「どうすれば作ることができるの？」と教師に問いかける。そこですかさず

> 下は、「じどう車くらべ」と同じように書きました。だから、教科書の本文を読んで、何を書けばカードが作れるのか、一緒に学んでいこうね。

と伝える。子どもは、書き手になる目的を持つことで筆者の「述べ方」を必然的に学ぼうとするのだ。図鑑を作りたいという意欲は粘り強い取り組みを行おうとする態度につながる。以上のことを話し合った後に、大体の学習計画を子ど

もたちと一緒に確認し、見通しをもって安心して学習を進められるようにする。

	学しゅうけいかく
①	じどう車ずかんをつくるための学しゅうけいかくをたてよう。
②	じどう車ずかんにひつようなことをみつけよう。
③	じどう車ずかんをかこう。
④	じどう車ずかんをよみあおう。

（子どもに導入で提示する計画表の例　②③は実際3時間ずつかかった。）

「しごと」って何？　「つくり」って何？

　本教材は、頭括型の文章である。「はじめ」「中」「おわり」の「おわり」が
ない。「それぞれのじどう車は、どんなしごとをしていますか。そのために、
どんなつくりになっていますか。」という問いの文で始まっている。実際「じ
どう車ずかんカード」を作ろうとしている子どもにとっては、そんな筆者から
の問いに興味はない。それぞれの自動車を説明している本文を読み、何をどの
ようにかけば、図鑑カードが作れるのかということを考えているようだった。

> 先生の図鑑カードと同じように作るには、何を書けばいいだろう。

とモデル文と本文を比較しながら発問すると、まず「しごと」であると子ども
は発見した。なぜなら、モデル文に「○○のしごとをしています。」と書いて
あるし、「バスやじょうよう車」のページを読むと「人をのせてはこぶしごと
をしています。」と書いてあるからだ。教師が「じどう車のしごととは、どう
いうものですか。」と問うと、その車のやることやその車にしかできないこと
など、子どもなりの言葉で理解をしていたようだった。「それなら私も図鑑か
ら見つけられそうだ。」と書ける気満々だが、そうはうまくいかない。「しごと」
の後にある文は、何のためにあるのかがわからないのだ。文末は「つくってあ
ります。」「ついています。」「なっています。」など一言では言い表せない。

　ここで、教師の出番だ。まだ具体的な表現でしか理解するのが難しい1年生
であるため、子ども同士、協働しながら言葉集めをするのを教師が支援する。

　教材文の本文に書かれていることや、書かれていることから子どもが考えた
「つくり」の概念のようなものを集めて、何と名付けたらよいか問いかける。

・つくってあるところ
・ついているところ
・どうやってできているか
・大じなぶぶん
・「そのために」ってあるから、
　その車のしごとのためのもの
・その車にしかないところ

つくりと
よぶことにしよう。

　ここで、冒頭の文「どんなつくりになっていますか。」の「つくり」が適した言葉であると気づき、冒頭の文章の重要性に子どもが気づくのだ。これにより、自ら図鑑を読んで、「つくり」を見つけるときには、子どもが集めた「つくり」に関係するキーワードを頼りに本から選び出せるようになった。

「じどう車ずかんカード」の完成と共有

　子どもたちの作成した「じどう車ずかんカード」を集めて、「じどう車ずかん」を単元の終わりに作成する。紙で行うと一冊しかできないので、今回は、教師が全てのデータを一つのPDFファイルにし、子どもは自分のタブレットで、学級全員のカードが集まった「じどう車ずかん」を読むことができた。読み合う時に伝える視点は一つ。

みんなの図鑑は先生の図鑑カードと同じように書けているでしょうか。

これで、本単元のねらいである「事柄」と「述べ方」の確認ができる。

おわりに

　どの子にも最低限の読み取りをさせたいと、穴埋め式のワークシートを作りすぎると、「しごと」「つくり」の本質的な理解をしないまま学習が進んでしまう。子どものやりたいことを大切にし、必要感をもって読み進めることで、言葉が自分のものになり、表現する力につながる。このように「主体的に学習に取り組む態度」は他の資質・能力の育成に大きく関わっているのである。

運動が苦手な子どもも楽しめる陣地を取り合うゲーム

足立区立足立入谷小学校主幹教諭　林 岳

４つの教材、「ズバッと！突破ゲーム！」「レッツ！パノラグビー！」「進め！マシュマロボール」「スーパー！キャンディーボール」は、いずれも、運動が苦手な子どもも楽しめるゲームとして開発されたものである。

運動が苦手な子どもはどの学級にも必ずいる

東京都児童・生徒体力・運動能力、生活・運動習慣等調査（平成30年度）によると、総合評価Ｄ、Ｅの割合は男女共に20％以上だった。私たちは、令和元年度東京都研究開発委員として、全ての子ども、特に運動が苦手な子どもに、運動の行い方や楽しみ方を味わわせることが重要な課題と考えた。そして、「小学校学習指導要領」の中で、第３学年及び第４学年で必ず指導することと示された陣地を取り合うゲームの教材開発から、その課題の解決を目指した。

陣地を取り合うゲームの魅力とは何か

○ボール操作が簡単：シュートがない、ボールを持って走る動きが中心
○状況判断が簡単　：攻めは走るかパス、守りはタグを取るだけ
○作戦の実行が簡単：プレイするごとに動きを確認、何度も試行錯誤できる

怖くないボールは「100均」にあった

ボールは怖いものと思ってしまうと、ゲームも楽しめない。そこで、洗濯用ネットやクッション、新聞紙やレジ袋等で用具の開発も行った。100円均一シ

ライスボール　　　マシュマロボール　　キャンディーボール　レジ袋・洗濯ばさみのタグ

ョップは、新しい用具のヒントに溢れていた。ネーミングも重要である。

授業はこう進めていく

授業の流れ（単元計画）の例は、下の表に示した通りである。

時間	1	2	3	4	5	6
内容	試しのゲームをしよう	みんなが楽しめる規則を考えてゲームをしよう		得点を取るための作戦を考えてゲームをしよう		

はじめの規則は指導者が作っておき、第1時で試しのゲームを行う。その後、みんなが楽しめるというポイントで子どもと一緒に規則を追加・修正していく。規則が出来上がったところで、第4時からは、作戦を試してゲームの経験を重ねていく。教師は、「どうだった？」「どうして？」「次はどうする？」などの発問で、子どもの思考を刺激し、振り返りと次の作戦につなげていく。教え込むのではなく、あくまで伴走者のように子どもに寄り添い、学習させていく。

授業実践① 「レッツ！パノラグビー！」 〜規則の工夫〜

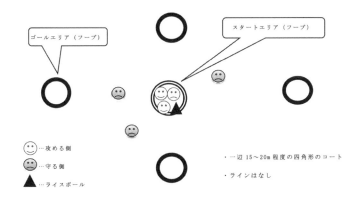

[はじめの規則]

• 3人vs3人（チーム内でローテーションする。）　• タグを使う。

• 攻める側は、ボールをゴールエリアに運ぶ。3分間、何度でも攻めることが

できる。攻める前に「レッツ、ラグビー！」と言う。タグを取られたら、スタートエリアの方を向き、味方にパスをする。

- 守る側は、ボール保持者のタグを取り、攻めを防ぐ。その際、必ず大声で「タグ」と言う。

［実際に出てきた規則の工夫］

人　　数	守りの人数を１人減らす。※攻める側が有利で得点機会が増加。
コート	第４時以降はゴールエリアを３つにする。 ※簡単に得点が取れなくなり、作戦の必要性が出てきた。
攻め方	隣のコートに影響のあるところまでコート外に出ない。※安全面 チーム全員がボールを持ってスタートできるよう、交代制にする。
守り方	スタート時は、スタートエリアから少し離れる。初めのパスが通るまでは、タグを取らない。

授業実践② 「スーパー！キャンディーボール」 ～作戦のトライ＆エラー～

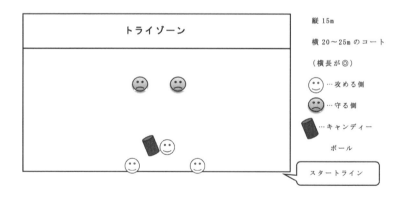

［はじめの規則］

- ３人vs２人（人数が多い時は、チーム内でローテーションする。）
- レジ袋・洗濯ばさみのタグを使う。（タグやフラッグより取りやすい。）
- 攻める側は、トライゾーンを目指す。５分間、何度でも攻めることができる。攻める前に「３・２・１…ゴー！」と言う。タグを取られたら後方の味方に

　パス。トライするか、全員がタグを取られたらスタートラインに戻る。
• 守る側は、ボール保持者のタグを取り、攻めを防ぐ。その際、必ず大声で「タグ」または「キャッチ」と言う。

[作戦の可視化]

　このゲームのボールを持たない時の動きは、ボール保持者について行くか、ボール保持者と反対側のスペースに行くかの２択である。

　ホワイトボードにマグネットで作成したカード（ボールを持って走る、ついていく、反対に走るという３種類）を貼ったものを用意し、チームの作戦（３人の動き方）を可視化した。自分の役割がはっきりしたことで、運動が苦手な子どもも迷いなく動けるようになった。単元終了時までに、トライをする楽しさを学級全員が味わうことができた。

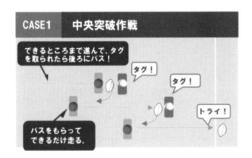

↑作戦ボード

おわりに

　教材を開発して、一番うれしかったのは、運動が得意な子どもと苦手な子どもが一緒に、楽しく運動する姿が見られたことだ。運動が苦手な子どもが、必ずしも運動嫌いとは限らない。また、全く運動をしていないわけでもない。ただ、運動の行い方や楽しみ方をあまり知らないだけである。私たち教師の役割は、子どもたちにそれらを身につけさせていくことだ。そのために、用具や規則をほんの少し工夫したり、授業の中でその子どもに合った言葉をかけたりする。

　私は、主に小学校体育を研究してきたが、この考え方は、決して体育の学習のみに当てはまるものではないと思っている。どの教科、どの学習場面でも、子どもに学ぶ楽しさを感じさせられる教師であり続けたい。

（令和元年度東京都研究開発委員指導資料・自主報告書より資料を引用）

自分で始める働き方改革

江戸川区立篠崎小学校主幹教諭　齊藤 研太

はじめに

　みなさんは、教師として働いている毎日をどのように感じているだろうか。私は、教師という職業にとても満足している。毎日、子どもと関わる生活は刺激的で、充実した日々を送ることができるからだ。もちろん苦労もある。その一つが「多忙さ」である。

　教師には、授業を充実させるために大切な教材研究とは別に、多くの仕事がある。毎日何かしら起こるトラブルへの対応、期日のある事務書類の作成、たくさんの会議…挙げていったらきりがないが、これらの仕事のために、多くの教師は勤務時間外でも、自分の時間を削り、仕事を行っている。

　そこで、今回は限られた時間の中で、どう効率的に働くかについて、私の日々の実践をお伝えしたい。決して特別なことを書くわけではなく、当たり前のことが中心である。人それぞれライフスタイルが違うため、全てが有効とは言えないかもしれないが、少しでも「これならできるな」と感じてもらったり、働き方に対する意識が変わったりするきっかけになればうれしい。

　意識が変われば働き方が変わる。働き方が変われば、時間が生まれる。時間が生まれれば、学校の子どもに向き合う時間、自分の時間、家族の時間が増え、充実した生活につながる。結果、教師としての仕事が楽しくなる。そんな、仲間が一人でも増えればと願っている。

【自分のライフスタイル】（2022年時点）
・妻（特別支援学校勤務）、長男（中学校３年）、長女（小学校５年）
・葛飾区から江戸川区まで江戸川の河川敷を自転車で９km ほど走って通勤
【学校での立場】
・主幹教諭　・教務主任　・第５学年担任（学年主任）

2　効率的な働き方のために

日々の実践

①仕事の流れを長期・中期・短期の視点で把握する

　効率よく働くために、仕事の流れを把握することは必要不可欠である。流れというのは、学校で自分に関わることが、いつ、どこで、誰と、何を行うかということだ。自分がこれから何をやればよいのかわからない状況で、効率的に働こうとしても無理である。何をすればよいか、はっきりとわかっていることで、ゴールに向けて適切なプランニングができ、最短距離で行動できるのである。私は、仕事の流れを３つに分けて考えている。

（１）長期的視点（年度はじめ）

　大まかな年度の予定は年度はじめに把握している人が多いと思う。何月に大きな行事があるのか、成績の締め切りはいつ頃なのか、研究授業はいつなのかなど４月から翌年の３月までの大まかな流れを把握しておきたい。私はタブレット端末のカレンダーアプリを使っている。年度はじめに時間を見つけては、行事をカレンダーアプリに打ち込んでしまう。もちろん手帳でも構わない。

（２）中期的視点（各学期）

　学期はじめには、学期全体を見渡して計画を立てたい。各学期のいつ頃にどのような行事があるのかを把握することで、いつから準備をすればいいのか具体的な日付を出すことができる。

　例えば、2022年度の11月３日は、早稲田大学教師塾塾長の遠藤先生を講師にお招きして、５年生での校内研究授業を行った。

> 【遠藤先生に指導案を送付するのはいつか 授業１週間前 】→【事前授業を行う 送付１週間前 】→【研究推進委員での検討はいつか 事前授業１週間前 】→【指導案の学年検討 研推１週間前 】→【指導案作成開始 学年検討４週間前 】

　このように考えると、指導案作成は遅くても約２か月前（８週前）から取り組むとよいことがわかる。日程を逆算し具体的な日を出すことで、余裕をもって準備ができ、効率的な働き方につながる。

（3）短期的視点（1週間、1日）

　週単位の流れを把握するためには、週案を細かく立てることが何よりも重要になる。「書くのは面倒だ」と感じる人もいるかもしれないが、これが何よりも効率的に働く近道になる。人それぞれ書き方はあると思うが、私は①学校行事、会議などの予定、②専科などの授業、③自分が行う授業の順で書いていく。教科の欄には、最低限授業のねらいを書くようにする。そうすることで、教えることが具体的になり、授業準備も計画的に行えることにつながる。さらに、1日だけでは完結しないような時間のかかる仕事は、メモ帳の「やることリスト」に書き出し、1週間の中でペース配分をして仕事を行う。「今日はこれくらいやればよい」ということがわかれば効率的に仕事が行える。

　また、私は教務主任という立場なので、自校の教職員に対して、週末に次週の予定を出している。その週予定は、できるだけ詳しく作るように心がけている。例えば会議が設定されているとしたら、何の会議が、何時から、どこの場所で行われるのかを載せる。そうすることで、職員が週案を作成したり、1週間の予定を考えたりする時に、見通しを持つことにつながり、学校全体で効率的な仕事ができるようになる。

　私は、自転車通勤なので、朝自転車に乗りながら、一日の予定を考え、流れを把握するようにしている。移動中も効率的に時間を活用したい。一日の流れは、時間ごとに区切って考える。

> 【出勤後～始業前】朝、職員室で何をするか。例：プリント印刷、教材の準備
> 【今日の授業】授業内容や、準備の状況はどうなっているか。
> 【休み時間】休み時間に何をやるか。例：委員会の指導、提出物のチェック
> 【放課後】会議や児童への補習の有無、その準備状況。

　このように考えることで、先を見通して仕事ができるし、ミスも減ってくる。

②朝時間の活用

　朝の職員室は、静かで集中して仕事に取り組むには大変よい環境である。出勤している職員も少ないし、電話対応もない。また、子どもたちが登校してくる時刻が決まっているため、短期集中で仕事ができる。同じ勤務時間外の1時

間、家庭環境が許すなら朝型にシフトした方が絶対に効率がよい。

③会議を効率よく行う

　教師の仕事のウエイトを占める一つが「会議」である。特に、企画会議や職員会議は、長くなりがちである。私は、教務主任として、この会議を時間内に効率よく行えるようにしている。

　まず、伝達事項で済む内容は、校内の連絡メールを活用する。また、会議での提案内容に応じて各提案者からの発言時間を設定している。こうすることで、発言者は「時間」を意識して提案するようになる。いつまでも、長々と実施案を読むだけの提案は行われなくなる。

④整理整頓

　職員室の机上や教室を整理整頓しておくことも大切である。身の周りを整えておくことで、余計な探し物がなくなる。必要なものはすぐに出てくる。無駄な時間を消費しない。

　また、ため込まない意識も大切である。私は、紙の書類は、基本的にタブレットで写真を撮り、捨ててしまう。タブレット内で、フォルダーを作って保存しておけば、いつでも見られるし、なくす心配もない。また、いらなくなったら、削除すればいいのである。ただし、個人情報を含む情報については、注意が必要だ。それぞれの学校が定めているガイドラインに従う必要がある。

おわりに

　自分が行う仕事の量が減ることが教師の多忙な生活を解消するためには一番である。しかし、仕事量を自分の力で変えることは難しい。それならば、まず自分で変えられることを変えていく「意識の変化」が大切なのではないだろうか。少しの工夫で自分の働き方は、変えることができる。今回書いてきたことは、当たり前のことばかりかもしれないが、その当たり前のことを一つずつやっていくことが大切なのだと思う。

　世の中にたくさんある仕事の中で、自分で志し、就いた「教師」という職業。本当にやりがいのある仕事である。この仕事を「楽しい」と思い続けられるように、自分でできる働き方改革を追求し続けていきたい。

言葉を育てる　心を育てる

荒川区立尾久小学校主幹教諭　大井川　今日子

　私は20年余りの教師生活で、ずっと大切にしてきたことがある。それは、国語科を中心とした学習や学校図書館の利活用を通して、「子どもの言葉を育てる」ことである。

　荒川区は平成21年度から区内全小中学校に学校司書を常駐配置し、学校図書館活用に力を入れてきた。同時に学校図書館支援室も設置し、学校図書館の運営指導や相談にあたっている。また、司書教諭と学校司書の打ち合わせ時間を週２時間確保するために講師を補充し、毎週十分な打ち合わせを行うことができる仕組みもある。新しくてきれいな公共図書館も充実している。カフェが併設され、思わず長居してしまう中央図書館「ゆいの森あらかわ」や周囲を囲む公園の中に作られた、木のぬくもりを感じる「尾久図書館」はぜひ訪れてほしいスポットだ。このような恵まれた読書環境の中で「子どもの言葉を育てる」ために、私が意識して取り組んでいることは以下の４点である。

本を通して「言葉を育てる」

　「子どもの言葉を育てる」ために読み
聞かせや読書は欠かせない。子どもたち
が読みたい本が豊富にあるように、教師
が欲しい時に欲しい本を使えるように、
学校司書と連携し資料準備にあたってい
る。本校の学校図書館には全教科の教科

書があり、学校司書が円滑に授業支援に入ることができる。各担任は学校図書館の利活用計画を学校司書に毎月提出し、必要な本を指定した期日までに集めてもらっている。学校図書館の利用状況は月ごとに担任にフィードバックされ、学級の子どもの貸し出し状況や目標達成状況を把握することができる。学年便りの学習予定や各学年の年間指導計画には、学校図書館を利活用する単元を〇と明記し、教育課程に位置づけている。毎週１回の学校図書館を利活用する時

間の授業では、本の貸し出しや返却だけではなく、読書活動や探究学習を積極的に進めている。

（1）読書活動の活性化を推進する

　子どもたちは、読んだ本をブックノートに記入している。10冊読むごとに担任がスタンプを押し、一人一人の読書状況をこまめに把握している。年間目標（低学年100冊、中・高学年5000ページ）達成者は全校朝会で校長から表彰される。年間目標を達成すると、読書パスポートがもらえ、子どもたちはさらなる目標に向かい、読書意欲を高めている。

　担任やブックボランティアによる読み聞かせやお話バイキング、ビブリオバトル、ポップコンクールを毎年行うとともに、長期休業ごとに家読チャレンジを実施し、親子で本に親しむ機会もつくっている。OJTとして図書館利活用研修会も年1～2回開催し、若手教師や異動者の学校図書館への理解を深め、教職員が一丸となり読書活動を推進している。

（2）探究活動の活性化を推進する

　子どもたちは一人1冊、自校作成の図書ノートを持っている。低・中・高学年ごとの図書ノートには、学校図書館の利用の仕方から、本の分類や調べる学習探究的活動の進め方、参考文献の書き方などがまとめられている。段階的かつ系統的に調べる学習を進めることで、自分で調べる力、まとめる力、表現する力を育てている。調べたことをまとめる情報カードは、いつでもどこでも自由に使うことができ、社会科や総合的な学習の時間などで積極的に活用されている。情報カードは4色あり、「本」「インターネット」「新聞」「見たこと聞いたことや体験したこと」に分類されている。「1色だけでなく、2色以上のカードを使おう」「黄色も必ず入れよう」などの一声で、偏りなく複数のメディアから情報を集めることを意識させることができる。このような指導の積み重ねにより、「図書館を使った調べる学習コンクール」では、多数の入賞者が出て、子どもたちの励みになっている。また、区をあげて推進しているので、荒川区の出品数は全国の中で1割を占めるほどである。

学んだことを自覚させ、振り返ることで「言葉を育てる」

　学んだことを教師が価値づけ、子どもたちに成長を自覚させることも全ての教科において重視している。既習事項を提示したり、教室に掲示したりし、いつでも振り返りができるようにしている。また、それらを「学びの手引き」として子どもたちとまとめ、蓄積することで、新しい学習場面においても、その技術を活用しようとする子どもを育てている。

　1年生の説明文の学習では、教材文ごとに学んだことを「まなびのわざ」カードにまとめ、次の学習の際に子どもが比較したり、役立てたりできるようにした。4年生の物語文の学習では、子どもたちと一緒に、「学びの手引き」をまとめた。くり返し学習することで、使える言葉を育てることができてきていると感じている。

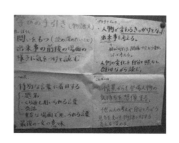

語彙を豊かにする常時活動（俳句）で「言葉を育てる」

　音読や日記、日直のスピーチなどさまざまな常時活動を行っているが、全校で取り組んでいる活動が俳句づくりだ。毎月1句つくり、全校児童の作品を廊下に掲示している。松尾芭蕉ゆかりの地でもある荒川区では、区から俳句手帳が配布される。そこから季語を探したり、実際に外に出て季節の移り変わりを感じさせながら、季語を探したりしている。

　家の人に「秋の言葉」や「〇月の言葉」を聞く宿題を出すこともある。集めた言葉は、「言葉の宝石箱」というファイルに蓄積している。このシートは余白を多めにし、新しく獲得した言葉を次々に書き込めるようにしている。俳句をつくる中で、子どもたちは「切れ字」「言葉のリズムや語感」「漢字とかなのバランス」「口語体の柔らかさ」「頭韻法・脚韻法」「名詞止め」「くり返し」「倒置法」「比喩法」などを学び、それらの表現技法を駆使するようになっていく。高学年では、俳句大会と称し、無記名の俳句の中から1句を選び、大賞を決めるなどの取り組みもみられる。フォト俳句コンテストや区展、企業の俳句コンクールなどにも積極的に出品し、意欲づけとしている。

友達や教職員との関わりの中で「言葉を育てる」

（1）言葉は宝物

　令和４年度荒川区就学前教育と小学校教育との一層の円滑な接続を図るための教育課程の研究・開発委員として行った１年生での実践「ものの名まえでおみせやさんごっこをしよう」を紹介する。

身近なことを表す語句の量を増し、言葉には意味による語句のまとまりがあることや上位語・下位語の関係に気づくことが、ねらいである。言葉を集める段階では、家庭の協力を得たり、学校図書館で調べたりして、「言葉の宝石箱」に書き溜めた。また、言葉は人生の宝物になることを子どもたちにくり返し伝えた。

「言葉がみんなの人生を豊かにします。だから、言葉は宝物です。」

（2）幼稚園・保育園の先生から学ぶ

　この委員会では、幼稚園や保育園の教師と一緒に研究を進め、授業を公開し合ってきた。保育参観した際には、園児の言葉を丁寧に受けとめて、認め、価値づけたり、時には補ったり代弁したりして、適切な言葉や言い回しに気付かせる姿に感銘を受けた。

　本実践では、幼稚園の教師から教えてもらった「やおやのおみせ」の手遊びを導入で行ったり、品物カードに言葉だけでなく、絵も併記させたりすることで、就学前教育とのつながりを持たせた。子どもたちは「見つけた言葉を友達に伝えたい」「たくさん言葉を集めて、素敵なお店にしたい」と大変意欲的に取り組んでいた。「伝えたい」という思いを引き出す指導を積み重ね、「子どもたちの心を育てる」ことを大切にしたいと改めて感じた実践である。

おわりに

　小学校では、友達・上級生や教職員の姿勢や言葉が、子どもたちの言葉を育て、心を育てていく。大村はま氏の「ことばを育てることは　こころを育てることである　人を育てることである　教育そのものである」という言葉をいつも心に留めて、毎日笑顔で、丁寧に子どもたちに接する自分でありたい。

子どもを変える連携の輪
～特別支援教育より～

東久留米市立第九小学校主任教諭　鈴木　富雄

A児との出会い

　数年前、特別支援の巡回指導教師となり、市内の３校を担当した。情緒に特性があったり、コミュニケーションが苦手だったりする子どもに対して、個別や小集団での指導を行う。巡回指導２年目の時に、中学年のA児と出会った。情緒に特性のあるA児は、衝動性が強く後先を考えずに行動し、思い通りにいかないと、いらだった表情で乱暴な言葉づかいをした。学習の取り組みに集中できる時間はとても短く、やってみてうまくいかないと「あー、もう無理」と言ってやめてしまった。また漢字の字形や計算の手順を覚えることが苦手だった。A児の課題は人間関係を形成することや情緒を安定することの困難さ、自己を客観視する力の弱さであった。

　A児の判定会資料から、教育課程届出や連携型個別指導計画を作成した。個人面談で、保護者に指導方針について同意してもらった。また保護者は、医療関係にも相談した。個別指導では、集中力をつけるために、点つなぎ、ひらがなや記号をよく見て写すなどの課題を用意した。感覚統合を目指して、正しい姿勢の保持、眼球運動、体のイメージ作り、運動機能のコントロールを行った。しかし、物事に集中する力や粘り強く取り組む姿勢を身につけることに、あまり効果が出なかった。A児は自己肯定感が低く、自分の行動に自信が持てないため「どうせできない」と決めつける傾向があったので、なんとか自信を持てるようにすることができないものか、模索の日々が続いた。

個別指導で取り入れたこと

　課題解決に向けて、A児が興味を持ち集中できることを探した。ある日サメの図鑑を持参したのを見て、以前海外で購入したサメの顎を思い出し「これだ！」と直感した。さっそく見せると「これ、ヨシキリザメじゃない？」

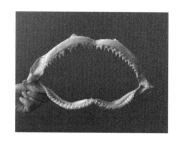

と得意げに説明し始めた。尖った無数の歯をさわりながら「歯の裏には、たくさんの歯があるんだね」と、とても集中して観察していた。A児は興味を持ったことの記憶力が高く、海洋生物の名前や生態についてとても詳しいことがわかった。

　個別指導の最後に「お楽しみタイム」として、サメの顎を観察し、サメの写真を描写する時間を設定することにした。その時間が来るまで、前半の学習にはとても集中していた。画用紙やホワイトボードに描く絵は、全体のバランスがよく、全く消しゴムを使わず一筆書きのように描き上げた。描きながら「ここが背ビレ、ここが尻ビレ」と教えてくれた。「すごいね。よく知っているね。絵もうまいね。」と価値づけをすると、ほめられることに慣れていないA児の表情が、少しずつ素直に喜ぶ顔に変わっていった。得意なことを伸ばすことに着目した指導が、功を奏したのだと思った。同時に彼の行動を受けとめ「いつでも君の味方だよ」という姿勢を伝え続けた。話を聞く姿勢を育てるためには、自分の話を聞いてもらえたという経験を増やすことが大切だと考え、A児の話をたくさん聞くようにした。逆に子どもに共感を持ってもらうことも必要である。自分の失敗談や正直な思いを語ることで「先生もそうなんだ」と共感し、安心して心を開いてもらうことができる。まずは自分の心を開くことが大切なのである。

気持ちの変化のきっかけ

　指導のあった日には「引継ぎ」といって、指導記録をもとに担任の教師へ指導内容や課題を伝えていた。毎回描いているサメの絵の技能を、どうにか生かせないものかと相談した。すると即座に担任は、「イラスト紹介係を作りましょう」と言い、学級に新しい係を作ってくれた。その係になったA児は、さまざまな種類のサメやその他の魚類の絵を描き、学級で発表した。学級のみんなが精密に描かれた絵を称賛してくれて、その笑顔を見たA児は本当にうれしそうで満足げな顔をしていた。どうすることがみんなを笑顔にするのかを感じ取っていた。同時に、どうすると嫌な顔になるのかに、A児は気づいたのではな

いかと思う。その頃からA児の言動が変わっていった。

　個別指導の会話練習では、相手の気持ちを想像することができるようになった。あまり意欲的でなかったソーシャル・スキル・トレーニング（SST）も取り入れられるようになった。小集団指導では、乱暴な言葉づかいをした時に「その言い方どうかな？」と気づかせた。友達に強い口調で言ってしまった時は、すぐに気がついて謝り、言い直しをするようになった。行動している自分に対し、頭の中で働きかけること、つまりメタ認知が少しずつできるようになってきたのだと思った。係活動を通して、学級のみんながA児を評価したことから、自分の良さを知り、自信を持って行動できることにつながった。つまりA児の承認欲求が満たされたのである。以前、苦手な事をできるようにするために、その事だけに集中した指導で失敗したことがあった。それよりも、その子どもが得意とすることに目を向け、それを伸ばすことに重点を置いた方が、結果的に子どもの課題解決の近道になった。

　学級替えと担任替えがある新学期は不安定になる可能性があったので、年度末の保護者との個人面談で、次年度も指導を継続することにした。ところが新しい学年になると、時々個別指導に来ないことがあった。学級で受けたい授業があるということだった。個別指導では学級で一緒に学習したい気持ちを尊重する「教室に返す」という考え方がある。学級の活動にかかわっていたいという気持ちから

目標に到達したことを感じた。その後A児は退室することになり、私の2年間の指導が終わった。

　この事例は、子どもの強い関心分野に着目し、それを担任教師と連携することで、自己肯定感を持たせ成長につなげられた例であった。

特別支援教室の担当として思うこと

　50才を過ぎてから、自分の学級が立ち行かなくなる時があった。それまで危機感を感じた経験があまりなかっただけに、まさかという感じだった。さまざ

まな要因があるが、一つには子どもたちの変化や成長に対応できなかったことだと思う。その苦しい時期を過ごす中で、これほど自己肯定感の落ちたことはなかった。その時の経験から、子どもの困り感に共感し、その子の力になりたい、心に傷を負った子どもの気持ちに寄り添いたいと思うようになった。

特別支援教室に通う子どもが「この教室は楽しい」と言ってくれることがある。この「楽しい」には、いろいろな意味が含まれている。ゲームが出来て楽しい、勝ってうれしい、馬鹿にされずに自分を出せた、失敗しても咎められなかった、自分の気持ちを親身になって聞いてくれたなど、子どもが、日頃の教室では、出すことがない素直な感情や思いを出せたことが「楽しい」という言葉に凝縮されているのではないかと思う。

子どもの課題を解決するには、担任、特別支援学級担任、保護者が連携し、同じ目線で子どもの教育にあたることが大切である。校内委員会ではその子どもの特性や対応方法について共通理解を持ち、担任だけでなく校内の教師全員で見守っていく体制をつくる。学習内容がわからない、座っているのが苦手などの理由で、教室内の立ち歩きや授業妨害、さらには教室を飛び出してしまうケースがある。その対策として、子どもがクールダウンするための静かに過ごせる場所を用意できるとよい。それでも不安な気持ちのまま校内を歩き回る子どもに対し「どうしたの？大丈夫？」と声をかける支援の体制が大切である。子どもにとって「見守られている」「存在を認めてくれる」「支えてくれる人がいる」という安心感が、気持ちを穏やかにし、変わろうとする大きなきっかけになるだろう。

医師が患者に生きる勇気をあたえるとしたら、教師は、子どもに「変わる勇気」をあたえる存在である。いつまでも、子どもの「変わる姿」に感動する教師でありたい。

明日からできる！板書を生かした道徳教育の充実

足立区立梅島小学校主幹教諭　土谷 英純

　遡ること十数年前、東京都の公立小学校で教育実習を行った際、社会科の授業を参観していただいたある先生からご指導をいただいた。曰く「資料を資料化して活用するとよい」とのこと。授業で活用する資料を精選し、子どもたちにわかりやすく加工したり組み合わせたりすることが資料化の一つの方法であると教えていただいた。当時の自分は多くの資料を提示し、その頃では珍しくもあったICT機器を活用して授業を行ったが、「資料の資料化」がされておらず、結果的にわかりにくいものとなってしまった。授業に使用する資料としては不向きなものであったのである。資料は多ければよい、ということではないと痛感した一場面であった。

簡単！　板書の資料化

　資料化された資料は授業中に活用するだけではなく、教室内の掲示物としても教育的効果を発揮するものであると考えている。その一つが板書の資料化である。授業で活用した板書を資料化し、その後の指導や学級経営にも生かしていくのである。私は授業の板書を資料化して教室内に掲示し、授業外での指導に生かしてみようと考え実践している。

　では、子どもたちにとって視覚的にわかりやすく、授業で学んだことを想起できるような板書の掲示をするにはどのような方法がよいのだろうか。道徳科の授業の板書を資料化し、掲示する際に以下の４点を示して実践した。

- 道徳の授業回数
  （第○○回　道徳）
- 教材名
- 主題名
- 板書の写真

第14回　道徳　「山びこ村の二人」
仲間として大切なこと

見てすぐわかる！　板書の掲示

　子どもの思考を深める手がかりとして活用した板書、また教師の伝えたいことを示した板書を、写真に撮って教室内に掲示する。掲示する場所はなるべく子どもの目に入りやすい場所にする。年間を通じて行うため、3月には35時間分（小学校第一学年は34時間）の板書の写真が教室内に掲示されることになる。1週間に1度の授業を行うため、この写真は週ごとに1枚増えていくことになる。少しずつではあるが確実に増えていく写真を見て、自分の収集しているコレクションが増えるようにうれしそうに眺める子もいた。

　写真のように、教室の窓側上部に板書の写真を掲示した。用紙はB4サイズでカラー印刷をした。授業でテレビモニターを活用して教材やアンケート結果などを提示した時は、その写真も添えて掲示した。

　このような板書の掲示をする取り組みは以下に示す6点をねらいとし、その効果を期待している。

①生徒指導上の課題に直面した際に、子どもへの指導の補助的材料として活用することができる。

②子どもたちが学校生活の中で日常的に板書の掲示を目にすることで授業を振り返ることができる。

③掲示をすることで板書を生かす工夫をするよう心がけるようになり、教材研究が深まる。

④一年間の道徳の授業を計画的かつ確実に行うよう意識的に指導に当たることができ、授業の量的確保へとつながる。

⑤学校公開や保護者会等で、保護者や地域の方々に学習内容をわかりやすく紹介したり伝えたりする材料となる。

⑥所属校の教職員との意見交換やコミュニケーションの材料となり、双方の授業改善へとつながる。

①は学級経営を行う上で、その手助けとなるものである。資料化した板書の掲示をする上で最もその効果を期待する点である。②は子どもたちへの効果を期待するものである。③・④は授業者である学級担任、⑤は保護者や地域の人々、⑥は所属校の教職員へ、それぞれに効果を期待するものである。

　ここで示したねらいの他にも、自己の指導技術の向上を図るための材料としたり、子どもたちとのコミュニケーションを図るために活用したりできる。掲示することの効果は多岐にわたるものである。

学習の振り返りをしていた！　アンケート結果より

　教師側はこのように考えて板書を掲示しているのだが、肝心の子どもたちはどのように思っているのだろうか。アンケート調査を実施し、板書の掲示に関する子どもたちの意識調査を行った。

（１）　板書の掲示を見たことがありますか

　　　　ある…100%　ない…0%

（２）　板書の掲示を見て、授業のことを思い出したことがありますか

　　　　ある…90%　ない…10%

（３）　板書の掲示のことを友達やおうちの人と話したことがありますか

　　　　ある…61%　ない…39%

（令和4年9月実施　小学校第4学年）
以上のようなアンケート結果が得られた。
（２）の結果からわかるように、90%の子どもが学習の振り返りをしている。さらに
（３）の結果から、61%の子どもは、学校や家庭などでの他者との関わりの中で学習を振り返っていることもわかった。このことから、資料化した板書の掲示には前述した②の効果があったものと考えられる。さらに充実を図って指導に生かし（３）の数値の向上を図りたい。

教師よりすごい！　子どもたちの反応

　ある日の放課後、教室で友達と話をしている2人の子どもに問いかけたこと

があった。

T　「ねえねえAさん、黒板の写真を飾っているのだけど、見ることってある？」

A児「え、ありますよ」

突然に板書の掲示物の話をされたA児は少し驚いた様子であった。

T　「そうしたら、例えば第15回目の授業のことって覚えている？どんなお話だったとか、どんなことを話し合ったりしたとか。」

A児「覚えていますよ。この時は休み時間の話で、廊下で走った男の子が先生に正直に話せなかったけど…（教材のストーリーを話してくれた）。」

T　「すごいね、そんなにしっかりと覚えているんだね。でも、どうしてそんなに覚えているの」

A児「うーん、どうしてかはわからないけど、でも、題名（教材名）を見たら思い出します。」

T　「そうなんだね、それは教室に飾ってあるから思い出すの？」

A児「はい、見たら思い出します。」

T　「そうなんだね。わかった。ありがとう。気をつけて帰ってね。」

　子どもたちは授業者である教師よりも教材のストーリーや話し合った内容を鮮明に覚えていたのである。その根拠が板書を掲示したことによるものだと思われる。アンケート結果からも、板書を掲示することの効果があると考えるのである。

指導に生かす！　学級経営との関連

　学校生活を送っていると、時には友達とけんかをして悲しい気持ちになる子もいたり、時には学校のきまりや約束を守ることができず、危険な場面に出合ったりする子もいたりする。そんな時には掲示した板書を示しながら子どもの気持ちを受け止めつつ、学習内容を共に振り返りながら指導することができる。実際に生徒指導に活用することも多くある。生徒指導提要（文部科学省）には、道徳教育と生徒指導の密接な関係が示されている。板書を資料化して掲示することは、学級経営の充実を図るための1つの手立てとして有効であると考えている。

偉人から学ぶ
～自分の生き方を考える伝記の指導～

荒川区立第三日暮里小学校主任教諭　宮﨑 友美子

　小学生の頃、国語の学習が大の苦手であった。なぜ、国語が苦手だったのか。子どもの頃の私は、自分が考えることに自信が持てなかった。なぜそう考えたのか、はっきりと理由が言えなかったからだ。

　教師となった今、子どもたちには、国語を楽しく学習してほしいと思う。それがきっかけで始めた国語科の研究。同じ志をもった仲間と出会い、切磋琢磨し合いながら研究を積み重ねる日々は、私自身が改めて学ぶことの楽しさを実感することができた。この学びの充実感を子どもたちにも味わってもらいたいと思い、私は日々の指導にあたっている。

　私が日頃から国語科を中心としたさまざまな教科の学習指導において大切にしていることは、「自分の考えを持つ」→「自分の考えを広げる」→「自分の考えを深める」という３ステップである。

　伝記上の偉人の生き方から自分の生き方について考える学習においても、この３ステップを意識しながら以下の手だてを講じ授業づくりを行った。

子どもの主体的な学習につながる環境づくり

　子どもたちが学習意欲と目的意識を高く保ち、学習に取り組むことができるかどうかは、単元の最初で決まる。どのように学習と出会うかが大切なのである。そのために、単元前に子どもたちの主体的な学習を引き出す環境づくりを行い、単元のゴールを明確に示した。

　本単元では、伝記を読むことを通して自分の生き方について深く考えさせるために、偉人の生き方から自分の「座右の銘」を決める学習活動を設定した。そこで、単元の初めに学級担任、学校司書によるブックトークを行い、大切にしている「座右の銘」とそのきっかけとなった人物の伝記を紹介した。ここで

大切なことは、単元を通して、子どもたちに「どのような力を身につけさせたいのか」「どのようなことを考えられるようにさせたいのか」を考え、まずは教師自身がそれを実践してみることである。実際に教師自身が同じことを行ってみることで、子どもたちがつまずきやすいポイントを事前に把握でき、意図的に発問や板書に取り入れることができる。子どもたちにとっても、教師が単元のゴールを明確に示すことで、何のために、どのように学習していくのかを具体的にイメージし、学習の見通しをもって学習に取り組むこともできるのだ。

さらに、保護者の協力を仰ぎ、子どもたちに自分の家族の「座右の銘」とそのきっかけをインタビューさせ、それに対する自分の考えを合わせて朝の会の１分間スピーチで紹介させた。教師だけでなく、家庭も一緒になって学習に取り組む姿勢を見せることで、子どもたちは俄然やる気になる。

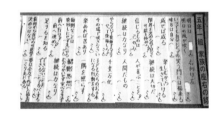

保護者の座右の銘には、「継続は力なり」などのことわざを用いたものもあれば、スポーツ選手や有名人が残した名言などもある。子どもたちにとって身近な人の「座右の銘」とそのきっかけに毎日ふれることで、「自分たちも『座右の銘』を考えたい！」と伝記を読む必然性が生まれる。そして、常に目的意識を持って主体的に学習に臨むようになった。

自分の考えの構築に向けた「付箋の活用」

自分の考えを「持つ」とは、根拠を明確にして考えることである。そのために、伝記を読み、人物に関わる出来事と、そこからわかる人物の生き方や考え方、それに対する自分の考えを整理し、「人物メモ」にまとめた。

ここで大切なことは、事実と考えをきちんと区別して読み取り、それをもとに自分の考えを持たせることである。そこで、必要な情報を短くまとめることができ、加除修正しやすい付箋を活用し、青色の付箋には「出来事」、ピンク色の付箋には「出来事に対する人物の生き方・考え方」、黄色の付箋には「自分の考え」と分類し色分けをした。

ナイチンゲールの伝記を読んだ子どもは、「看護師になりたいことを家族に

打ち明けたが、理解してもらえなかった」出来事を挙げていた。そして、「それでも負けずに隠れてこつこつと勉強し、夢をあきらめなかった」ナイチンゲールの生き方から、「努力をし、強い意志を持てば、自分の夢もかなえることができるから、努力を絶やさないことが大切だ」と自分の考えをまとめていた。このように、付箋を活用し、「出来事」「人物の生き方」「自分の考え」を区別して整理することで、自

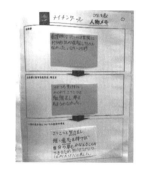

分の思考も整理され、根拠をもとに自分の考えを明確に持つことができるのである。

自分の考えを広げ深める「対話」と「再構築」の時間の設定

　自分の考えを「広げる」とは、他者の考えにふれ、さまざまな考え方を知ることである。そして、「深める」とは、交流したことを生かして自分の考えを再構築することである。その実現のためには、「対話」が重要な役割を果たす。

　自分の考えの交流は、学習活動や目的に応じて、グループ編成や人数を変える工夫が大切である。例えば、自分の考えをより多くの相手と伝え合うことを目的とする時には、ペアでの交流を短時間で複数回行うとよい。本単元のように、多様な考えにふれ、自分の考えを練ることを目的とする際には、3〜4人のグループで時間をかけて交流する。

　植村直己の伝記を読んだグループでは、人物の生き方から考えたことを次のように述べている。A児は、「成功させたいと強い意志を持って挑戦し続ければ、成功すると感じた」。B児は、「人は、失敗した分だけ強くなれると知った」。C児は、「どんなに失敗しても、あきらめなければいつか必ず成功すると思った」。

　自分の考えを伝え合うと、子どもたちは、互いの考えの共通点や相違点を見つけ始めた。どのような出来事や人物の生き方から考えたのかを、複数の伝記で確かめ合う姿が見られたのである。交流は、自分とは違う考え方に気づくことができるだけでなく、自分の考えを相手に伝わるように表現することで、自分の思考をより具体的に整理することもでき、深い読みにつながるのだ。

　交流後は、自分の考えをもう一度見つめ直す時間を設定した。前述のA児は、

同じ人物を選んだ２人の友達と交流したことで、「友達の考えを聞いて、成功させたいと思うだけではなく、限界を感じることがあっても、それを乗り越える強さを持って挑戦すれば、成功にたどり着くのだと考えた」と考えが深まった。そして、それをもとに、座右の銘を「限界という扉をこじあけた先に満足はある！」に決めた。

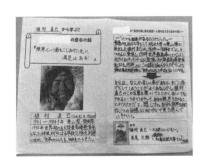

このように、自分の考えを交流してさまざまな考えにふれることで、新たな考えを生み出したり、自分の考えが確かなものになったりし、自己の考えの深まりを実感することができる。そして、それは、友達とともに学ぶことのよさや楽しさを感じ、さらなる学習意欲につながるのである。

おわりに

　以上のように、「自分の考えを持つ」→「自分の考えを広げる」→「自分の考えを深める」という３つのプロセスを意識しながら、伝記の指導を行ったことで、子どもたちが偉人の生き方から自分の生き方について、主体的に考えることができた。

　それぞれが考えた「座右の銘」は、子どもたちの要望で学級全員分を複製して一つにまとめ、日めくりカレンダーにしたことで、学校や家庭で活用する姿が見られた。これは、一人一人が伝記上の人物や自分と向き合い、交流しながら考えたからこそ、学習の達成感と充実感を味わうことができたのだと思う。

　国語が苦手だと感じている子どもたちはどの学校にもいるだろう。しかし、学習前と比べて、わかることやできることが増え、何よりも学ぶ喜びを味わうことができれば、きっと国語の学習も楽しく感じるはずだと信じている。

　子どもたちが「友達と学ぶことが楽しい！」「友達と学習してよかった！」と感じることができる授業を常に心がけて、これからも子どもたちとともに学習することを楽しめる教師でありたい。

本との出合いの場をつくる
〜ミニビブリオバトルに挑戦！〜

国分寺市立第五小学校主任教諭　材木 優佳

本との出合いの場をたくさんつくりたい

　私は、子どもの頃から本を読むことが大好きだった。本を読むと、知らない世界を知ることができるし、いろいろな人の感情にふれることができる。時には、主人公と一緒に冒険をしたり、謎解きをしたりして、本を読むことで暗い気持ちが晴れることもある。好きな本があれば、人生は楽しいものになる。子どもたちにも未知の世界にふれることができるお気に入りの1冊に出合ってほしいと考え、教師になった。

　本との出合い方は、さまざまである。子どもが本と出合うきっかけとして多いのは、「親や教師、友達から薦められた」であろう。自分で書架から本を選べる子もいれば、なかなか選べずに時間が過ぎてしまう子もいる。自分で選べるようにするためには、たくさんの本にふれ、自分の好みを探ることが大切だ。私は、読み聞かせやブックトーク、アニマシオン、リテラチャー・サークル、読書会などの読書活動を学校司書と協力して定期的に行うようにしている。

　例えば、低学年の担任の時は、1年間に100冊の本を読み聞かせる。子どもたちは、絵本を読んでもらうのが大好きだ。読んだことのある本でも、何回でも楽しめる。季節や行事に合った本、学習に関連した内容の本、週ごとにテーマを決めて1日1冊ずつ読むなどしている。読み聞かせた本を掲示しておくと、子どもたちは満足げに見つめ、今度は自分で読んでみようという子が出てくる。

　高学年であっても、読み聞かせは好きである。長編を少しずつ区切って読むこともある。あまり本を読みたがらない子であっても、よく聞き、感想をつぶやく。たくさんの本にふれるうちに、自分の好きな本を見つけて手に取るようになる。そして、友達と読んだ本の感想を共有したいと思うようにな

る。このような素地を養うことで、ビブリオバトルを行うための基盤ができる。

ミニビブリオバトルとは

　ビブリオバトルとは、本を紹介するコミュニケーションゲームだ。「人を通して本を知る。本を通して人を知る」をキャッチコピーに全国に広がっている。公式ルールでは、本を紹介する時間は55分間とされているが、授業内で時間を確保するのが難しく、慣れていないとそんなにたくさん話せない場合も多いため、小学校では3分間の「ミニビブリオバトル」から始めるといい。

【公式ルール】
①発表参加者が読んで面白いと思った本を持って集まる。
②順番に1人5分間で本を紹介する。
③それぞれの発表の後に、参加者全員でその発表に関するディスカッションを2〜3分間行う。
④全ての発表が終了した後に、「どの本が一番読みたくなったか？」を基準とした投票を参加者全員が1人1票で行い、最多票を集めた本をチャンプ本とする。

（「知的書評合戦ビブリオバトル公式サイト」より）

ミニビブリオバトルを授業の一環として行うために

　国語科には、どの学年にも読書に関する単元が組み込まれている。本を紹介する単元学習の中でミニビブリオバトルを実施するとよい。国語科の学習として行うために、単元の目標や評価規準をしっかりと考える必要がある。例えば、低学年であれば「読書に親しみ、いろいろな本があることを知ることができる」「文章を読んで感じたことやわかったことを共有することができる」などの目標が考えられる。高学年であれば、「日常的に読書に親しみ、読書が自分の考えを広げることに役立つことに気づいている」「文章を読んで理解したことにもとづいて、自分の考えをまとめている」などの目標が考えられる。

ミニビブリオバトル〜低学年での実践〜

　1年生でもミニビブリオバトルを行うことはできる。以前、実践した時には、プレゼンタイム（発表）を1分間と短くし、4人グループで行った。まずは、教師がモデルとなり、実際に子どもが行う形とまったく同じやり方、時間でやって見せる。そうすると、子どもたちは、真似をして自分の好きな本を1冊ずつ持って、友達に一生懸命にどんなところが好きか話す。2年生でミニビブリオバトルを実践した際は、クラスの三分の一が上記の体験をした子どもたちであった。本来であれば、事前に発表内容を書かず、ライブ感を楽しむものであるが、初めて挑戦するという子が多かったため、ワークシートを用意した。

　中には、自分がワークシートに書いた文章を覚えて話せる子もいたが、書いた文章を読みながら発表することも認め、まずは発表することに慣れ、自信を持たせることに重点を置いた。予選として3〜4人のグループで「チャンプ本」を「せーの！」で指さして決め、グループの「チャンプ本」となった本を今度はクラス全体で紹介し、最終的にクラスで1冊の「チャンプ本」を決めた。

　読書好きな子が紹介した本や、お話上手な子が選ばれるとも限らず、わくわくどきどきするゲーム性が相まって、活動を楽しんでいた。子どもたちからは、「また、やりたい！」という声が上がり、友達が紹介した本を手に取る姿が見られた。

ミニビブリオバトル〜高学年での実践〜

　6年生のビブリオバトルでも、担任と学校司書がモデルとなり手本を示した。また、「本の題名と作者、始め・中・終わり」が書ける簡単なメモ程度のワークシートを用意し事前準備の時間を取った。思春期に入り、他人にどう見られるかということにも意識が向く年頃である。本選びに時間がかかる子もいたが、その子の趣味や好きなことをもとに、本選びに助言をしたり、迷っている子の後押しをしたりして、全員がお気に入りの1冊を紹介することができた。

　基本的には、メモは見ず、紹介したい部分に付箋を貼って、時には本文を引

用しながら発表していた。高学年になると、ディスカッションタイムも時間が足りないくらい質問が上がる。「好きな場面は〇〇と言っていましたが、それについて詳しく教えてください」「登場人物の〇〇が好きと言っていましたが、どんなところが好きですか」など、発表者の話をよく聞いていることがわかる内容も多かった。ふだんはあまり会話をしない子ども同士であっても、本という共通の話題を通して話が弾み、楽しく質問や感想を話し合う姿が見られた。

おわりに

　ビブリオバトルは、「思考・判断・表現」の力をつけるのにとても適した活動である。入門期は、原稿を見ながらでもいいので、３分間話せるようにし、自信をつけることが大切である。授業を振り返った際に、子どもから「これを機に読んでみたいと思う本が見つかった」「どんな質問をしたら、発表者が話したいことを話せるか、聞いている人が知りたい情報を得られる

か考えた」などの声があり、子どもの思考を活性化させる活動と実感した。「ミニビブリオバトル」を行うことで、自分の選んだ本に関心が集まり、本をもっと好きになったり、同じ本を読んで感想を共有したりすることを楽しむ子どもが増える。子どもと本をつなぐためには本を紹介する機会が欠かせない。教師や学校司書からの紹介もよいが、学年が上がるにつれて、友達が薦める本を読みたくなることも多い。「ミニビブリオバトル」を行うことで自分が紹介した本への思い入れが高まるだけでなく、友達に紹介された本に対する関心も高まると考える。

　本との出合いの場を教師が意図的にたくさん設定することが大切である。多くの子どもたちが、お気に入りの１冊に出合うことを願う。

【参考文献】
国立教育政策研究所教育課程研究センター（2020）『指導と評価の一体化のための学習評価に関する参考資料小学校編国語』.

実現したい子どもの姿を明確にした授業づくり
～学習指導案の工夫と学習環境の整備を通して～

中央区立有馬小学校主幹教諭　湊屋　幸

　子どもたちの「主体的・対話的で深い学び」を実現するために、どのように授業を展開していくか。授業が終わった後、すぐに省察し、次に生かしていくためには、何が必要か。そもそも、子どもたちにとって「主体的な学び」「対話的な学び」「深い学び」とは、どのようなものなのか。教師一人一人がこのような思いを持ち、「子どもたちの学び」のために自分たちの日々の授業を見直し、改善を図った本校の取り組みを紹介していきたい。

研究の原点

　長年、本校は特別活動の学級活動について研究を重ねてきた。学級活動では、議題を設定し、自分の考えを持ち、友達との対話や交流を通して、合意形成や意思決定に至る。この一連の活動は、現行学習指導要領の目指す「主体的・対話的で深い学び」を具現化するものであると確認することができた。また、子どもたちが安心して考え

【各学級に配布される学級会グッズ】

を伝えたり、伝えた考えが認められたりするためには、学級の良好な人間関係を構築することが何よりも大事であることもわかった。

　これらの学級活動の研究実践をもとに「学び合い」や「伝え合い」を各教科・領域においても汎用化したいと考えた。学習過程の中に意図的に「学び合う」場面を設定し、一単位時間の授業の流れをＡ４一枚にまとめた指導案を作成し、「有馬スタイル」と呼ぶことにした。また、落ち着いた環境の中で学習したり、学級の良好な人間関係を構築したりするために、学習規律の徹底や教室環境の整備にも力を入れた。それらを総称し、「有馬スタンダード」と呼ぶことにした。この２つを両輪に「主体的・対話的で深い学び」の実現に向けた授業改善をする本校の研究が始まった。

有馬スタイル

　従来の指導案を見直し、本校独自に作成した指導案のことである。1ページ目には単元名、単元の目標、評価規準と単元計画、2ページ目以降は、一単位時間をA4一枚にまとめ、毎時間分の本時案を作成した。この「有馬スタイル」を活用することで、子どもや授業者自身が見通しをもって授業に取り組み、めあてに沿った振り返りを行うことができるようにした。ポイントは3つある。

【有馬スタイル一部抜粋】

（1）「学び合う」場面を意図的に設けた学習過程の明確化

　各教科・領域の学習過程を見直し、一単位時間の学習の流れを、「①つかむ、②考える、③学び合う、④まとめる、⑤振り返る」とした。特に、意図的に設定した「学び合う」場面を充実させるためには、必然性があり意欲が高まる学習課題を設定することとした。そして、自分の考えを持つためにタブレット端末を活用して情報収集をしたり、ノートに自分の考えを書いたりする十分な時間の確保を大切にした。また、学年に応じてペアやグループなど、人数構成を工夫し、自分と友達の考えの共通点や相違点を比較・検討する対話の場面を充実させ、自分の考えをさらに深め、広げていくことができるようにした。

（2）目指す児童像（有馬小9つのピクトグラム）からの授業デザイン

　「主体的・対話的で深い学び」の実現に向けた授業改善をするためには、単元や題材などのまとまりの中で、それぞれの学びが実現できた子どもの姿を具体的に想定する必要がある。また、それらの姿に結びつく手立てを検討し、実践していくことも重要であると考えた。そこで、独立行政法人教職員支援機構

次世代型教育推進センターの「主体的・対話的で深い学びの視点からの学習過程の質的改善により実現したい子供の姿」の19のピクトグラムを参考に、本校のキャラクター「ありまん」をモチーフにした9つのピクトグラムを作成し、具体的な子どもの姿を共通理解し、授業改善を進めていくことにした。

【有馬小の9つのピクトグラム】

（3）板書計画を含め、単元の見通しをもてる簡略化した学習指導案の形式

　「主体的な学び」「対話的な学び」「深い学び」が実現できた子どもの姿（有馬小の9つのピクトグラム）をもとに授業改善を図るために、日々の授業を省察し、改善点を次時の授業にスピード感をもって生かしていく必要がある。また、この3つの学びは、一単位時間の中で実現を図るものではなく、単元を通して満たしているか、それぞれの視点の内容と相互のバランスに配慮しながら学びの状況を把握し改善していくことも大切である。

　そこで、授業の展開がわかる板書計画を大切にし、学習課題（学習問題）の内容、本時のめあてなど、子どもの思考がどのように流れていくか、学習過程とともに関連させながら見ることができるような指導案の形式とした。

有馬スタンダード

　子どもたちが安心して学習に臨むため、確実に身につけるべき学習規律の一覧を作成した。また、良好な人間関係を築くことができるよう、学級の目標や学級のあゆみなど、掲示物を中心に教室環境の整備を行った。これらすべてを含め、「有馬スタンダード」とし、共通理解を図った。これは、「話し合い活動において、良好な人間関係があれば、よりよい話し合いができる。よりよい話

し合いができ、より深い学び合いができる」という考えが根底にあるからだ。

「学習の７つの約束」では、「先生や友達の話は最後まで聞く」「意見がある時は、手を挙げる」など、当たり前のことを

【学級のあゆみ】

当たり前にできるよう、教師も毎回意識して指導にあたった。子どもたちには、年２回のアンケートを実施し、学習規律の定着を図り、落ち着いた環境で学習に臨むことの心地良さを実感できるようにした。

「学級の目標」は、教室の前方に掲示し、「学級のあゆみ」については、各教室の壁いっぱいに掲示されている。特に「学級のあゆみ」は、一年間を通して継続して作成するため、子どもたちの表情の変化や学級への帰属意識が高まっていく様子を見ることができた。

おわりに

このように、「有馬スタイル」と「有馬スタンダード」の両輪で研究を進めてきた結果、落ち着いた環境のもと、子どもたちが自ら進んで取り組み、対話を通して、自分の考えを深めていく様子が多く見られるようになった。また、教師たちがよりよい授業を求め、

○学年間の学び合いや連携が活発になり、教材研究への意識が高まった。
○授業展開に視点をあてた指導案のため、活用が容易であり、改善点をすぐに次の授業に生かせた。
●「学び合う」場面をより充実させるため、ICT機器の活用も含め、今後も工夫が必要である。

互いに切磋琢磨する姿も見ることができた。

本校の教師たちと共に高め合い、学び合った時間は大変貴重なものとなった。今後も実現したい子どもの姿を明確にした授業づくりを大切にし、「子どもたちの学び」のために、自ら学び続ける教師でありたいと強く思う。

リストバンドでつなぐ対話的な学びとバスケットボール

東久留米市立第二小学校主幹教諭　神永　雅人

はじめに

　「運動って楽しいな」「またやりたいな」と子どもたちが実感できること。これは、私が体育学習を指導する上で最も大切にしていることである。子どもたちがこの実感を何度も得ることで「生涯にわたってスポーツ活動を楽しみながら健康の保持増進を図る」という生涯スポーツにつながっていく。

　学習指導要領に示された「主体的・対話的で深い学び」を体育科で実践することで、運動することの楽しさや喜びを味わうことができる。しかし、体育学習において「主体的・対話的で深い学び」を実現することに難しさを感じている方も少なくないのではないか。それは、国語や学活のように話し合い活動を行うことで学習が成立する教科と異なり、運動することが活動の大部分を占めるからであろう。

　私自身も、話し合い活動に時間を割くより、技能面を重点的に指導することで、運動の楽しさを味わえる子どもが増えていくと考えた時期があった。しかしそれでは、技能向上までの試行錯誤を自分で行えず、教えられたことを実行しているだけになってしまう。たとえ、技能が向上したとしても、運動することの楽しさを十分に味わっているとは言えない。子ども自らが技能向上のため、友達と意見を出し合い、課題を解決することができたら、運動の楽しさを味わえるのではないだろうか。

　そこで、対話的な活動を取り入れながら、子ども一人一人が主体的に運動することをテーマに取り組んだ研究について紹介する。なかでも、主体的・対話的な活動を行う上で有効であったルーブリック資料、リストバンドの活用について詳しく述べていく。

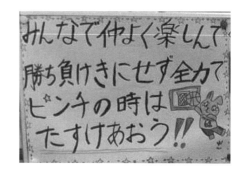

研究の概要

　「一人一人の子どもが自ら深い学びを実現していく体育学習」を研究主題に
６年生のボール運動ゴール型「バスケットボール」の研究授業を行った。

1　深い学びへのプロセス

　本研究では深い学びの実現のために、子どもの学びのプロセスに着目した。
どんな学びのプロセスを経て、子どもたちは変容していくのかとらえることで、
その段階に応じた手立てを講じることができると考えたからである。「深い学び」
の姿を、以下の通りと想定した。

①バスケットボールの行い方や仕組み
　がわかる

②自らの課題を見つける

③解決に向けて試行錯誤する

④伸びを実感したり、新たな課題を発
　見したりすることができる。

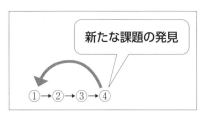

　この①～④の段階を１サイクルとして、子どもたちが主体的・対話的にこの
サイクルをくり返し学ぶことで「深い学び」を実現できると考えた。

2　ルーブリック資料の活用

　子どもたち一人一人が自分の課題をとらえて、解決に向けて試行錯誤できる
ようにするための手立てとしてルーブリック資料を活用した。本来のルーブ
リックとは、学習の達成度を表にして測定する評価方法のことを指す。しかし、
本研究で定義するルーブリック資料は、それぞれの技能ポイントを段階で示し

た資料である。子どもはこの資料をもとに、自分
の達成状況を見極め、自ら課題を設定することが
できる。具体的には、バスケットボールに必要な
シュート・パス・ドリブルという３つの技能につ
いてルーブリック資料を提示し、自分の課題を選
べるようにした。これにより、シュート・パス・
ドリブルについての段階的なポイントがわかり、
子どもたち自らが主体的に課題設定をすることが
できるようになった。

○シュートを打つことはできたから、次は得点できるようにボードに当ててシュートしてみよう。

○ボードに当てることはできたから、次はシュートの入りやすいななめ45度からシュートすることを課題にしよう。

3　リストバンドの活用

　ルーブリック資料により、子どもたち一人一人が自ら技能ポイントを選び、課題として設定することができた。選んだ技能ポイントに応じて色分けされたリストバンドを身につけて学習を進めた。本単元では、黄色はシュートの課題、緑はパスの課題、青はドリブルの課題とした。このリストバンドを着けて学習を進めることで、同じチームの友達がどの技能ポイントを課題としているのかがお互いに一目でわかるようになった。そのおかげで、ゲーム間の作戦タイムや振り返りの時間にそれぞれの課題としている技能に合わせたアドバイスをする子どもの姿が多く見られた。

【パスの課題（緑色）に対するアドバイス】

　「前半、たくさんパスを回してくれていたけど、後半はもうちょっと走っている味方の前にパスを出してみてよ」

　「もっとパスがもらえるように、味方がボールを持ったら相手コートの方に走りこんでみて」

【シュートの課題（黄色）に対するアドバイス】

　「たくさんシュートは打てているから、ボードの枠をねらって打つといいよ」

　「シュートが入りやすい位置から打てるように、ななめ45度の位置でボールをもらえるように走ってみて」

【ドリブルの課題（青色）に対するアドバイス】

　「ボールを持ったら、ドリブルしながら周りを見てチャンスを作ってみて」

　「味方が走り、上がってくるまでドリブルでボールをキープして」

　このように、リストバンドを身につけ、子ども同士が課題を理解しながらゲームを進めることで、活発な意見交流ができて各自の技能の向上にもつながっ

た。自分たちでアドバイスし合い、学習を進める姿はまさに、主体的・対話的な学びであった。アドバイスをヒントにして活動する中で、課題を解決する場面も多く見られ、次への課題設定につながった。

おわりに

　ルーブリック資料、リストバンドという手立てを実践したことで主体的・対話的に学習を進める子どもたちの様子が見られた。

　教師の工夫で、対話を取り入れた体育学習が実現し、子どもたちが運動の楽しさを実感することにつながった。

　「運動って楽しいな」「またやりたいな」と子どもたちが実感することは「生涯にわたってスポーツ活動を楽しみながら健康の保持増進を図る」生涯スポーツにつながる。小学校でもそのための手立てを模索し、実践することを通して、子どもたちの健やかな成長につなげていけるようになることを願っている。

学級通信を核とした学級経営

大田区立都南小学校主幹教諭　神前　珠美

私が学級通信を発行し続ける理由

　教師の多忙な勤務実態が取り沙汰されている現在、多岐に渡る業務に日々追われながらも私が学級通信を発行し続ける理由は、主に以下の5点である。

①日々の学習指導や生活指導を即座に振り返り、記録できる。
②子どもの活動の様子を、写真や感想とともに保護者に伝えることができる。
③家庭での話題作りに役立つ。
④保護者との信頼関係が醸成され、トラブル等の未然防止につながる。
⑤学習活動のねらいを教師、子ども、保護者で共通理解し、子どもの姿を紙面上で価値づけることができる。

　多少の手間と時間がかかっても「学級通信を発行するよさ」があるからこそ、教師として新規採用されてから10年間、学級通信を書き続けてきた。特に④については、日頃から学級通信を発行し、学習活動のねらいや学級の実態、学習指導や生活指導に関する担任の思いや願いを伝え続けることで、保護者との信頼関係が少しずつ積み重ねられていくのではないかと考えている。

　そうして醸成されていく信頼関係の中で、トラブル対応に割く時間が減り、業務改善につながることも期待している。また、最近は⑤の重要性を強く実感するようになった。その学習活動におけるねらいや、学習を通して身についた力を明文化することで、自らの指導に責任を持とうとする意識がより高まったと感じている。

学級通信を出したいけれど、出せない…

　周囲の教師の中から「学級通信をたくさん出していてすごいね。」「私にはちょっと無理です。」と言われることがある。

いずれの言葉にも言外に「出したいけれど、出せない。」「出せるものなら、自分も出したい。」という思いを感じることがある。私が学級通信を継続して作成するために意識しているポイントは以下の３点である。

①紙面を素早く埋めるため、写真を多く掲載すること。
②定期的に行われる学習活動を取り入れ、ルーティン化すること。
③他の教職員、外部講師等が関わった学習の様子を積極的に掲載すること。

これらのポイントをもとに小学校第４学年を担任した2022年10月に発行した学級通信のテーマを一覧にまとめた。

日	月	火	水	木	金	土
						1
2	3 道徳 理科「月と星」	4 運動会	5 学芸会練習 音読	6	7 国語「慣用句」 読書の秋	8
9	10	11 図工「くぎうちトントン」 国語「ごんぎつね」学習感想	12	13	14 書写「原」 学年力UPプロジェクト	15
16	17 ３，４年合同遠足の準備 秋の俳句	18 JAXA出前授業 保健「思春期の体の成長」	19	20 図書 テスト返却	21	22
23	24 遠足	25 全校朝会での校長先生の話 読書の秋	26	27 ミュージカル体験教室 日直スピーチ	28 保健「思春期の体の成長」	29
30	31 図書 すごろく作り	11月1日	2 朝の読み聞かせ 学芸会練習	3	4 図工「くぎうちトントン」 図書	

16枚の学級通信の多くが、①写真を撮影できるもの②定期的な活動としてル

ーティン化しているもの③他の教職員や外部講師等が関わったものである。

・図画工作科の学習（毎週）　　　　　・理科の学習（不定期）
・書写の学習（不定期）　　　　　　　・図書の学習（毎週）
・読み聞かせサークルによる朝の読み聞かせ（毎週）
・その日までに返却したテストの一覧（不定期）
・日直のスピーチテーマ（毎月）

なお、ルーティン化しているテーマには次のようなものが挙げられる。

「マイルール」を決める

　学級通信を継続して発行し続けるために、さらに必要なことは「マイルール」を決めることである。私の場合は、以下の通りである。

---

①Ａ４判１枚を作成するための時間は20分以内に収めること。
②第１号の学級通信で、「発行は不定期であること」を伝えること。
③「発行しなければならないものではない」と割り切り、忙しい時は無理をしないこと。
④「読んでもらえたら嬉しい」という気持ちを忘れないこと。

　学級通信を作成することに多くの時間を費やし、日頃の学習指導や生活指導が疎かになっては本末転倒である。１枚の学級通信を作成するために自分が必要とする時間やエネルギーを見極め、「自分が楽になるためのマイルール」を作成している。

ある日の「おたまじゃくし」

　学級通信のタイトルは、子どもから案を募って決める場合、流行のものに乗じる場合、学校経営の方針を反映する場合など、さまざまである。題字のデザインを子どもに描かせることも一つのアイディアである。私は産休代替教員時代にお世話になった先

輩教師が発行していた学級通信のタイトル「おたまじゃくし」に心惹かれ、それからずっとこのタイトルを使い続けている。暖かい春の日にぐんぐん成長するおたまじゃくしの様子と、学級で力を伸ばす子どもたちの様子が相まった、前向きで明るいイメージが気に入っている。また、毎年同じタイトルにすることで、兄弟がいる家庭に意識が浸透しやすくなったり、自らも愛着が湧いたりするメリットを感じている。「先生、毎年『おたまじゃくし』ですね。」「いつカエルになるのですか。」「退職する時ですかね。」というやり取りもあった。

　左の写真は、社会科「わたしたちのくらしとごみ」の第1時において学習問題をたてた板書の写真を掲載した号である。学校公開だけでは伝えられない授業の様子を明確に伝えることができるとともに、教師側の「見られている意識」が高まり、よりよい授業づくりの動機付けにもなる。

　他にも、早寝早起き朝ごはん週間や歯みがきカレンダー、家庭読書など、家庭に協力を依頼した取り組みの場合は、協力への感謝を込めて学級通信を発行するようにしている。

おわりに

　学級通信を軸とした学級経営がある程度軌道に乗るまでは、5年ほどの時間を要した。途中まで作成したが書き切れずに破棄したり、モチベーションが下がって数週間発行しなかったりした時もあった。それでも続けることで自分なりのペースや方法をつかみ、今では私の教師生活になくてはならないものとなっている。今後も、学級通信を軸としたよりよい学級経営を実践していきたい。

読む楽しさと詠む楽しさを味わわせる短歌教育

練馬区立旭丘小学校主幹教諭　吉田　光男

はじめに

2019年から佐佐木頼綱氏（短歌結社「心の花」所属、NHK短歌講師等）と小学6年生に向けて、短歌の授業を行っている。

授業の目標は、「短歌を読む楽しさと詠む楽しさを味わわせる」ことである。2021年の取り組みについて紹介しよう。

第1時「短歌を読む楽しさ」を味わわせる

先ず、頼綱氏に小学生に読み味わわせたい短歌を古典から現代までの短歌、そして、これまでに頼綱氏が審査してきた小学生の詠んだ歌から三十首を提示してもらった。その中から、私が14首を選び、以下のようなワークシートを作成した。

事前に、6年生にワークシートを記入させ、第1時を迎えた。

頼綱氏の自己紹介の後、6年生一人一人が、自分の一番好きな歌を読み上げ、その感想を発表した。私は、黒板に貼ったワークシートの拡大コピーに「正」の字を書き入れていった。

子どもたちが選んだ歌の第1位は、12人が選んだ「パチパチと小さな夏がはじけてく残りひとつの線香花火」だ。小学6年生の女の子が作った歌だ。

理由は、「『小さな夏』からいろいろな夏の思い出が浮かんできた」「『残りひとつ』から残りわずかな夏を連想した」「コロナ禍でさまざまなイベントがな

短歌を楽しもう！　六年　番　名前

次の十四首の短歌を読んで、一番好きな歌を選び、その理由を書きましょう（くわしく書いてみましょう）

一　算数でスラスラすらっとわかっちゃって嬉しかった学び踊ってる

二　希望とか呼ばれる鳥めのものだろうそのペダルを踏めば羽を打つ風

三　不来方のお城の草に寝ころびて空に吸はれし十五の心

（不来方〈こずかた〉は、現在の岩手県盛岡市）

四　白鳥はかなしからずや空の青海のあをにも染まずただよふ

五　一度だけ本当の告白あり今して商天の繰香花火

六　パチパチと小さな夏がはじけてく残りひとつの繰香花火

七　ぼくの先生川もダメって言うけれど浅くて深い山々

八　流れ出たところで止まるオルゴールまんなさえなよなら言えないのに

九　剣にほんいつも同じメニューでもなぜか美味しい夏休みの味

十　止まりたいところで止まれずあなたは風もまた私急流エピになる

十一　押し花のキーホルダーはじまって一つの繰香花火

十二　友だちが百人できて楽しいよ先生ちゃんと教えてください

十三　春風つきのタベの空に恋と風だけほのかたよる傷の切りか

十四　言葉のうまさが伝わる

一番好きな歌

理由

くなり、『残りひとつの線香花火』という表現が心に響いた」等であった。

第2位は、3人ずつが選んだ「朝ごはんいつもと同じメニューでもなぜか美味しい夏休みの味」と「止まりたいところで止まるオルゴールそんなさよなら言えたらいいのに」だ。前者は小学4年生の作。後者は2009年に90歳で亡くなられた歌人杉崎恒夫氏の歌である。

「朝ごはん」の歌を選んだ理由は、「いつもの生活の中のちょっとした喜びを表現できている」「一番納得できた」などであった。

「オルゴール」の歌を選んだ理由は、「とても悲しいさよならなんだろうなと思った」「オルゴールが時間の流れと関係しているような気がした」などであった。

子どもたちの発表の後、頼綱氏が一つ一つの歌のよさや面白さについて解説し、第1時は終わった。

第2時 「短歌を詠む楽しさ」を味わわせる

休み時間の後、以下のようなワークシートを配布し、第2時は始まった。ワークシートは、頼綱氏の考えを基に、私が小学6年生の実態を考慮しわかりやすくまとめたものだ。

活用方法は、まず、1番で、歌に詠んでみたい最近起こった一番心に残ったことを書いてもらう。2番で上の句になりそうな言葉を探していく。①その時何をしていたのか？②それはどんな時だったのか？　③それはど

んな場所だったのか？　④その時の天気は？　⑤その時の自分の服装は？　⑥その時の自分の動きは？を文字で表していく。

そして、下の句。（1）でその時の自分の思いを書く。そして、（2）でその思いをどうやって工夫して表現するのかを考えていくのである。

このワークシートのポイントは、必ずしも全てを埋めなくてもよいことである。歌ができそうだと思ったら、3番の歌作りに取り組むことができる。

頼綱氏と私は、一人一人と対話しながら、相談に乗ったりアドバイスをしたりして、その子が詠みたい歌の完成の手伝いをした。

一例をあげてみよう。ある女の子は、春高バレーをテレビで観てドキドキしたことを歌にしようとしていた。上の句づくりで、彼女が引っかかった言葉は⑥の自分の動きの「前のめり」だった。そして、下の句づくりを考える中で、「自分も春高バレーに出たいという思い」をスパイクがアニメのようだったに行きついた。

歌を作るに当たって、彼女は、自分が集めた言葉を並べてみた。

「カッコイイ　あこがれ　画面ごし　自分もやりたい　派手な音　光る汗　こぼれる笑顔　いつか観たアニメ　体が自然と前のめり」

そして、出来上がった歌が

「いつか観たアニメのようなスパイクに体が自然と前のめりになる」である。

第3時「クラス歌会を開こう！」

2週間後、クラス歌会を行った。もちろん、第2時に歌が完成しなかった子どもも数名いた。その子たちは、ワークシートを挟んで私との対話をくり返しながら全員が短歌を作り上げた。

これも事前に以下の

ようなワークシートにまとめ全員に記入させた。

　今回も最後まで作者や結果がわからない形式で歌会を行った。一人一人が自分の選んだ2首を発表し、私は拡大コピーにそれを記録する。そして、自分が一番よいと思った歌を読み上げ、その感想を発表した。

　第1位は、8票を集めた「大晦日家族みんなが意気込む日リモコンバトルに飛び込む私」。選ばれた理由は、「大晦日のリモコンバトルはとても共感できた」「家族全員でリモコンを取り合う場面が目に浮かんだ」などだった。

　第2位は6票ずつを集めた「窓の外冷たい雨が降ってきてガラスにしたたる心の涙」と「ブランコで陽に届くよう泳いでく桜の花と光に沿って」である。

　「心の涙」の歌が選ばれた理由は、「窓伝わって落ちる雨を涙としたのがすごい」「自分の悲しい気持ちが表現されている」などだった。

　「ブランコ」の歌が選ばれた理由は、「はっきりと風景が思い浮かぶから」「オシャレ‼」などだった。

　全員の発表が終わった後、頼綱氏が子どもたちの歌一つ一つのよさを解説してくれた。そして、頼綱氏が用意してくれた賞状の授与式を行った。この時点で誰が作ったのかを知らなかった子どもたちから、各賞授与ごとに大きなどよめきが上がったのは言うまでもない。

　授業後の子どもたちの感想の中から。「ふだんなら言えないことが言えて、とても楽しかった」「たった3時間だけでこんなに上達できるとわかり、もっともっと学びたくなった」「誰の短歌かわからないからこそ歌会が楽しかった」「今まで見たことのないような友達の一面を短歌を通して知ることができた」など。

　最後に、私が「心の花」群黎賞を受賞した連作を掲げておく。学校の一場面を切り取った連作なので、共感できる部分もあるのではないだろうか。

　まずは、教師が読む楽しさを味わい、自分でも詠んでみようと思ってくださる方が一人でも増えれば嬉しく思う。

倒された渡状態が天の川銀河を模して流れていきぬ

「せんせぇ」と猫に上りし桜子をそっと下して避けるセクハラ

ママが捨てちゃったんだと音読のカード「聞いてあげて」なんて書こうから

光に絶えたメダカの水槽洗いつつ「次は何か」と子らは嬉しい

赤黒き徳に右足を巣が折れて「指切りしたの」と照す少年

分かってなくても気づかない振りをして「指切りしげ」のサクマドロップス

幸せになるための誓い指切りは噛みつくられた少年の爪

鍵陀多のように眠る子どもがしがみつくタオルケットで遊ぶブーさん

目を開けて眠る子が泣きすがられるを持つ保健室

突っ伏して眠る子どもあめ五センチ上から開かる

耐費の刺交いえる教室の窓は五センチ下とおんなし黒子

「暴力は駄目だ」と論せば少年の瞳に嘘つき一匹垂れる

一本に束花葉墓根をつけたアブラナを性的の教材とする

コンパスが上手く使えぬ少年が刺す針穴も過ぎなる円

ひとつずつ感じました花弁が飛び立つ角度に聞く daisy

Daisy

星野さいとる

練馬区学校教育支援センター光が丘第一分室つむぎ非常勤(元主幹教諭)　堤 緑

第一分室つむぎ

　つむぎは、勤務区の適応指導教室の一つである。区には他に小集団で学習する小学生と中学生対象の適応指導教室がある。この教室は、適応指導教室の小集団でもなじめない子どもたちを支援している。原則1対1の個別指導、週1時間、1年在籍であるが、子どもの様子を見て決めていく。学習内容は子どもが成功体験を積み重ね、自己肯定感につながるようなことが基本であり、子どもと相談して決める。教科指導だけとは限らない。

　ここは、学校も小集団教室も行けない子どもたちにとって、引きこもりを防ぐための場所でもある。保護者は、せめて週に1時間でも外に出て家族以外の人と接して欲しい、できれば勉強も見てほしいという切実な願いを持って来室される。

不登校の原因

　不登校になった原因は一つではないが、学習についていけない不安を持っている子どもが多い。丁寧にと言われたので、ノートがすり切れるほど書き直して疲れてしまった。かけ算九九を一段ずつなら言えるのに、全段を順にまとめて言えないので丸がもらえず嫌になった。黒板を写すのが遅いから授業もわからなくなった。間違いをみんなの前で叱られてその勉強が嫌いになった。このように、さまざまな困りごとが積み重なって完全に不登校になってしまうケースが多い。

　また、困ったことがあっても言語化できないために、乱暴な行動に出たり、ぼんやりしたりする子どもがいる。どちらも、教師や保護者、周囲の子どもたちからの注意や叱責の対象となり、さらに自信をなくして不登校になっている。

実際のケース

【中学3年　学習障害LD　読みの特異的発達障害】

　区の小集団適応指導教室在籍中であるが、読みの障害に特化した個別指導を希望された。その指導経過は高校受験時の配慮申請に有効な資料となる。

- 入室時：音読速度が遅く、読み間違いや行探しをして一瞬止まってしまう。
- 目標：読み間違いをなくす。行飛ばしをせずに文章が読める。
- 指導内容：医療機関の検査から視覚機能、特に眼球の動きに原因があった。①対象物を目で追っていく力（追従性眼球運動：黒板の字を写すのに時間がかかる）、②対象から離れている対象へ一瞬でジャンプして見る力（跳躍性眼球運動：教科書を読んでも字や行を飛ばして読んでしまう）、③両目の連携（両眼視機能：視界のピントが合わないのでぼやけて見えてしまい目の疲労がたまる、漢字等の複雑な図形の識別が困難である）という課題があった。

　以上の状態を改善するための、眼球をスムーズに動かすトレーニングプログラム（ビジョントレーニングという）と並行して、視写・音読の練習をした。

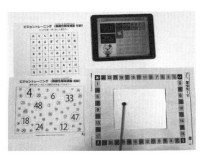

　33回ほどの来室で、音読の速度があがり読み間違いが減ってきた。頭を動かさず眼球の動きだけで、左（右利きの場合）に置いた手本と手元のノートを左右交互に見て文章を写す（視写）の速度が上がってきた。

不登校児童・生徒の支援にかかわって

　つむぎの子どもたちに初めて会った時、不登校であることは悪いことであり、学校に行けなくて親に申し訳ないと全員が思っていることに大変驚いた。

　つむぎの児童・生徒の多くが発達の特性を持っている。感覚過敏、視聴覚の優位性、こだわりなど周囲の大人が知っているか否かは大きい。周囲の大人が気づいて関係機関につなげていたら、子どもはもっと早く楽になれたかもしれないというケースも見てきた。どの子どもも自分に適した生き方を見つけ、自信を持って生きていけるようにと強く願いながら支援をしている。

教師は演出家であり　女優であれ！

練馬区立光が丘夏の雲小学校教諭(元主任教諭)　八重樫 祐子

女優になることが夢だった

　高校生の頃、通学途中の電車から見えるある劇団の建物が気になっていた。演劇が好きでいつか自分も女優として舞台に立ってみたいという夢があったからである。その夢を諦めたわけではなかったが、子ども好きな私の姿を見て、母からも友達からも教師になったらどうかという勧めもあり、教師の道に進むことにした。

　それから40数年の歳月が流れた。毎年担任をする学級の子どもたちの成長を願って指導をしてきた。そのなかで、特に子どもに、これはわかってほしい、気づいてほしいという大事なことについては、ただ話をするのではなく、念入りに教師の話の計画を立てた。劇の台本のような流れを考え、そこで伝えたい内容を、どのような言い方で、どのような表現で、どのような表情で伝えるかを考えるのである。

　まるで役者として演じるかのようである。女優になることが夢だった自分が、舞台は舞台でも、学校という大きな舞台で、ある意味女優のような役割を演じてきたと言える。演出家になったつもりで話の流れを考え、そして女優になったつもりで、子どもたちの前に立って、指導をしてきたことについて記したいと思う。

学級経営での演出

　子どもたちは、一人一人、性格も家庭環境も異なる。何か事情をかかえている子に対しては、他の子と同じような指導ができないことがある。このような時、学級担任として、あの子に対してだけひいきしている、先生は不公平だと思われないような指導方法を考える。

　そこで一般的な事例として子どもたちに話をして、「このような時に、みん

なだったらどうする？」と子どもたちに投げかけてみる。子どもたちからの反応をいつもよりも敏感に受け止める表情をしたり、話し方をしたりして、さながら女優のように演じるかのごとく、さらに子どもたちの考えや思いを引き出すようにしてきた。

（1）宿題をやってこない子

　宿題を毎日忘れる子がいた。学校での学習を定着させるために必要なことである。宿題をよく忘れる子には帰宅してからの自らの過ごし方について考えを改める指導を行っていた。

　しかしＡ児の場合は他の子とは事情が違っていた。両親が居酒屋を営んでいて、低学年の時から、下校後すぐに店の手伝いに行っていたのである。まだ小さいうちから居酒屋で、店で親の手伝いをして、帰りは夜10時を過ぎる。これが毎日である。とてもではないが宿題をやる暇もなく、そのまま寝てしまう生活であった。

　このような事例を挙げると、学級の子どもたちは同情的であった。

　「そういう子がいたら、俺達が宿題を見てやるよ」「それなら宿題をやってこられなくても仕方ないよ」「自分たちも店の手伝いに行ってあげたいよ」という声があがり、Ａ児はほっとしたような表情を見せる。周りの友達は温かかった。思いやりを持って、決して他人事にはならず、自分たちが関わることのできることを考えたのである。

（2）持ち物がそろわない子

　Ｂ児は母子家庭で育った。母親は外国籍であり、アルコール中毒となっていた。お酒を飲み、毎日のように暴れ、家の中はガラスが飛び散り、母親も子どもも怪我が絶えない状況であった。このような家庭環境では、翌日用意してくる物を黒板に書き、連絡帳に写させたにしても、それを準備することができない。お弁当がいる時は、コンビニで買ってきたものを詰め替えて来たが、小さな子の努力だけでは限界がある。

　しかし、Ｂ児は家庭での様子を学校に来ても話すことがなかった。いつも何事もなかったようにしていて、健気な態度であった。持ち物がそろわない、あ

るいは、前日に教師が話をした物を用意できない子の中には、B児のように家庭環境がその理由となる子もいるのである。

　「その子はこれまで頑張って来たんだね。すごいね」「ぼくなんか親がやってくれないと何もできないけれど、その子は自分でできるだけやろうとしているんだから、えらいよ」こんな反応が返ってきた。友達の温かなものの見方に、B児は安堵した顔つきになった。

（3）移動教室に行けない子

　C児は義眼であった。そのため眠る時は目を開けたままである。家にいる時はいいが、問題は宿泊行事の移動教室である。周りの友達を怖がらせてしまう、そんな思いから移動教室に行きたい気持ちは強いが、行くのをためらっていた。

　このような事例を子どもたちに話すと、「そんなことで移動教室に行けなくなるなんてかわいそうだよ。」「そんな時は、俺たちがそっと眠らせてやるよ。大丈夫だよ」と優しい言葉が子どもたちの間から出てきた。C児は安心したようであった。笑顔で友達の話を聞いていた。

　いろいろな家庭環境の子どもがいる。どの子もみな同じ状況ではない。しかし具体的に学級の子どもたちの名前を出して話をするわけにはいかない。そこで一般例として子どもたちに伝え、こんな時、みんなならどうするかを常に考えさせてきた。その時には綿密な話の流れが大事となる。

　そこで劇の台本を作るかのように、教師と子どもとのやり取りの流れを考える。そして子どもたちの話に大きく反応をして、また子どもたちに問い返す。最後には教師としてみんなに伝えたいことをしっかりと話をしてきた。

　みんなと同じように叱られない子がいる、そんなことに気がついた時は、何か特別な事情があるのだということを想像してほしいのである。丁寧な話の流れと教師の表情、言葉の出し方で、その思いは必ず子どもたちに伝わる。

信じ合い	教え合い
(愛) いっぱい	
笑い合い　支え合い	助け合い

　そして学級が愛いっぱいになる。(支え合い・教え合い・助け合い・信じ合い・笑い合い) 教師が愛を持ち真剣に全力でぶつかっていけば、子どもたちは、絶対にわかってくれるはずだと信じている。

　友達の温かな言葉を聞いて、A児もB児も学級のみんなが理解してくれると思って安心し、C児は楽しく思い出多い移動教室を体験できたのである。

授業での演出

　国語科の「ちいちゃんのかげおくり」「一つの花」などの戦争教材では、東京大空襲で両親、姉、弟を一度に亡くした母の体験談をもとに指導計画(台本作り) を立てて授業を展開してきた。戦争の悲惨さやその時の人々の気持ちがよく伝わるような声で、表情で、と考えて演じたのである。

　SMAPの「Triangle」という歌から平和教育を指導したこともある。戦争で戦う人々の姿を表現し、戦争とは何かを訴える強いメッセージが込められていると思い、この歌詞を見ながら歌を聞き、歌詞のどの部分が心に響いたかを発表させ、平和への思いを育てていった。これもまた授業での演出と女優のような演技をしての指導が、子どもたちの心に深く印象に残った。

おわりに

　子どもたちに話す時には、演出家のように台本作りと演出を考え、そして臨場感溢れるよう、生き生きとした表情と声で、豊かな表現力で伝えることを大切にしてきた。子どもたちからの信頼を胸に、かつて夢であった女優が、今、天性の仕事として教師の私の中に存在している。

音楽療法的音楽教育の試み
～リコーダーを通しての発達障害児への指導～

東久留米市立第五小学校音楽講師(元主任教諭)　山川 寛子

　音楽療法とは、音楽を手段とし音楽の持つ特性を活用するプログラムを通してリハビリテーションを行うことである。私はある本でこの「音楽療法」という言葉に出合った。演奏する、楽しむ、心が癒され豊かになるということだけではない全く違う音楽の効用を知り、衝撃を受け、日本音楽療法学会に入会して認定制度必修講習を受講し、音楽療法士の資格を取った。

　学校で対象の子どもに音楽療法の手法で関わっていくには、その子どもを計画的、継続的に見ていくことが肝心である。音楽教育との大きな違いは、技能の習得や知識の理解が目標ではなく、心や行動についての困り感を少しでも軽減しようとする事をめあてとする点である。対象の子どもについて行動の傾向や性格、他の子どもとの関係性など生活全般をよく見取りながら、その子どもに合った指導計画を考える。自閉的傾向があり、集団活動ができなかった男児Aについては、次のような指導を行った。

　4年生の時のA児は、音楽の授業では自席にいられなかった。好きな地図に没頭したり、急に大声をあげるような行動が見られ、日常でも他の子どもたちと関わりにくかった。ただ歌う事が好きで、落ち着いている時は気持ちよさそうに大きく口を開けて歌うことができた。A児の変容は歌がきっかけになると考えたので、授業中に手をつないで輪になって歌うなど、自然に交流を図りながら歌える場面を多く設け、みんなの前で歌わせたりほめたりすることを続けた。A児の自分勝手な振る舞いは、周囲の子どもたちの迷惑になる限度までは、注意せずに見守るようにした。1年間は、A児をよく観察しながら音楽室へ少しでも来たくなるように仕向けつつ私との信頼関係を築くという準備期間となる。

　リコーダーの指使いが適切にできなかったA児は、5年生になるとさらに上

手く吹けずに苛立ちを見せ、息のコントロールもできなくて甲高く吹き鳴らすことが多かった。その苛立ちや態度は、正しく演奏したい気持ちの裏返しの表現だと思い、高学年で体験する音楽発表会を軸に２年がかりの指導計画を立てた。目標は、自分が決めた楽器の取り組みをあきらめずに継続すること（５年時）、学年合奏という集団活動に楽しんで自ら参加すること（６年時）とした。

【音楽療法的指導とは】
・対象児童を多角的に見取る
・目標を決める
・方法を決める〈いつ・どこで・どんな音楽を・どのように使って〉
・実践する（考察）

　音楽療法ではこの目標の設定を、対象者をよく理解した上で適切な内容で決める事が重要になってくる。そして次に、いつ、どこで、どんな音楽を使って、どのような指導にするかと具体的な方法を考えて目標に迫る手立てとしていく。

　５年生の発表会では鍵盤ハーモニカとツリーチャイムを担当する事になり、放課後や始業前に音楽室で個別指導をし、自分で楽譜を見ながら演奏できるようになった。演奏への集中力が次第に増し、達成感を得るとともに授業中落ち着いていられる時間が増えてきた。みんなと合わせる楽器演奏の楽しさが味わえたのか、６年生ではＡ児は自分でリコーダーの上達を目標においた。

　10月の音楽交流会ではゆっくりと１音１音リコーダーの穴を押さえて吹くことができるようになった。送る会に向けての合奏のために、さらに個別指導を重ねた。複雑な指使いも増えて、練習した時に覚えても次回はうまくいかないことのくり返しだったが、ほめることを続けて、意欲が継続するようにした。徐々にしっかりと指使いができるようになり、タンギングも上達していった。自動伴奏に合わせて練習すると喜んで行い、最後には早いテンポで正確に演奏できるようになり、学年合奏に進んで楽しみながら参加することができた。

　集団活動ができなかった子どもに、ふだんの音楽授業での指導とは違い、見取りと分析、計画を組み立て細やかに関わっていく音楽療法的指導を行ったのである、その結果、自分の意志をもって目的を達成し、学年合奏という集団活動を楽しむまでにＡ児は変わった。音楽の力で子どもは変わることができる。これからも、このゆっくり、じっくり、個別に、子どもに向き合う音楽療法の良さを生かした指導を実践していきたいと考えている。

わくわく、発見がいっぱい！みんなで学ぶ漢字学習

練馬区立光が丘夏の雲小学校講師（元主任教諭）　松木 和江

　子どもたちに漢字学習が好きかと問うと、好きな子が多くいる一方で、次々に新しい漢字が出てきて覚えきれないから嫌いと言う子も少なくない。そこで、子どもたちが漢字に興味をもち、意欲的に学べるような指導の工夫を紹介する。

大昔の漢字、発見！

　甲骨文字の写真を見せながら、100年ほど前の中国で、動物の骨に古代の漢字のようなものが刻まれているのが発見されたことを話す。この文字の解読がきっかけで、漢字は今から3300年も前に生まれたことがわかった。「もしかしたらみんなも読めそうな文字があるかな」と、カードに書いた甲骨文字でクイズをする。ここでは、古代の象形文字の面白さを感じさせたい。

漢字はどうやって作ったのだろう？

　人からできた漢字、動物からできた漢字、自然からできた漢字など、テーマごとにカードで成り立ちを学び、たくさんの漢字がつながっている素晴らしさを伝える。横向きに立つ人の並び方の違いだけで、次々と漢字ができていき、逆さまになった人は死んだ人を表し、「化ける」となる。「死」の漢字にも逆さまの人が入っていることに気づく

子どももいる。手足を広げた人が前向きに立った形からもたくさんの漢字ができていった。そこから、古代の人々がどのように考えて漢字を作ったのかが見えてくる。

日本人も頑張って文字を作ったよ

　中国から漢字を学んだだけでなく、そこから片仮名、平仮名、国字を作った日本人の知恵も伝えていきたい。国字は、関連する文字を並べると、作った時の考え方が伝わってきて面白い。日本人の感性の素晴らしさにもふれることができる。

漢字辞典で謎をとこう

　系統立てた指導の時間が取れなくても、日常的な新出漢字指導の時間を活用できる。今日の指導ポイントを一つ決めておいたり、子どもから出てきた疑問を一緒に解決したりする。その時は、みんなで想像をして楽しんだ後に漢字辞典を開いて楽しみたい。いくつか例を挙げる。

- 「右」と「左」はどうして書き順が違うの？
- 「強」と「弱」を比べると、「弱」は弓が二つあるのに弱いのはどうして？
- 「にすい」と「さんずい」や「衣へん」と「しめすへん」は何が違うの？

　漢字の成り立ちや歴史を知り、漢字学習が楽しくなると、自主的に漢字辞典を開いて学びたくなる。漢字を覚えるためには、日々の練習を丁寧に行うことも大切だが、一字一字をばらばらに機械的に覚えようとするのではなく、漢字同士のつながりや意味を感じながら楽しんで覚えてほしいと考える。

　何よりも、漢字は、今から3300年も前に生まれて、今もなお使われ続けている、世界で唯一の文字である。しかも、一つ一つの文字には古代の人々の思いが詰まっている。そんな「漢字の奇跡」を誇りに思いながら、大人も子どもも学び続けていきたいと考えている。

参考図書「白川静博士の漢字の世界へ」2011年（平凡社）

1年生の学習は日常の中で

東久留米市立第十小学校主任教諭　黒﨑 祐子

はじめに

　1年生は何をするにも初めてということが多く、「すごーい」「ほんとだ」「おもしろい！」と瞳をきらきらさせて学習する。毎年新鮮な気持ちで、子どもの初体験、初感動を共に味わうことができることは、教師の喜びのひとつである。

　わくわくして「わかった！」と勢いよく挙手するのに、発言しようとすると「忘れました」と言う場面を1年生ではよく目にする。その多くは本当に忘れたのではなく、語彙不足で「伝える言葉」が咄嗟に浮かばないのである。平成28年の中央教育審議会答申では「小学校低学年の学力差の大きな背景に語彙の量と質の違いがある」と指摘されている。1年生には特に、より多くの言葉を獲得し、言葉による見方・考え方を働かせることができるように指導したい。

音声言語から文字言語へ

　日常生活で使う言葉の意味を理解し、身近なことを表す語句を使えるようにするために、私は朝の会・帰りの会を活用している。具体的には、「これから朝の会を始めます。」「はじめに今週の歌を歌います。」「次に〜です。」「最後に先生のお話です。」のように、1年生

朝の会のプログラムは教室背面に掲示

でも順序を表す接続語を使って司会をさせている。　初めは教師が手本を見せながら司会の話型を教えていく。すると、耳で覚えて、日直が一巡する頃には上手に司会ができるようになる。毎日朝の会・帰りの会で「はじめに」「次に」「最後に」という言葉をくり返し使うことで、学年が上がり、説明する文章を書く頃には自然に使えるようになるのである。私の学級では、6年生でもマニュアルや原稿を見ずに日直・お楽しみ会・移動教室などの司会をさせている。1年生から何年も司会経験を積んでいるので、話型が体に浸み込んでおり、プログラムなどで項目を確認すれば、原稿に頼らずとも司会ができるのである。

聞き手の方を見て話ができる子を育てていきたい。

　また、「日直の話」（スピーチ）も、同様の目的で毎朝行っている。導入時はテーマを決めて「私は○○が好きです。」「昨日、学校で○○したのが楽しかったです。」と一文で発表させ、徐々に出来事と気持ちを分けて二文で発表できるようにしていく。慣れてきたら質問もさせ、質問の仕方や答え方を教えている。

　2学期になる頃には、「いつ・どこで・だれと・何をした」と発表できる子が増え、「何をした」を詳しく言って三文で発表できる子も出てくる。言葉の使い方の間違いはその都度確認して直していく。そして、順序よくわかりやすく発表できた子をほめていくと、友達がモデルとなって話したり書いたりできるようになるのである。この積み重ねが日記や作文を書く土台になっている。

　さらに、1学期途中から連絡帳を毎朝書くことを始める。私の学級では、時間割・宿題・持ち物の他に「連絡」を書かせている。学校の様子を保護者に伝えることが第一の目的だが、言葉の使い方を確認し、子どもが日常使っている音声言語を正しい文字言語に変換できるようにしている。

言葉に興味を持たせる！　～文字指導と辞書引き～

　1年生は平仮名・片仮名・漢字と3つの文字を習得するため、文字との出合いを大切にしている。成り立ちで興味を引き、言葉集めを楽しみ、文作りで言葉を使えるようにしている。特に「とめ・はね・はらい」に気をつけて、丁寧に正しく書けるように指導している。上手な字はその子の宝となるからだ。

　また、自分用の「小学国語辞典」と付箋を用意してもらい、辞書引き学習も行っている。国語辞典の使い方は

導入して2週間の国語辞典

3年生で学習するが、1年生で導入すると、まるで本や図鑑を読むようにページをめくり、知っている言葉や面白い言葉、絵や図を見つける。そして、意味を読んで付箋を貼る活動に夢中になる。しだいに、わからない言葉があると、自ら調べる子に育っていくのである。

教材作りはパターン化・可視化が大切！

　1年生は、パターン化された学習やクイズが好きだ。安心して発言でき、「昨日と同じだ。わかった！」と自信満々に答えを書くことができるからだ。また、生活経験の少ない子は、文章を読んだだけではイメージできないことも多い。そこで、文章理解のためには教材を可視化することが大切だと考えた。例えば、1年の説明的文章教材はどれも「問い」「答え」があり、事例列挙型になっている。そこで、学習活動やワークシートの形式をパターン化するようにした。「くちばし」では「くちばしクイズブック」を作りながら文の役割について考え、「うみのかくれんぼ」「じどう車くらべ」「どうぶつの赤ちゃん」では図鑑作りをゴールに設定し、学習を進めた。「○○で図鑑を作りたい」と図鑑作りを楽しみながら、事例を通して説明の仕方をパターンで学ぶことができた。

　また、1年生でも文章構成が理解できるように、色画用紙でセンテンスカードを作り、黒板に順番に並べて、文章構成を可視化した。すると、事柄の順序が明確になり、「くちばし」では「緑→赤→青→黄」のカード配列からどの事例も「くちばしの形→問い→答え→くちばしでできること」の順になっていることに気づかせることができた。

　さらに、補助資料として絵や写真、動画を積極的に活用するようにした。「じどう車くらべ」では、PowerPointで「じどう車クイズ」を作り、YouTubeで歌「はたらく車」の動画を見せて、さまざまな仕事と作りの自動車があることを遊び感覚で学ぶことができた。イラストも内容理解には有効だ。クレーン車を見たことのない子どもには、「丈夫な脚がついている」

『うみのかくれんぼ』では、「白→緑→黄」のセンテンスカードから「隠れている場所→体の特徴→隠れ方」の順になっていることに気づくことができた。

という2つ目の作りがイメージしにくい。そこで、図工専科に「脚のないクレーン車」の絵を描いてもらい、子どもに見せると、「重いものをクレーンで吊り上げたら、丈夫な脚がないと倒れてしまう」とその必要性にすぐに気づくことができた。

板書で使ったカードを掲示物に！　～授業の学びを日常に～

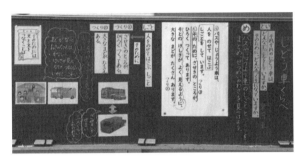

1時間の学習を可視化するため、構造的な板書を作るように心がけ、センテンスカードを表にしたり、板書で使ったイラストやカードを掲示した。

「じどう車くらべ」では、説明文を読んだり書いたりするスキルを身につけるために「説明の技」を見つける学習をしたが、授業後は教室に掲示して、以後の学習に生かした。「何度も出てくる言葉は大事な言葉」（技3）や「文末表現に着目」（技2）は6年生でもよく使うので、日常的に目に触れさせ、しっかり定着させていきたい。

おわりに

1年生は6年生のような難しいことは学習しないが、1年生で学んだことが6年生まで通じることは多い。だからこそ、1年生の学習をプラスインプットすることはとても大切だ。日常のさまざまな場面で学びの場を作り、教材をパターン化・可視化して理解を図り、くり返し学習して定着させていきたい。

参考図書：深谷圭助「小学校1年で国語辞典を使えるようにする30の方法」1998年（明治図書出版）

詩であそぼう

練馬区立高松小学校主任教諭　池田　良子

みんなで声に出して楽しく授業したい

　１年生の国語（光村図書　下）『こえに出してよもう』では「のはらうた」の詩が２編紹介されており、場面の様子など内容の大体をとらえることや語のまとまりや言葉の響きなどに気をつけて音読することを指導目標としている。

　１年生の子どもたちを担任した時には、ふだん朝の会で詩を声に出して読んだり、授業で友達と一緒に音読したりすることを楽しみにしていた。一方で声が小さくぼそぼそと読む子も少なくなかった。そこで、「のはらうた」の詩で遊ぶことで言葉に注目し、言葉の意味やイメージをとらえさせること、さらに自分でも詩を作って友達と読み合うことで声に出して楽しむことができるように単元の内容を考えた。指導時間は５時間とした。

あてっこ詩であそぼう

　はじめに本文の一部を隠した詩を見せ、隠した部分に合う言葉を考えさせた。子どもたちには、この詩の作者は野原の住人のかたつむりであること、〜のようには比喩であることを指導した。子どもたちからは、「チーター」「新幹線」「スポーツカー」「ロケット」「忍者」「ひかり」などのさまざまな予想が出され

```
かたつむりのゆめ
　　かたつむり　でんきち

あのね
　ぼく
ゆめの　なかでは　ね
　　　　　のように　はやく
はしるんだよ

答え　ひかり
```

た。理由を聞くと、どの子も本文の中の『はやく』という言葉からイメージして速いものを考えていた。そのままの文を見せることよりも言葉を隠すことによって、「はやく」の言葉に着目し、速く走るものをしっかりととらえることができていた。

　また「なぜ、かたつむりでんきちくんは、ひかりのように速く走りたかったのかな」という教師の問いかけに、

かたつむりの動きは遅いから、夢の中では速く走りたかったと動きの対比に気づく子もいた。

　次の詩では題名を一部隠したものを見せて、隠した部分に合う言葉を考えさせた。作者はこぐまであること、冬眠の意味について最初に押さえた。

　子どもたちからは、「こぐま」「おかし」「はちみつ」「はちみついりのあまいおかし」「はちみつをいっぱいもらう」などの予想が出された。題名を隠すことで、こぐまがどんな夢を見たのか内容を考え、夢の中での願いをとらえることができていた。子どもたちにとって隠れている言葉を考えることはとても楽しかったようである。最後に学習した詩を子どもたちと声に出して読んで授業を終えた。

のゆめ　　こぐま　きょうこ

とうみんしているとき
わたしは　しんしん　ゆめをみる
はちみついりの
あまい　おかしを
つくる　ゆめ

答え　はちみつ

まねっこ詩をつくろう

　2時間目は、実際に自分たちが野原の住人になったつもりで詩を作ることに取り組んだ。詩を作る前に野原にはどんな生き物が住んでいるのか、また冬眠する生き物について考えると、ちょうちょやかえる、バッタ、へびなどたくさんの生き物の名前が出てきた。その中から自分がなりきってみたい野原の住人を選び、どんな夢にするかを書かせた。すると、「カエルが空飛ぶ夢」や「モモンガがゲームをする夢」と野原の住人の願い＝夢とはかけ離れていることを考えている子が多かった。そこで、イメージマップで生き物の特徴を書く活動を行っ

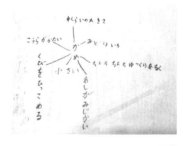

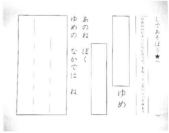

た。そうすることで特徴に気づき、その特徴を生かした夢を考えることができた。

　3・4時間目は穴あきのワークシートを用意し、空欄のところを自分で考えて詩を作った。作者のペンネームも自分で考えてもよいことを伝えると、大喜びでそれぞれの名前を生かしたペンネームを考えていた。

　ワークシートに作った詩を清書し、イラストも描くようにした。詩を作ることは初めてだったが、どの子も楽しみながら詩を作ったり、書いたりすることができた。

　その結果、左のような作品が完成した。出来上がった子から子どもたち同士で読み合い、友達の詩でよかったところを伝え、付箋に書いて渡した。付箋を書くポイントは、①作った詩のよさ、②音読のよさの2つである。子どもたちは「声が大きくて聞きやすかったです」「たぬきのおなかがスリムになるなんておもしろいね」など感想を付箋に書いて渡していた。付箋をもらうとうれしそうに読み、大事に貼る姿が見られた。

　5時間目は音読発表会を行った。低学年での音読指導のポイントは「①大きく、②ゆっくり、③はっきり」読むことであるが、声が小さくぼそぼそと音読してしまう児童もまだ多い。そこで、実際によい音読とよくない音読の手本を見せ、友達に聞かせるためであるという目的意識を持たせるようにした。

　まずは4人グループで練習を行った。ポイントを意識して音読したり、聞き合ったりするようにした。少人数で練習することで、声を出すことが苦手な子も安心して取り組むことができると考えた。

　そのあとに、全体発表を行った。イラストも見えるように実物投影機を使って画面に映し、一人ずつ発表を行った。聞き手側もただ聞くだけでは飽きてしまうため、感想を付箋に書くことで聞く意識を持たせるようにした。発表では、詩を楽しみながら声に出して読む姿がたくさん見られた。また、友達の発表を

最後まで集中して聞き、良かったところを付箋に書いて渡すことができた。最後に子どもたちに学習感想を書いてもらった。

　「詩を考えるのはむずかしかったけれど、特徴を考えたら難しくなかった。友達にアドバイスをもらってうれしかった。」「はじめて詩を作って楽しかった。」「自分とは違う動物を選んでいて、特徴をよく見て作っていてよいなと思った。」「発表もどきどきしたけれど、とても楽しかった。」など、楽しく詩を作ったり、読んだりすることができたようである。

最後に

　今回の授業の際に、「のはらうた」の歌集を紹介し教室に置いておいたところ、休み時間に読む子の姿が見られた。図書館で「のはらうた」の歌集を見つけ、借りて読んでいる子もいた。詩に興味を持つきっかけになったようである。今後は、親子で一緒に「のはらうた」を読んだり、「１ねん３くみのはらうた集」を作り、親子で楽しんだりする活動も入れていけるとよいと考えている。詩で遊ぶことで、１年生でも楽しく、話すこと・聞くこと・書くこと・読むことの活動をバランスよく授業に取り入れることができた。

【参考文献】
○岩辺泰吏（1996）『子どもたちに詩をいっぱい　暗唱・群読・言葉あそび85編』労働旬報社.

SDGsの視点からの防災・減災教育
～社会科第4学年「水害からくらしを守る」を通して～

目黒区立田道小学校主任教諭　福盛田　嘉子

はじめに

　頻繁化する自然災害を受け、学習指導要領にもとづく小学校社会科では、第４学年で「自然災害から地域の安全を守る諸活動」を必ず扱うこととなった。勤務校である東京都北区志茂は、荒川や隅田川といった河川に囲まれた地域であり災害リスクが大変高い。このことを受け、平成30年度に第４学年社会科において「自然災害を防ぐ～水害～」の先行実践を行った。この実践では、マイタイムラインという自身の避難行動計画を考えることをポイントとした。実践後令和元年に発生した東日本台風では、岩淵水門（青水門）が閉められ隅田川は氾濫の危機に陥った。しかし、避難指示が出ていたにもかかわらず自宅待機をしている家庭がほとんどであった。

出典：国土交通省　荒川下流河川事務所

　「行動を伴わない学びは、学びとは言えない。」

　防災・減災教育の先進区として名高い気仙沼市の小山淳教育長の言葉である。学習として水害を扱ったものの、行動に至る子どもが少なかったことは、大きな課題である。４年生の担任として同単元を実施するにあたり、「地域の一員として行動できる子どもたち」の育成を目指して実践を行うこととした。

SDGsの視点からの教材開発

　近年、テレビ、新聞、雑誌などにはSDGsという言葉が溢れるようになった。持続可能な社会を実現するために、行政や企業などでは、SDGsは避けて通れないキーワードになっている。「持続可能な社会の担い手」を育むことが求められる中、本単元においても、SDGsの目標の視点から教材開発を試みた。

　本単元では、SDGsにおける目標「11住み続けられる　まちづくりを」や「9

産業と技術革新の基盤をつくろう」と関係付ける
ことができる。多くの人が集まる都市だからこそ、
災害に強いまちづくりが必須となる。その際に、
防災と共に災害が起きても被害を最小限に抑え、

素早く復旧できるしなやかさ（レジリエント）が求められてくる。

　本実践では、地域の身近な河川である荒川における防災・減災の取り組みを
教材化し単元に組み入れた。自分たちが住む東京都北区における水害の危険性
を知り、住み続けられるまちづくりのためにどのような取り組みがされている
かを調べる。これらの活動を通して、水害という社会に見られる課題をより自
分事としてとらえることができると考えた。

　また、自然災害の大きさは異常気象の規模だけでなくそれに備える社会の強
度に左右されるという点から、「9 産業と技術革新の基盤をつくろう」と関連
させ、公助の取り組みを丁寧に扱うこととした。国や地方公共団体が外水氾濫
に備えてさまざまな取り組みを行っていることを知り、個人・地域・国が一つ
となって目標達成に取り組むパートナーシップの必要性につなげていきたい。

単元の指導計画

	主な学習活動・内容　　SDGsとの関連
つかむ	①地域で発生した自然災害の種類と災害の様子を理解し、災害に関心を持つ。 ②東日本台風の様子に着目し、防災や減災の視点から学習問題を設定する。 学習問題①：荒川では、水害に備えてだれがどのようなことをしているの だろう。（対策）
調べる	③国が行っている治水対策について調べる。 ④東京都や北区が行っている治水対策について調べる。 ⑤地域が行っている治水対策について調べる。
まとめる	⑥洪水発生時の関係機関の働きについてまとめる。
生かす	⑦水害への対策について、学習したことを基に自分ができることを考えたり 選択・判断したりする。
調べる	⑧気候変動における洪水の増加とSDGs目標11の趣旨を理解し、発災後の国土 交通省の取組について調べる。 学習問題②：荒川で水害が起きた後、今のまちで住み続けるためにはどう すればよいのだろう。（対処） ⑨発災後の地方公共団体の取組について調べる。 ⑩地域災害お助け隊の取組から発災後の共助について調べる。
生かす	⑪学んできたことを活用して、水害発生後に自分たちができることを考える。

実践の考察

　本実践のポイントは、（1）公助の有限性に気付かせる学習活動、（2）地域社会の一員としての自覚を促すための災害発生後の対処の教材化、（3）対策・対処の二場面からの選択・判断の実施である。

（1）公助の有限性に気付かせる学習活動

　国が行っている荒川の治水対策について調べる上で、国土交通省荒川下流河川事務所の方にゲストティーチャーとして来ていただいた。国による治水対策が十分に行われていることを理解した上で、公助の限界に気づかせる取り組みとして防災ワークショップに注目した。実施者の「公助だけでは、人々の命は守り切れない。」という切実な言葉から、共助や自助の必要性を見出すことができた。

（2）地域社会の一員としての自覚を促すための災害発生後の対処の教材化

　本単元を行う場合、災害発生前の対策や発生時の対処は学ぶが、発生後の対処についてはあまり扱われていない。しかし、災害発生後の対処こそ、人と人との協力の姿が見られ、貢献のあり方を学ぶことができるととらえ、単元構成を工夫した。

（3）対策・対処の二場面からの選択・判断の実施

　東日本台風の時に小学校1年生だった子どもたちは、ほとんどの家庭で自宅避難をしていた。学習を経て、避難指示が出ている中で自宅にいた事は危険だったと気づき、自分たちができる水害対策について必要感を持って考えることができた。さらに、災害が起きた後の自身の行動を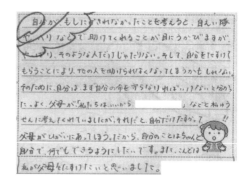

考える時間も意図的に設けた。モデリングとなるよう地域災害お助け隊の事例を学ばせたことで、自分たちにもできることがあると気づいた。

　上記は、平成30年度における学習を終えた子どもの考えである。自助の必要性について十分に理解し、社会への関わり方を選択・判断することができた。

左記は、本実践後の子どもの考えである。平成30年度の実践よりも共助の視点が深まり、地域社会の一員としての責任や義務といった態度が養われている。

本実践において、「地域は教材であり、地域は教室、地域は先生」の考

「水害から暮らしを守るために」

私は水害に備えて英語を覚えることが大切だと思いました。

なぜなら、水害が起きたときに外国の方を助けることができると思ったからです。日本には外国の方もたくさんいます。水害が起きたときに避難所に外国の方がいて、何をすればいいかわからなかったときは大変だと思います。そういうとき、外国の方を助けるのに英語は便利だから、英語を学ぼうと思いました。

また、私は水害が起きたときには地域の人や避難所にいる人と協力していきたいと思います。なぜなら、協力はとても大事だと思ったからです。

具体的に言うと、協力は共助につながります。平成9年にあった阪神淡路大震災にその例があります。なんと協力した人もいました。実際に協力した人もいました。公助が22．9%だったのに対し、共助が77．1%でした。そして、まわりに人がいなかったら、出来ないことはたくさんあります。

このように、水害はいつ起こるかわからないので、いつ起きても色んな人を守れるように、英語などを覚えておくのは大切です。そして起きたときには協力の心を忘れないようにする、というのも水害時においてとても大切なことだと考えました。

えのもとに指導計画を立て実施した。その中で、子どもは確実に社会に見られる課題を自分事としてとらえ、住民の一人として、どうすればよいのか考えることができたと考える。

おわりに

本実践は、社会科におけるSDGsの視点に立った授業づくりの提案であるが、防災・減災教育といった視点においては総合的な学習の時間や他教科・領域とのクロスカリキュラムを大切にしている。地域における課題について探究を続けることがSDGsを学びに活用することにつながると考える。各学年の社会科の学習内容と関連させたカリキュラム開発を今後も継続させていく。

また、教材を求めて足を運ぶことは、自身のこだわりとなっている。教材研究を通して、その「材」への思いは深まる一方である。今年度は、荒川を「材」とした学びの発展を求め荒川の起点・上流・中流・下流・ダム・調整池と足を運んだ。その中で出会った人たちは、自身に多くの刺激を与え、またそのつながりが学習の発展へと展開した。授業づくりへの熱いこだわりは今後とも自身の核として大切にしていきたい。

—荒川上流と起点を求めて—

朝や帰りの会で育てる低学年の学級経営

大田区立馬込小学校主任教諭　渡久地 温子

低学年こそ

　約20年の教師人生を過ごす中で、私は低学年、特に1年生の担任を務めることが多かった。1年生と接していて、最初の頃は「なんて小さいのだろう。」「どうしよう、泣いてしまった。」などと感じることもあったが、経験を重ねるうちに「低学年こそ、しっかりと育てなくてはいけない時期だ。」と強く思うようになった。基礎となる学習内容はもちろんのこと、学習規律、学ぶ姿勢、学ぶ意欲、そして学ぶ楽しさを低学年のうちに育てることこそが、今後の学校生活全般にも影響していくのだと考える。

　新年度に新学級を任された瞬間から、誰もが学級の子どもたちと向き合い、どんな学級経営をしていくか考えながら突き進んでいく。私自身も毎年、模索しながら目の前の学級の子どもたちと関わってきた。そのような中で、「低学年の担任になったら、これは有効だな。」「これからも試していきたいな。」と思い、意識して実践してきたことがいくつかある。特に紹介したいのは、朝の会や帰りの会の実践である。初めて低学年を担任する先生や、低学年は自信がないという先生の参考に少しでもなればと思う。

朝の健康観察から

　日直が進行する朝の会。1年生は朝の支度のペースがつかめるようになるまでは教師が進め、少しずつ朝の会の形をつくり上げていく。学校生活に慣れるのが早い学級だと2週間目位から日直が進行できるようになる。そこで、朝の歌や詩の暗唱などの他に私が必ず行うことは、健康観察で呼名をすることである。当たり前ではあるが、名前を読んで返事をするというやりとりは、ずっと大切にしてきた。その際、挙手したら「はい、元気です。」と言わせるように

している。もちろん、「はい、少しお腹が痛いです。」などと答える子どももいる。そして、そのやりとりに慣れてきたら、「昨日のこと、週末のこと、今日楽しみなことなど、みんなに伝えたいことを一言話してもいいよ。」と伝える。すると、「はい、元気です。昨日、プールの検定で合格してうれしかったです。」「はい、元気です。今日、お母さんの誕生日で…。」などと、子どもたちはさまざまな話をするようになる。慎重派の子どもの多い学級だと、最初の頃は同じ子ばかりが話す状態が続くが強制はしない。あくまでも話したいという子どもだけにする。毎日くり返すと、話し出す子どもがどんどん増えるので面白い。

　１年生からの持ち上がりの２年生を担任した時は、どの子も呼名の返事だけでなく、「日曜日に家族で…。」などと話せるので、全員が話してもそれほどの時間はかからない。私も「がんばってね。」「それは楽しそう！」「先生も見たよ。」などと一言返す余裕もある。そして、それを聞いている子どもたちも「わあ、いいなぁ。」「すご〜い。」などと共感していることが多い。何を話してもいい安心感、友達や先生に共感してもらえる喜び、そして友達の話に興味をもって聞ける姿を見ていると、学級が一体となれる時間だと感じる。

１年生からスピーチを

　朝の会では、必ず日直のスピーチも行っている。人前で話すことは誰でも緊張感を伴う。だからこそ、早い段階から経験を積み重ねてあげたい。
　１年生の最初は、国語の教科書「どうぞよろしく」（光村図書）などの教材

と関連させて、「私の名前は○○です。好きな食べ物は…です。」など、「名前＋一文」でスタート。日直二巡目からは、好きな動物や遊びなど、好きなものシリーズや、得意なこと、今頑張っていることなど話題を広げていく。三巡目頃からは聞き手からの感想や質問を受けるようにする。自然と二文、三文になったり、スピーチメモを書いたりしてくる子どもも出てくる。テーマはこちらから提示することもあれば、国語の教科書と関連させること、最近のことなら何でもよいなどとしている。また、学級の実態に応じて話型を示したこともある。

　スピーチの際に意識しているのは、評価を与えることである。例えば、「私がうれしかったことは2つあります。1つ目は…。」というスピーチに対し、「○○さんのスピーチは、うれしかったことが2つあったこともわかったし、1つ目は…の言い方がわかりやすかったね。」などと伝えると、その言い方を真似る子どもたちが次々と増える。低学年の得意技「まねっこ」は、こんな些細な時にも効果絶大である。スピーチ一つとっても、話し方や内容が向上していく。

　逆に、スピーチの内容がわかりにくいと感じたときは、どんな言い方をするとわかりやすいかを伝えるようにしている。また、内容が深まる質問をした子どもに対しても、「いい質問だね。…のことが詳しくなったね。」など評価のコメントを伝えている。

　私の学級の朝の会は、10分〜15分程かかる。低学年は国語の授業時数の多い学年なので、時間割で調整できる限りは1時間目を国語にして、朝の会での「話す・聞く」時間を確保するようにしている。また、健康観察時の一言や日直のスピーチ内容をメモしておくと、個人面談で話題に困った時に「そういえば…。」と保護者と和やかな話ができたり、学級通信に学級の様子の一コマとして載せたりもできる。

掲示物も生かしながら

　低学年のうちから、私が教室に必ず掲示するのが①声のものさし　②話し方、

聞き方名人あいうえお　③お話の木　④こ
とばのたからばこである。

　これらは掲示しているだけでは効果が薄
い。常に指導の際にこれらを使うことで効
果を発揮する。朝や帰りの会も絶好の機会
である。

　例えば、「今のは２の声だから、３の声
にするとクラスのみんなに聞こえるよ。」など発言やスピーチの際には声のも
のさしを使って伝えている。「質問するときは、お話の木の、いつ・だれとな
どの言葉を使ってみよう。」などと指導している。子どもたちに使ってほしい
言葉は、掲示物で増やしながら、子どもたちが使う機会も増えるよう声をかけ
ている。

一日の終わりは…

　帰りの会では、１日を振り返ってよかったことを発表する時間を設けている。
今の学級は、学級通信の名前が「にこにこ２くみ」なので、日直が「今日のに
こにこを発表しましょう。」と言うと、子どもたちが挙手をする。自分がうれ
しかったことや友達の素敵な姿などを見て、にこにこしたことを伝える時間で
ある。

　この学級では、２年生になってから「１日１回、必ず自分から手を挙げて発
言する」という目標を掲げて実行している。授業中に発言する機会のなかった
子は、この時間に発言してもよいことになっている。私も子どものよい姿をこ
の時に伝えるようにしている。

　そして、子どもたちが教室を出るときには、「『あ』から始まる言葉」「最後
に『あ』がつく言葉」「秋といえば」などのテーマを与えて、一人ずつ「あさ
がお！」「あひる」「アイス」などとハイタッチをして帰していく。友達と同じ
でもよいことにしているが、誰とも重ならないような言葉を見つけることを楽
しむ子どもも増えてくる。語彙が乏しいため、少しでも言葉に興味を持ってほ
しいと感じる子どもたちへの小さな実践の一つである。

ドイツのキャリア教育から、日本の子どもの将来を考える

国分寺市立第二小学校主任教諭　松浦　かおり

ドイツでの生活を経て

　私は、夫がドイツで仕事をしている関係で、二児の出産と育児休業の5年間をドイツで過ごした。その後、帰国してから久しぶりに4年生担任として教壇に立った。日本の教育現場に戻ると、ドイツと日本の共通点や相違点がたくさん見えてくる。日本の教育もドイツの教育も、それぞれに良さがある。その中でも、ドイツの教育から日本の教育にぜひ取り入れたいと思ったことが2つある。主張することの大切さと、小学校の子どもたちへのキャリア教育である。

主張することの大切さ

　日本では、心の内で考えていることがあっても、相手に対して自分の意見をはっきり言わない場面が多々ある。それは、相手を思いやっているからこその行動であることが多い。相手を傷つけまいと配慮して否定的な言い方を避けたり、全てを言葉で伝えなくても互いに察して行動したりすることは、日本の良さでもある。このことは、教育の場でも同じである。日本の学校では、教室が子どもたちにとって主体的な学びの場となるように、どの意見もまずは受け止め、肯定的に扱うことが多い。また、教師も子どもも、相手を傷つけないように話す配慮が自然と身についている。しかし、出てきた意見が自分の意見と違っていても対立を避けて相手に譲ったり、納得していないまま多数決で決まったことに従ったりする場面もしばしば見られる。また、授業中に1度も発言しない子どもも一定数いる。

　一方、ドイツでは自分の意見を明確に主張することが重要視される。「反対の意見を言うことは悪いことではない」という意識が根づいており、学校でも、違う意見が出てきた時は、話し合いが活発になる。この話し合いは、どちらかが相手を言い負かすというものではなく、「自分はなぜそう思うのか」を伝え、疑問があれば質問し合う。そして、互いに納得できるまで話し合いが続けられる。

　そのためドイツの学校では、子どもたちが自分の意見を言うことが大切にさ

れている。意見を言う際には、自分の考えを明確に述べることができるかどうか、論理的に相手に伝えることができるかどうかが問われる。「自分の考えをしっかりと述べられる」ということが、「主体的に参加しているか」や「理解できているか」の評価につながり、成績にも関わってくる。だからドイツでは、日本から転入してきた子どもたちが、「知識はあるのだが、自分の意見が言えないせいで成績が思うように伸びない」という話をよく聞く。

　私は、日本の子どもたちにもっと「主張する力」をつけていく必要があると考える。グローバルな社会で活躍する人間像を目指すという意味でも、意思表示をする力は必要である。ふだんの学級での生活においても、子どもたちが、自分の思いとは違っているのに何も発言せずに諦めてしまうのではなく、自分の考えを述べた上で相手の話も聞くという姿勢を大切にしたい。「遠慮しなくてもいい」「自分の気持ちを素直に言ってもいいんだ」という安心できる雰囲気の中で、相手を気遣う表現を大切にしながらも、自分の考えをしっかりと述べることができる子どもを育てていくことが大事だと私は思う。

ドイツの学校制度とキャリア教育

　ドイツと日本の教育で、もう１つの大きな違いは、キャリア教育である。ドイツの学校制度では、日本よりもかなり早い時期から、子どもたちが必然的に将来について考えざるを得ない仕組みになっている。

　ドイツでは、主に６歳から10歳（州によっては12歳まで）の子どもが日本の小学校にあたる『グルントシューレ（基礎学校）』に通う。このグルントシューレは４年制で、３年次・４年次には成績により留年することもある。そして、４年生の学習を終えるとグルントシューレを卒業し、その後は進路が大きく３つに分かれる。

　主な進路としては、①９年制の教育を受け、卒業後は大学に進学することを目的とする『ギムナジウム』②６年制の教育を受けた後、上級専門学校に進み、将来は技術者や事務職、公務員として働くことを目指す『レアルシューレ』　③５年制の教育を

受けた後、職業訓練学校に進み、将来は職人になるための 『ハウプトシューレ』
である。

	学校種の名称	年数	卒業後の進路・主な就職先
グルントシューレ	①ギムナジウム	9年制	卒業試験を経て大学へ進学。大学卒業後は、医師・弁護士・教員などの専門職につく。
	②レアルシューレ（実科学校）	6年制	卒業後は上級専門学校などに進んだ後、公務員や事務職、技術者などとして働く。
	③ハウプトシューレ（基幹学校）	5年制	卒業後は職業専門学校に進むか、職業訓練学校に通いながらパン屋・大工等の見習いとして働く。

10歳での決断

　この進路は、学校での成績と本人の希望によって決まる。グルントシューレ
の最終学年になると、担任と子どもと保護者とで面談を重ね、進路を決める。
つまり、日本の小学校4年生にあたる10歳頃には、必然的にどの子どもも自分
の将来について考える場が与えられる。

　進路を決める際には、もちろん本人の意思や希望だけではなく、保護者の意
向も多分に反映されているだろう。しかし、それにしても、日本と比べるとず
いぶん早い時期に、子どもたち一人一人が自分の将来について真剣に考えるこ
とになる。この10歳の子どもたちに自分の将来を考えさせ自分の進路を選択さ
せるというドイツの教育制度は、まさにキャリア教育そのものと言える。

　日本では、同じ10歳の子どもが自分の将来に対してどのくらいの夢や目標、
見通しを持っているだろうか。私が実際に担任した4年生の子どもたちを見て
も、将来の見通しを具体的に語れる子は半数もいない。

将来の「仕事」を意識した係・当番活動

　小学校学習指導要領総則には、「キャリア教育の充実を図ること」とあり、

自己と将来の結びつきを図る教育が求められている。特別活動〔学級活動〕の内容にも「学級や学校での生活づくりに主体的に関わり、自己を生かそうとするとともに、希望や目標をもち、その実現に向けて日常の生活をよりよくしようとすること。」と示されているように、学級や学校での活動は、自己の個性や特性を見つめ、将来について考える場となり得る良い機会だと私は考える。

学級での係・当番活動を決める際には、子どもたち一人一人に改めて自己を見つめさせ、自分の長所や個性は何であるのか考えさせたい。さらには、その特性から、学級の係・当番活動や校内の委員会活動などに生かせることはないかを考えさせる。あるいは逆に、自分の短所や苦手なことに目を向けて、向いていない作業や仕事は何かを考えさせる。そういったことを積み重ね、自分で考えたことを立案・実現し、振り返り、改善しながらくり返していく中で、日常の生活をよりよくしようとする姿勢が養えるのではないだろうか。

この時に大切なのは、係や当番活動を行うと周りの人が気持ちよく学校生活を過ごせるようになるということを、教師が折にふれ伝え、その活動を価値づけていくことである。そして、係や当番としての活動は、将来「職業」についたときに、自分の仕事（活動）が社会に関わっていくのと同じ意味を持つのだということも、あわせて伝えていきたい。

おわりに

ドイツでの生活を経て日本の学校に戻ったことで、それまで当たり前だと思っていた学校生活の中にも、改めて日本の教育の良さが見えてきた。同時に、日本の教育に生かしたいことも明らかになった。

主張することの大切さと、自己と将来の結びつきを意識できるようなキャリア教育。私はこの二つを取り入れて、日々の指導を行なっていきたい。

子どもたちを笑顔にする学級づくり
～対話活動でつながりを深めて～

東久留米市立第二小学校主任教諭　島田 葉子

はじめに

　今まで多くの学級を担任してきたが、初日からこんなに心折れる学級は初めてだった。何しろ反応がないのだ。授業中に挙手をする子どもはほんの数人。ミニゲームをしても想定するような盛り上がりにはならない。どうやってつながれば良いのかわからない子どもたちであった。そこで、「笑顔あふれる学級づくり」を目指して、私の試行錯誤が始まった。

自分を振り返る

　「消極的だ」「人見知りの子が多い」「前よりも関わりが少なくなっている」活気のない学級を前にして言い訳を考えている自分を、まず深く反省した。考えを改めるべきは自分だ。数十年前、先輩教師から頂いた「クラスはよみがえる～学校教育に生かすアドラー心理学」（野田俊作・萩昌子著）を読み返した。学級の子ども全員を信頼すること。学級で起きた問題を教師だけで抱え込んでしまわず、学級全員の問題として常に共有すること。子どもたちの知恵に耳を傾けること。子どもたちの間に協力関係を育むこと。これらのことを土台にして、教師である自分が明るい笑顔で子どもたちを勇気づけ、何でも話せる居心地の良い学級づくりを目指した。

さまざまな取り組み

　5年生の2学期からは、「いま『クラス会議』がすごい！」（赤坂真二著）を参考に、折にふれてクラス会議を開いた。椅子を円の形に並べて、話し合いの前に最近うれしかったことなどを順番に一人ずつ話す。そして議題に対しては全員が意見を言う。一時、子どもたちの中で悪口や陰口が問題になった時には、クラス会議で話し合ったNGワードを封筒に封印して学校目標の隣りに貼った。自分たちでより良くしていこうという雰囲気が少しずつ出てきた。授業では、自分の意見を持った後、ペアや班で意見交流をしてから全体交流をした。KJ

法を用いたり、ワールドカフェ風の話し合いを取り入れたりした。

朝のペアトーク

　6年生では、朝の会の中にペアトークの時間を作った。「一番行ってみたい場所」など、毎回テーマと相手を代えて二人組で対話をした。最初の頃は「にらめっこ」や「あっちむいてホイ」などで気持ちをほぐしてから対話を始めた。時間は2分程度で、片方が話している時は、もう一方は相槌を打ったり質問をしたりする。はじめのうちは話が続かないペアが多かった。「理由を入れる」「感想を伝えてから質問」など、言葉を吟味しながら使うことも伝えた。対話が苦手なペアのところには私が参加して話を盛り上げた。数か月たったころから、このペア対話が変わってきた。学級内に楽しい笑い声が起こり、ほとんどのペアが時間いっぱい使って話していた。その頃には休み時間に男女で遊んだりおしゃべりをしたりする光景も見られるようになった。そのようなことは1年前には考えられなかったことである。

国語「海の命」の学習での対話

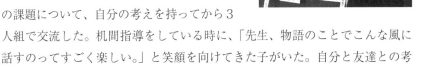

　2学期の12月に校内研究で「海の命」の授業をした。「なぜ太一は瀬の主を殺さなかったことを生涯誰にも話さなかったのか」などの課題について、自分の考えを持ってから3人組で交流した。机間指導をしている時に、「先生、物語のことでこんな風に話すのってすごく楽しい。」と笑顔を向けてきた子がいた。自分と友達との考えの「ズレ」があるからこそ対話し、討論に至るグループが出てきた。

おわりに

　学級のあり方は多様である。それでも、子どもたちの気持ちがつながっていて誰とでも会話を楽しめる状態であれば、「対話的で深い学び」をも実現することができる。これからも、相手の話をじっくり聞く経験、自分の話をじっくり聞いてもらう経験を積ませることで、子どもたちの中に信頼関係を築きながら「笑顔あふれる学級づくり」を目指していきたい。

　Society5.0時代を迎え、人々の生活の基盤がデジタル化される社会になりつつある。新たな時代の学校現場において「情報教育」は、各教科の基盤となるだろう。そのような社会を生きる子どもたちに必要な力を身につけさせることが、今の学校教育の使命の一つである。

　多くの国家予算が計上され、国の大きな施策であるGIGAスクール構想。教師には、時代の変化とともに、従来の指導方法からのアップデートが強く求められている。1人1台端末の導入当初は、子どもたちにとって「学習道具」として認識させるため、継続して使い続けることが非常に重要だった。しかし、導入段階を終えた現在では、効果的に使用することで、個別最適な学びを行う必要がある。そのため、学校教育の今後を見据えて、効果的な活用に向けた取り組みを学校全体で検討する必要がある。学校全体の取り組み以外にも、子どもたちと直接関わる中での指導や支援も、1人1台端末の効果的な活用に向けた大きな鍵となる。

　以上、2点の視点から考えた、1人1台端末の効果的な活用事例を紹介する。より多くの先生方の学びのアップデートに役立てれば幸いである。

1人1台端末の使用効果

　本校の1年生から6年生まで915名の子どもを対象に、1人1台端末の使用状況についてアンケートを実施した。

　「タブレット端末を学習道具として使うよさを感じていますか」という設問に対しては、94.8%の子どもが良さを感じていることがわかった。「自宅にいても学校にいても、友達の意見を知ることが

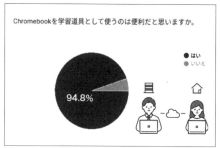

Chromebookを学習道具として使うのは便利だと思いますか。

● はい
● いいえ

94.8%

できるから」「友達と一緒に作業ができるから」「自分は字が汚いけど、タイピングだときれいな字でまとめられるから」など、子どもたちもクラウドをはじめとするデジタル機器の性質を理解して、学びがアップデートされていることを実感していることがわかった。

　「タブレット端末を学習道具として扱えていますか」という設問に対し、91％の子どもが「扱うことができている」と答えた。導入当初に、子どもが1人1台端末を学習道具として自覚して使用するために、効果的な活用を目指すよりも、まずは、多くの授業で活用することを粘り強く推進した。結果、子どもたちが1人1台端末を学習道具として認知するきっかけとなった。

　余談ではあるが、1人1台端末の導入を通して、教師の思いというものは子どもたちにも必ず伝わるものだと再認識する場となった。

1人1台端末の活用へのステップ

1人1台端末の
学習道具としての認知

1人1台端末を効果的に
活用した授業展開

1人1台端末を使用した
継続的な授業展開

学校単位の活用事例　系統的な取り組みについて
①タイピングの重要性

　1人1台端末を円滑に使うためには、タイピングスキルの向上が重要である。本校では、3年生と4年生を重点期間と定め、タイピングスキルの向上を目指している。タイピング練習用のインターネットサイトはさまざまなものがあるが、「キーボー島アドベンチャー」は非常に有効的である。教師の管理画面からは、子どもたちの利用状況が見られるため、授業内や朝学習などでの活用に適している。子どもたちが楽しみながら行うことができる内容になっているため、楽しみながらタイピングスキルを向上させることができる。

　タイピング以外にもさまざまな情報活用能力を系統的に育成すべきである。本校では、東京都教育委員会「情報活用能力♯東京モデル」をもとに、情報活用能力の育成に努めている。

②情報モラルの育成

　1人1台端末の貸与には、さまざまなリスクも見え隠れしていることは多くの教師が気づいている点でもある。Society5.0時代を生きる子どもたちにとって情報モラル教育は不可欠である。継続的に情報モラル教育を行うには、学校全体で指導計画を作成することが必要である。本校では、年3回、特別の教科道徳や特別活動の授業で情報モラル教育を実施している。学校公開では、全学級で情報モラルの授業を公開するなど、保護者への啓発も欠かせない。

学級単位の活用事例　子どもたちとの直接的な関わりから
①タイピングが苦手な子どもへの支援

　タイピングが苦手な子どもには、タイピングを無理に強要する必要はないと考える。手立てとして、手書き入力の活用や学級全体に向けて、紙への記入でもよいと伝えることが挙げられる。それらが、タイピング入力よりも手書きの方がよいと感じている子どもたちにとって安心材料となる。

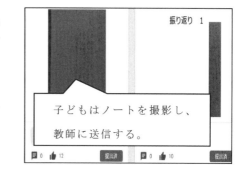

　クラウド上に提出を求めるなら、カメラ機能を用いて、手書きしたものを撮影し、提出するように指導する方法がある。

②学級内での情報発信における活用

　Google classroomなどを用いると、教師だけではなく、子どもたちも学級全体に発信することが簡単にでき、学級のプラットフォームのような役割となる。翌日の時間割や学級会の議事録など、多くの連絡事項を掲載するようにしている。すると、子どもたちも閲覧する習慣ができ、円滑な共通理解が図れるようになった。個別に支援が必要な子どもたちには、個別メッセージを送信することで、忘れ物や提出物などの支援ができる。教師だけではなく、子どもたちも係活動などで学級全体に発信することで、活動の充実を図ることもできる。

　効果的な活用には運用ルールが重要となる。私自身は、①連絡を見たら、「見

ました」などのコメントをすること、②
人を傷つけることはしないこと、③一度
考えてから送信すること、以上の3点を
子どもたちに示している。結果、トラブ
ルもなく運用できている。行事後に担任
からの激励のメッセージを発信すると、
子どもたちからは「音楽会が成功できて

よかったです！」「最高の音楽会‼」などとあたたかいコメントが続き、相乗効
果も得られた。

1人1台端末の課題と対策

　「授業中に関係のないインターネットサイトの閲覧やゲームをして困ること
がある」と耳にする。対策として、子どもたちに隙を与えずに、学習に集中で
きる環境を用意することが必要だ。不要なタブを削除する習慣や教師による教
室後方を中心とした机間指導が有効である。また、不適切な使用に向けて、学
校単位や行政単位でフィルタリングをかけることも検討する必要がある。全て
の危険を排除することは子どもたちにとっても有意義ではないが、子どもの実
態に合った適切なフィルタリングをかけることは非常に効果的である。

おわりに

　1人1台端末の貸与は、学力向上のためだけではない。子どもたちがこれか
らの新たな社会を生きる力を育成するためである。1人1台端末の活用で悩ん
でいる方は、試行錯誤の精神を大切にしてほしい。使ってみるからこそ、見え
てくる世界がある。

　最後に、1人1台端末を活用するためには、日々の学級経営が最も重要であ
る。常に子どもたちを認め、称賛することで、子どもたち同士も認め合う関係
性ができる。親和的かつ温和な学級の形成が鍵となってくるだろう。

伝えて増やす　安心感

西東京市立栄小学校主任教諭　船津 亜沙実

言語化することでの安心感

　教師になって何年か過ぎた、ある卒業式での最
終打ち合わせで、当時の副校長が私たち教師に「卒
業式中に何か必要だと思うことがあったなら、迷
わず動いてください。」と話してくれた。それは、
とても当たり前のことなのかも知れないし、誰も

がしなくてはならないことかも知れない。しかし、
その一言を言語化してくれたことで、私は卒業式当日に何かあった時に安心し
て、自分の判断で行動することができた。たった一つの言葉だが、明確化する
ことで、それが自分の行動の自信につながることを体感した出来事となった。

　子どもたちにとって、学級は安心できる場所であることが大切である。はじ
めから伸び伸びと過ごせる子どももいるが、多くの子は「これでいいのかな」
「なんで先生に注意されたのかな」など、不安を抱えている。特に発達障害が
ある子どもにとって判断が難しい曖昧な表現は伝わりにくい。「こんな時どう
したらいいのかな？」という疑問をルール化、視覚化、言語化することで、ど
の子も安心して自信が持てるような学級の雰囲気をつくりたいと考えている。

掲示で解決することは、視覚化する

　朝の準備の流れや学習中のルールなどは、
子どもたちが全てのことを理解し、頭の中に
入れておくことを目指すのではなく、ここを
見ればわかる視覚的資料を用意した。

　またグループや学級で学習中、友達の意見
にどんな反応をしたらよいかや、困った時に
はどのように話したらよいかを掲示した。活
用できるようになってきたら、子どもたちか

らの言葉を足して広げていくよう
にもした。

具体的な基準を示す

　伝えているつもりをなくすため
に、ルールはなるべく具体的に示すようにした。休み時間や隙間の時間に教室
から離れてしまう児童に「あっちのほうに行かないでね」「昇降口のほうまで
行かないでね」ではなく、廊下にテープを貼り「5分休みは、ここから出ない
よ」と伝えるようにした。約束をわかりやすくすることで、守れるようになり、
注意する場面が、ほめるチャンスの場面となった。また、子どもから何度も質
問されることはわかりづらい伝え方だと受け止め、仕組みを見直した。例えば
掃除の時間、子どもが「このチョークどうしたらいい?」と短いチョークを持
ってくることが何度かあった。アイディアを募集して、チョーク置きにカラー
テープを貼り、長さ比べをして短かったら捨ててよいルールにした。

ネーミングを工夫して楽しく取り組む

　子どもたちへの指示や、あまり気が乗らなさそうなことは、言い方を工夫し
て楽しく取り組めるようにした。「机をそろえましょう。」の代わりにポーズを
つけて「オレンジチェック!」（机の位置をオレンジのペンで示した）とみん
なで言ったり、落し物が多い子に「机の周りに落ちているものを拾って」と伝
える代わりに「ポロリン救出作戦実行!」と声がけしたりするようにした。そ
うすることで、子どもたち同士の声がけも楽しく行うことができた。

おわりに

　毎日の生活の中のちょっとした工夫やアイディア、そして言語化していくこ
とが学級の中での安心感につながり、子どもたちの笑顔が増えていくことを感
じた。学級の仕組みは教師がつくっていくのではなく、子どもたちから「困っ
た」が出た時をチャンスとして、教師と子どもが一緒に解決していく過程が大
切であると感じる。これからも子どもたちの困り感に寄り添い、共に解決して
いく方法を考え、子どもたちの生きる力を育てる教師を目指していきたい。

歴史の授業の始め方

大田区立都南小学校主幹教諭　赤堀 貴彦

　小学校6年生から始まる社会科の歴史の授業。ともすると暗記をするだけが目的の授業になってしまうことがある。歴史の学習は、社会的な資質・能力を伸ばせるのはもちろんのこと、今の自分がなぜここにいるのか、そしてこれからどこに向かうのか考えるヒントをたくさん見つけることができる。

　だからこそ、私自身何をねらいとすべきか常に自分に問いながら授業づくりを進めてきた。今回は、私が歴史の授業を始める際にどのような授業を行っているかについて紹介する。

歴史の学習で大切にしていること

　歴史の授業の中で、どのように社会的な資質・能力を伸ばすのか、まず教師自身が明確なビジョンを持っていることが大切である。学習指導要領を読むことはもちろん、目の前の子どもたちの実態をよく理解した上で、どのような手立てでどんな力を伸ばしていくのか、教師が考えることがよりよい授業につながるであろう。

　私は歴史の授業を行う上で大切にしていることが3点ある。

　1．なぜ歴史を学ぶのかを子どもたちに折りにふれて問うこと。

　2．歴史のつながりを意識させ、出来事に必然性を感じさせること。

　3．教養としての歴史の知識を意識させること。

　1については、課題意識を持たせるため、また、今、生きている自分の時代につながっているものという意識を持たせるためである。2については、歴史的な出来事を単発的、偶発的なものではなく、一本の線上での展開ととらえさせ、今の社会の成り立ちを理解させるためである。3については、歴史を知っ

ていることが強みになると子どもたちに自覚させ、学びへの意欲を高めるためである。

歴史の授業の展開

　歴史の授業の１時間目には、上記の大切にしたいことを網羅した授業展開について考え、以下のような流れで行った。

【授業の流れ】

> ①「歴史と言えば？」で自由に発言する
> ②なぜ歴史を学ぶのかを話し合う
> ③家系図を書いてみる
> ④人類の歴史について知る
> ⑤「自分と歴史」というテーマで文を書く

①「歴史と言えば？」で自由に発言する

　歴史の授業のスタートラインの時点で、すでに歴史に興味があり本などにふれてきた子どもと、初めて歴史にふれる子どもと、意識に大きな差があった。そこで歴史を身近に感じてもらうためにこの時間を設定した。

　子どもたちからは「豊臣秀吉」「黒田官兵衛」などの人物名、「関ヶ原の戦い」「黒船」などの出来事、「難しい」「覚えることが多い」などの不安など、さまざまな発言が出てきた。知っていることも知らないことも認めることで、歴史の授業の場を誰にとっても安心感がある学びの場だということを理解させた。

②なぜ歴史を学ぶのかを話し合う

　次に、なぜ歴史を学ぶのかについて話し合いをした。この活動の目的は、歴史の学びに対して一人一人に課題意識を持たせるためである。子どもたちも高学年になるにつれ、一つ一つの活動に意味を求め始める。意味を理解すると考えを深めるよい学習習慣をつけることもできる。

　子どもたちからは、以下のような意見が出てきた。

・昔の人の生き方を知るため。　　・もう戦争を起こさないようにするため。

・歴史上の人物がかっこいいから。・覚えなきゃいけないから。

・海外の人に歴史を紹介するため。

　全て正解だと認めた上で、私からも話をした。私から話したことは一つ、「今の自分を知るため」。歴史を学ぶことで、今の時代、自分の生活がどのような流れでできたものなのかを理解し、これからどのような生き方をすればよいのか、その道しるべについて考えるためという話をした。

③家系図を書いてみる

　まず身近なところから歴史を感じてもらいたいと考え、自分の家系図を書くことから始めた。結果としては、大体多くても祖父母くらいまでしか辿ることしかできなかった。もちろん家庭環境はさまざまなので配慮しながら行ったが、ある日突然、自分が生まれてきたのではなく、誰かと誰かの命のつながりの中で生まれた。つまり何千年前にも自分とつながる誰かが確かにいたことを意識させるために行った。

④人類の歴史について知る

　教科書の歴史の学習は、縄文時代から始まるが、それ以前の歴史についてもわかっていることが多くある。そこで人類がまだ魚類や爬虫類、類人猿だった頃のイラストを黒板に掲示し、進化の順番に並び替え、さらにそこまで遡るためには、いったいいくつ「ひいおじいさん」の「ひい」をつければよいのか予想する活動を行った。

　そうすることで、子どもたちは「意外と縄文時代って近いかも」ということに気づいた。歴史を身近なものに感じたようであった。

⑤「自分と歴史」というテーマで文を書く

　このように歴史の学習を身近にした上で、授業の最後に「自分と歴史」というテーマでノートに作文を書いた。いわば歴史の学習に向かう一人一人の所信表明である。学習を進める中でも初心を確認することが大切なので、子どもたちには折りにふれて見返すように話した。

すでに多くの歴史人物や出来事を知っている子どもも、歴史の学習に関して苦手意識を持っている子どもも、それぞれに今の正直な心境を書いているようであった。教師にとっては、そこで書かれたことがこの先の学習の展開を考える上でよいヒントになった。

学習を終えて

私は今まで6年の担任を3度経験しているが、歴史の授業の始め方はどの時も同じように行ってきた。もちろん、子どもたちの実態や社会で起きていることなども考慮しながら多少のアップデートを行ってはきたが、根底にある歴史の学習への思いは変わっていない。

子どもたちの様子を見ていると、この授業を行ったことで、多くの場合歴史の学習へのハードルを少し下げていたように感じられた。

ただ、いざ始まってみると、やはり覚えなければいけないことが多く、そこに苦手意識を持ってしまう子どもがかなり出てきてしまったことも事実である。つまり、はじめの勢いをどう継続していくかが大きな課題である。

その改善のためには、やはり教師自身が子どもたちの実態に合わせた授業を考えること、アンテナを大きく広げ多くの情報にふれることが大切である。今後も充実した授業を展開するために、私自身が多くのことを学んでいきたい。

読みたい!知りたい!子どもの意欲を引き出す図書館活用

江戸川区立篠崎小学校主任教諭　小川　美希

子どもの意欲と本の力

　「先生、これは何?すごい!」「先生、どうしてこうなるの?」私は、子どもたちが興味・関心を抱いたものに対する熱量というものに大変驚かされてきた。特に子どもたちは、見たり聞いたりさわったり、体験活動から受ける刺激にはとてもよく反応をする。どきどきわくわくするものとの出合いは、子どもたちの中に眠っている意欲を引き出すのである。しかし、体験活動はいつでもどこでもできるわけではない。

　本はどうだろうか。本は、場所を問わずいつでも読むことができる。さらに、子どもたちが胸をときめかせるものがたくさん詰め込まれている。たった1冊の本との出合いが、人生を変えてしまうこともあるくらいだ。子どもたちの意欲を引き出すきっかけづくりを図書館活用からスタートしたい。

意欲を引き出す図書館活用法

①学校図書館を知るオリエンテーション

　子どもたちは、自分の好きなジャンルの本棚に行きがちなので、学校図書館の中を意外と知らない。そこで、まず図書館を使うときには、図書館の使い方はもちろんだが、中にはどんな本があるのかも把握させておきたい。オリエンテーションを行い、楽しく図書館の中を知ることができるとなおよい。

　低学年の子どもたちであれば、館内を探検しながら館内マップを一緒に作成したり、本の内容を0～9の数字を使って表している分類記号を使い、どこの棚にある本なのかクイズをしたりして、楽しく館内を知ることができる。

　図書館を使う時に、分類ごとにどのような本があるのかがわかると、後々中学年や高学年での調べ学習などで、知りたい事柄が載っている本を探しやすくなる。たくさんの本を見たりさわったりすることで、本の背に書かれたタイトルや表紙の絵を見て、興味・関心を引くものと出合う。それは意欲を引き出す

きっかけになるだろう。

②図書館から教室のミニ図書館へ

　図書館の本を読むためには、休み時間等の限られた時間の中で、図書館で読む、または、貸し出しの手続きをして館外で読むことになる。しかし、学級に小さな図書館をつくることで、隙間の時間でも本をすぐ手に取ることができるようになる。学級文庫はあっても、一度置かれた本がそのままになっていることも少なくない。常に子どもたちが、新しい本と出合えるように、定期的に本を入れ替えるシステムを作るとよい。

　学校図書館から、まとめて貸し出し手続きを行い学級に配置する。教師だけでなく、学校司書やボランティアなどの協力を得て本を選ぶことも考えられる。季節や単元、学級の実態に合わせた本など、子どもたちが思わず手に取りたくなる本を並べておきたい。子どもたちが、友達におすすめしたい本を置く場所をつくっても面白い。本の近くにコメントを一言つけておくと、より興味を持って本に手を伸ばす機会が増える。

　また、読み聞かせやテーマに沿って複数の本の紹介をするブックトークなども、意欲を引き出す鍵となる。

おわりに

　子どもたちは、日々多くの刺激を受けながら過ごしている。その中で、1つでも多くのことに興味や関心を抱き、「もっと読みたい!」「もっと知りたい!」と目を輝かせながら、本を手に取れるような環境を目指したい。そのためには、教師一人では難しい面もある。ぜひ、学校図書館担当や学校司書、ボランティア、地域図書館とも連携を図って、学校図書館を活用しながら、子どもたちの意欲を引き出していきたい。

【参考文献】
〇いますぐ活用できる学校図書館づくりQ&A72 2007年　著者／渡辺暢恵　発行所／黎明書房
〇読書力アップ!学校図書館のつくり方　2010年　著者／赤木かん子　発行所／光村図書出版

教師のメッセージで子どもの心とつながる学級経営

板橋区立三園小学校主任教諭　田中　裕里

　学級経営をする時に大切にしていることは何かと考えた時に、思い浮かぶのは、初任者の時に教わった「木も見て、森も見て」という言葉である。これは、「木を見て、森を見ず」ということわざを変化させたものだ。

　「学級経営は、『個』も『集団』もどちらも大切にしていかなければいけない」ということを教わった。「木を見て森を見ず」のように、『個』ばかり見過ぎて、『集団』に目がいかないと学級はうまくいかない。もちろん、その反対も同じことが言える。そこから、「木も見て、森も見て」という言葉につながるのである。私は、子どもと心をつなぐためにさまざまな形でメッセージを送っている。『個』と『集団』の双方に送るメッセージについて紹介していく。

「個」に送るメッセージ

登校時の健康観察

　毎朝、子どもたちが体温など体調を記入した健康観察カードを持って登校してくる。そのカードを所定の場所に提出させるのではなく、私はその場でカードを開かせ、一人ずつチェックするようにしている。その際に、目を見て名前を呼び、あいさつをして、一言声をかけるようにしている。「○○さん、おはよう！今日もがんばろうね」「○○さん、おはよう！昨日足が痛いって言っていたのは大丈夫？」というような感じである。たった10秒ほどではあるが、私は一日の始まりの大切なコミュニケーションの時間だと考えている。

漢字ノートに一言コメント

　提出された宿題の漢字ノートは、文字の間違いなどチェックし、丸をつけて返却するのだが、そこに一言コメントを添えるようにしている。頑張っていることをほめたり、気になったことを聞いたり、うれしかったことを伝えたりなど内容はさまざまである。直接話すタイミングがなく言い忘れてしまったことも確実に伝えることができる。また、高学年ぐらいになると面と向かってほめると素っ気ない態度になることもあるが、書いて伝えると素直に受け止められ

る。子どもによっては、返事を返してくる子もいて、ちょっとした交換日記の
ようになり大切なコミュニケーションになることもある。

「集団」に送るメッセージ
黒板にメッセージを書く

子どもたちが登校する前に、黒板
にメッセージを書くようにしている。
昨日伝えられなかった子どもたちの
頑張り、今日期待していること、学
級全体で考えてほしいことなどを伝
える。話すだけではなく、文字にし
て伝えることで響くこともあると思って取り組んでいる。

掲示物

帰りの会に、良かったことを発表することはよ
くある。私はそこで発表された内容を毎日書いて、
掲示するようにしている。良いことを書きためて
いくことで、学級の歴史にもなる。また、良いこ
とがこれだけあったという学級の自信にもつなが
る。なにより、「学級のために先生がずっと書き
続けてくれている」ということだけでも、子ども
たちへのメッセージになっていると考えている。

おわりに

他にも、私は毎日子どもたちと外遊びをするようにしている。これも「みん
なのことが大好きだよ」と体で伝えるメッセージである。いずれの内容も共通
しているのは「続けていく」ことである。働き方改革で、簡略化できるところ
は、簡略化していこうという流れもある。しかし、手間ではあるが、やはり続
けていくことに意味があると思っている。私は、これからもメッセージという
手段で子どもと心をつなげていきたい。

一人一人を育てつくりあげる学級集団

練馬区立下石神井小学校主任教諭　井村　珠生

　学級には、さまざまな子どもがいる。どの子にも得意なこと・苦手なことがあり、互いにそれを認め合い、助け合うことができる学級集団をつくりたいと思いながら学級経営を行ってきた。4月には手探りでお互いの関係づくりをしていた子どもが、しばらくすると上手に友達関係を築いていく姿を見てきて、学級集団の成長を感じる。特に工夫してきた私の学級経営は次のことである。

自主的に進める朝の会

①学級目標を全員が声をそ
　ろえて言う。

　学級目標は、4月の学級
会で、学級全員の意見を尊
重しながら決めるものであ

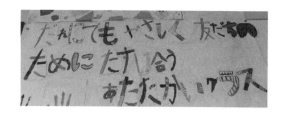

る。1年間教室内に掲げるだけでなく、毎日、口にすることで、本気でそこに向かう意識を共有し、学級が育つと考える。何か学級の課題に直面した時には、「学級目標に向かっているのか。」という視点で見直してみると、解決策が見つかりやすい。

②お互いの存在を大切にする「あいさつリレー」

　出席確認をする時に、名簿順に名前を呼ばれると「はい。元気です。今日の校外学習が楽しみです。○○さん」などのように、子どもの声でリレー形式に行う。欠席がいる子については、「風邪のため、今日はお休みです。」と担任が伝える。出席確認は、担任が行うものだけにはしない。誰が休んでいるのか、友達の体調や気分はどうかということを、子どもたちがお互いに知って気遣う場をつくる。

　もちろん状況によっては欠席理由を知らせない配慮が必要であるが、誰が休みかと他学級や専科教師に尋ねられた時に、どの子でも答えられるようにしたい。それが学級の子どもたち全員が、みんなで学校生活を送っているのだとい

う意識を持たせることになる。

　一日の始まりである朝の会を、学級全員で、前向きな雰囲気の中で取り組めるかどうかは、その日の学習や活動の質を左右するほど大きなものだと考える。朝の会を子どもたちで進めることができると、担任が不在でも日直が責任を持ち、張り切って進めるようになる。毎日のルーティーンに見える朝の会でも、一人一人が大切にされ、学級への所属感を感じられるものにしたい。

友達とのつながりを意識する席替えと班作り

①多くの子とふれあう機会をつくる席替え

　できるだけ多くの友達と関わりを持ってほしいという担任の願いから、席替えは頻繁に行う。座席の隣り同士の二人ずつで日直を担当して、日直が一周すると席替えをする。席替えの方法は、「前から〇列目」や「〇班」という希望を

取った上で、担任が人間関係を考慮して決める。誰とでも仲良くできるような学級になったと感じたら、くじ引きで行うこともある。

②全員が役割を持つ生活班

　班の中で、全員がリーダー（生活長、学習長、給食長など）となることで、学級内での存在意義を感じられるようにする。役割があることで、責任を持って学校生活を送り、自己肯定感を高めることにつながる。

　この他にも学級会では、司会のやり方を担任が教えて、やがて子どもたちが友達の意見をお互いに尊重し合って進めていけるようにしていくなど、常に子どもたちには、周りにいる友達の存在を意識させるような指導をしてきて、折にふれて声かけをしてきた。

　さまざまな個性がある子どもたち、その一人一人の存在を見つめ、誰一人置いてきぼりにすることなく大切にすることを、学級の一番の目標に置いてきた。どの子も周りの子を大切にするようになり、それが学級全体の高まりとなってきたことは教師として最大の喜びである。個の成長の先に集団としての成長を目指し、「この学級でよかった。」と子どもたちが思えるような学級をこれからも作りたいと思っている。

わかりやすい板書を通して読みの力を深める

板書から見る戦争教材「一つの花」

　授業の中で常に子どもたちの目の前にある黒板、これをわかりやすくすることが子どもたちの読みの力を深めることにつながると考えている。わかりやすい板書に力を入れること、4年生の戦争教材である「一つの花」を通してこれを紹介する。この教材を選択した理由は、私の亡き祖母が戦争体験者であり、その当時の話を聞いたことがあったからである。さらに、現在はウクライナとロシアとの間での戦争を、映像を通して大人も子どもも目の当たりにしている。今こそ戦争教材としっかりと向き合い、平和の大切さについて考える時だと思ったからである。そこで、この教材を通して一番考えさせたいこととして、題名である「一つの花」とは一体何なのかを読み取っていった。

（1）戦争教材に入る前に戦争について知る「導入」

　発達段階や学級の実態を踏まえると、広島や長崎の原爆の話や特攻隊の兵隊の話などは重いと考え、衣食住の「食」を通して戦争について知ってもらうことにした。実際の食事のイメージが伝わるように、重湯などの食事の写真を見せた。また戦争時には、食べ物がなかったことなどを伝えた。今の自分たちの「食」と比較できるようにすることで、戦争の時代がいかに大変だったか、ゆみ子の世界をイメージできるようにした。

（2）たくさん記述されている「……」から的を絞って着目させた「展開」

　この教材には「……」がどの場面にもたくさん使われている。しかし、その全てに着目しては、ねらいに迫ることができないと考え、今回はお父さんが戦争に行く前の場面に着目した。お父さんの「一つだけのお花、大事にするんだよう……。」と「ゆみ子のにぎっている一つの花を見つめながら……。」の2か所から題名の「一つの花」とは一体何なのかを考えることにした。

　読みを深めるための手立てとして板書の工夫だけでなく、毎時間取り入れた活動がある。

・範読と音読（授業の最初は範読、読み取った後は音読）

- 生活班での対話的活動
- サイドラインを引く活動
- 全体共有前の自分の考えと共有後の考えと２回書く活動

この４つである。毎時間取り入れることで、回を重ねるたびに学習に見通しを持って取り組み、後半は教師の指示がなくても学習活動に入る程になっていった。また、子どもたちの初発の感想から学習のめあてを立て、以下の６時間で読み進めた。

①ゆみ子の生活の様子について考えよう。
②両親はゆみ子についてどんな思いを持っているのか考えよう。
③お母さんの思いを考えよう。
④お父さんが伝えたかったことを考えよう。
⑤今のゆみ子の思いを考えよう。
⑥「一つの花」とは何か考えよう。

以上の６点である。

　まず、④お父さんが伝えたかったことを考えよう。の時間の板書である。

　このように、これまでの学習内容、学習活動、サイドラインを引き、そこから読み取った内容を分類してわかりやすく板書することを意識した。これを毎時間行うことで、子どもたちのノートにも思考の積み重ねとなり、本時の場面だけでなく、これまでの場面、ノートを振り返りながら学習を進めることでさ

らに読みが深まっていった。

次に最後の⑥「一つの花」とは何かを考える場面である。

このように、最後に「一つの花」とは、ゆみ子に自分の命を大切にしてほしいという願いがあるから「ゆみ子の命」や「命」、また家族である「お母さんの命」であると読みを深めていた。さらには、途中で「たった一つ」という叙述が出てくるが、敢えてそれを使わずに「一つ」を使った理由として「一つから広がっていくものだから」「未来があるものだから」と考えていた。最後のコスモスの花でいっぱいに包まれているという叙述から、ゆみ子やお母さんの幸せな未来につながっていると考えを深めていた。ゆみ子が幸せそうでよかった、という感想も多く見られた。

この場面では、「ゆみ子がお父さんがあったことも知らないのかもしれない」という叙述から、お母さんがお父さんのことを伝えていないことがわかる。それはなぜか子どもたちに考えさせた。子どもたちからは「お母さんにとって戦争の事実がとても悲しいことでまだ伝えられる気持ちになっていない」や「いつかは伝えたいと思っているが心の整理ができていなくて、まだ伝えられていない」「ゆみ子が大人になった時に伝えたいと思っているから」などの発言があった。ここからも、戦争の悲惨さが伝わってきた。

（3）平和について考える「まとめ」

この教材を通して、子どもたちは、積極的に平和について考え、話すようになっていた。これからも今のような平和な時代が続いてほしいという願い、またどうして戦争が起きてしまうのかという疑問を持ち、今の自分たちの平和について考える姿がたくさんあった。

　最後に、亡き祖母から聞いた話を紹介する。祖母は6人兄弟の3番目である。その当時、防空壕は他の人でいっぱいで、未就学児の子どもがたくさんいる祖母の家族は全員が入ることが難しかったそうだ。幸い庭に防空壕を作ることができ、そこに避難していたと言う。当然、防空壕が作れず避難することもできなかった家族もいた。空襲警報が鳴り、祖母の家族が防空壕に避難していた際に、外から歌が聞こえてきた。それは、焼夷弾が落ちてきている真っ最中である。「もうここで死んでしまうかもしれない、そんな時にせめて楽しい歌、好きな歌を歌っていたい」という思いからだと悟ったと話してくれた。その話を聞いた時、こんなにも胸をしめつけられる思いがあるのだと初めて知った。

　他にも、ゆみ子の母と私の祖母の母（曾祖母）が重なるエピソードがあった。6人兄弟だった祖母たちは当然いつでもお腹を空かせていた。小さなさつまいもなどをみんなで取り合うように食べていた。そんなとき曾祖母は、「お母さんはお腹空いてないから、全部食べていいよ」と祖母たちに何日も続けて言ったのだそうだ。幼かった祖母も、お腹が空かないなんて不思議だな、くらいにしか思わなかったが、大人になって、あの時お腹が空いてなかったのではなく、私たちに食べさせるために嘘をついていたのだと気づき、母の偉大さを改めて感じたという話もしてくれた。

　戦時中の話を直接聞くことのできた私は、戦争について伝えていく責任があることを改めて感じている。戦争教材を通して過去の戦争としっかり向き合い、読み取るだけでなく、子どもたちと共に平和について一緒に考える時間にもしていきたいと思っている。

植物のことが自然に好きになる!!
SDGsの視点を取り入れた生活科の授業

豊島区立池袋第一小学校主任教諭　石田　惇二

はじめに

　豊島区は内閣府よりSDGsへの優れた取り組みを行う自治体として「SDGs未来都市」と「自治体SDGsモデル事業」にダブル選定された。このことは、私自身が本格的にSDGsについて学び始める契機となった。ここでは、持続可能な社会の創り手に必要な自然に自ら働きかけ生活を豊かにしようとする態度を育むために、私自身が試行錯誤しながらも実践した生活科の授業を紹介していく。

自己決定する場の設定

　生活科の学習では、自然とふれ合ったり関わったりするために、植物を自分の手で大切に育てる活動が重要であり、植物の栽培活動は2学年にわたって継続的に指導することとされている。2年間取り組むからこそ、工夫をして、生活科が目指す自立し生活を豊かにしていく力を育てたいと考えている。

　そこで、2年生の栽培活動を始める際、育てる植物の選択肢を多く設けることにした。こうすることで、自分の興味・関心に応じた植物を育てられる。私の学級では、ミニトマト・ナス・キュウリ・ピーマン・パプリカの5種類から自分が育てる植物を選ぶことにした。子どもたちが知っている野菜であること、そして育てやすいことに配慮して、栽培する野菜の種類を選んだ。

　一方的に教師から育てる野菜を提示するのではなく、いくつかの選択肢から自分が育てる野菜を選ばせると、子どもたちはどの野菜を育てようかと一生懸命考える。どのような種なのか、どのように育つのか、できた実の味はどうかなど、子どもたちは今までの生活経験をもとに、自分の育てたい植物を考え、決めていく。このように自分で考え決めさせることで、まだ栽培活動は始まっていないのだが、これから育てる植物に対して愛着が湧き、大切に育てようとする心情や態度を育むことにつながる。

経験を豊かにするための場の設定

　苗を植える時に、土を指先で恐る恐るさわる子どもが多く見られた。話を聞くと、家で植物などを育てておらず、土にさわる機会がないというのだ。そのため、図工専科と連携し、砂場での造形遊びや液体粘土での作品作りに取り組ませた。この学習を通して、子どもたちは指の感覚に慣れ、最後には心ゆくまで楽しむ姿が見られた。図工での経験をもとに、その後の栽培活動では、土にふれられる子どもが増えた。子どもたちの経験が豊かになった一場面である。

　栽培活動に取り組む中で、植物の元気がなくなってくる時もある。このような場面も、子どもたちの経験を豊かにする良いきっかけとなる。「何が原因なのか」「どのように対応すればよいのか」について話し合った。子どもたちからの答えは「水不足」だった。わかっているけれど、どうしても水やりを忘れてしまうようだった。そこで、子どもたちにどうしたら水やりを忘れないのか考えさせた。このように課題に対して、自分たちなりの解決策を考えさせることが、生活科で大切にしている自立し生活を豊かにしていく力の育成につながる。「朝登校したら水やりを行う」という水やりを忘れないシステムを作った。子どもたちの様子を見守り支えるために、毎日、担任も植木鉢のある場所に立つことによって、子どもたちは忘れずに水やりができるようになり、植物が元気に育っていく様子を観察することができた。そして栽培活動における課題を自分たちで解決することができたという達成感を感じていた。

自然と仲良くなることが、地球を守ることにつながると信じて

　自然とのふれあいを大切にしながら、子どもたちの実態に合わせた手立てを考えることで、豊かな栽培活動に取り組むことができた。このような経験を通して、子どもたちは植物のことが大好きになり、家でも植物を育てている様子が見られる。

　美しい星であるこの地球で共に生きる仲間として、植物を1つの大切な命として考えられる子どもたちを育てていきたい。

保健室から見える子どもたち

元東京都公立小学校、元川越市立公立中学校養護教諭　米本 美由紀

疲れたので休みたい

　「休養学基礎」（杉田 正明、片野 秀樹 著、メディカ出版、2021）という本にこう書かれていた。「疲れたので明日学校（仕事）を休ませてほしいと相談されたら、どう答えるか。それが今の日本社会の休養に対する考え方だ」と。

　教師1年目の時、熱や咳などわかりやすい症状がない不定愁訴で来室をくり返す子に対して、正直に言うと「わがまま」だと思ったことがある。「休んでいいよ」と対応しながらも、心の中で「これくらいみんな我慢している」「また休んで、この先大丈夫なのか」「怠けている」と思ってしまったのだ。

　そして自分自身に対しても、学校の勤務を休むことは甘えだと思っていた。「もっと大変な人もいるから休めない」「周りに迷惑をかける」と、我慢と忍耐を勘違いしていた。「健康」の本当の意味を理解できていなかったように思う。

心の健康にも関わる養護教諭

　「日本健康相談活動学会：第2回COVID-19に伴う養護教諭の実践に関する緊急アンケート第1版（2020）」によると、社会の状況や環境の変化により、保健室で心の問題を抱える児童生徒の対応が増加してきていることが調査で明らかになった。心の健康は学校だけでなく社会全体の問題となり、鬱に悩む人も少なくない。

　病気は、決して特別な人だけでなく誰にでもかかり得る。それは心の病気も同じである。「しんどい」「疲れた」「もう無理」というメンタルヘルスの問題は、誰にでも突然やってくる可能性がある。

　心の問題は、今やSDGsにも掲げられている。全世界で取り組むべき課題とされ、当事者意識を持つべきと言われている。SDGsの目標3「すべての人に健康と福祉を」そして、3-4では「メ

2020年3月職員用保健だより

ンタルヘルス」について正しい知識と教育の必要性が明記されている。

7年間ずっと嘘をついた生徒

「休む勉強」という担任の言葉に、養護教諭としてはっとさせられたことがある。中学3年生の生徒は自傷行為を小学3年生から始めた。「風邪や熱ではないけどなんだかしんどい、でも親には学校を休むと怒られる。誰かに相談したら迷惑をかける」そう思って7年間ずっと我慢していた。心の痛みを忘れるための自傷行為は、生徒にとって安心する一つの手段であったという。

保健室という居場所を頼って不安や虚しさを打ち明けてくれたことをうれしく思ったのと同時に、どう声をかけるのが正解なのかわからなかった。そこでの担任教師と生徒の会話は、私の健康に対する考えの羅針盤となった。「学力なら、いくらでも後から挽回できる。でも命は取り戻せない。今あなたに必要なのは正しい休み方の勉強だ」担任はそう言って卒業まで伴走した。

保健室は癒しだけでなく教育の場

例えば、骨折して包帯を巻き松葉杖をついている子に対して「頑張って試合に出よう」と言う人はいない。それに比べ、心の問題は目に見えないため難しく、養護教諭としてもどうアセスメントすべきか戸惑う。「受け入れる＝言うことを何でも聞く」ということではない。「わかった、休みたいのね」と言いなりになって叱らず尽くすのは真の優しさではない。では教育の場として心を正しく休ませる、とはどういうことなのか、私は今まで勉強してこなかったのだ。

オーストラリアで研究されているメンタルヘルスファーストエイドという支援法がある。心の応急処置マニュアル「り・は・あ・さ・る」の5原則は、「リスク評価」「判断・批判せず話を聞く」「安心と情報を与える」「サポートを得るよう勧める」「セルフヘルプを勧める」である。これらは養護教諭の職務とも重なる大切な原則なのではないかと考える。

メンタルヘルスファーストエイド

- **り** リスク評価
- **は** 判断・評価せず話を聞く
- **あ** 安心と情報を与える
- **さ** サポートを得るよう勧める
- **る** セルフヘルプを勧める

攻めの休養

　保健室で休む子に対して子ども同士で「ズル休み」「サボり」「メンタルが弱い」と言い合うことは珍しくない。しかし、強靭な肉体と精神を必要とするアスリート業界では今、科学的根拠を基に「攻めの休養」が新常識となっている。人生100年と言われる時代を息切れしないで走るため、攻めの休養でwell-being（ウェルビーイング）な状態を目指すことは例えアスリートでなくても大切なことである。

　近年ニュースで「子どもの自己肯定感が低い」「幸福度世界ワースト２位」「若年層死因一位は自死」と目にするたびに、我慢と忍耐をはき違えた結果が現れたように感じる。教師１年目の時の私のように、休むことや弱音を吐くことがよくないことと思う我慢が、他者に対して「私も我慢しているのだからあなたも我慢するべきだ」という考えにつながる。過度な緊張感が生まれ、そこから自己肯定感は育まれない。

７つの休養モデル

　「体という字のほとんどは休むという字でできている」という企業のコマーシャルのキャッチコピーは、まさに保健室から子どもたちに伝えたいメッセージである。むしろ、今すぐこの言葉を届けたいの

は現場の教師たちにである。教師という過酷な仕事に息切れしないため、「攻めの休養」を選択肢として持つことは心のお守りになる。

　休養学では疲労原因別の７つの休養モデルが提唱されている。心の疲労は気合い、努力、根性論では解消されず、状況に応じた適切な方法により休養をとることで改善を図ることができるとされる。

　また、健康と病気の二元論ではなく「健康と病気は連続して変化するもので、その両者が交錯、共存する状態」を未病と呼び、この改善に取り組むことがこれからの健康観に相応しいとされている。

健康＝幸せ、病気＝不幸なのか

WHO（世界保健機関）の憲章にある「健康の定義」は「健康とは、病気ではないとか、弱っていないということではなく、肉体的にも、精神的にも、そして社会的にも、すべてが 満たされた状態にあることをいいます。人種、宗教、政治信条や経済的・社会的条件によって差別されることなく、最高水準の健康に恵まれることは、あらゆる人々にとっての基本的人権のひとつです。」である。

この執筆を通して、改めて教師としての未熟さを感じた。今まで私は「健康＝幸せ」「病気＝不幸」と脅しのようにメッセージを伝えていたかもしれない。心臓に持病のある子が将来お医者さんになりたいと目を輝かせる姿。発達障害の診断のある子が没頭していることについて夢中で話す姿。うつ病になった同僚が、新天地で自分らしい働き方をスタートさせた姿。健康と病気の二元論では語れない幸せな姿を、保健室からたくさん見てきた。

私の姉は現在乳がんの闘病中だが、決して不幸ではない。大切な家族に囲まれ、とても幸せに前向きに人生を楽しんでいる。「病気＝不幸」とは限らない。

旧来の価値観にとらわれない健康

小学校学習指導要領「体育」の３，４年生の内容Ｇ保健には「心や体の調子がよいなどの健康の状態は、主体の要因や周囲の環境の要因がかかわっていること」と記されている。心の健康に関しても旧来の画一的な価値観ではなく、多様な見方をする必要がある。

教師としても人としても半人前の私には「社会全体を健康にしたい」という大きな夢は語れない。けれど、半径３メートルの、自分の手の届く範囲の大切な人たちの健康と幸せを祈り、守っていく気持ちは決して忘れたくない。いつかまた教師の職に復帰したら、目の前の子どもたちの心身の健康に寄り添う養護教諭でありたいと思う。

人との関わりを大切にしたキャリア教育の実践

宮城県仙台市立八乙女小学校教諭　池田　美智子

はじめに

　子どもに「学校の勉強って、将来役に立つの？」と聞かれた時、皆さんはどう答えるだろうか。教師になりたての私は「役に立つよ。だから頑張れ。」としか答えられなかった。

　そのような時に、東日本大震災が起こった。私は、地震や津波の恐ろしさを目の当たりにした。家族や友人、地域、学校を失ったが、同時に大切なことにも気づかされた。それは、人の優しさ、温かさ、人と関わることの大切さである。自分一人でも勉強はできるが、友達と学び、たくさんの考えを知ることがある。時には意見が違い、衝突が生じることもある。でも、知恵を出し合えば、よりよい答えを導き出すことが

震災後の授業の様子
近隣小学校に教室を間借りし、1つの教室をダンボールで仕切り、低・中学年の複式で授業をしていた

できる。苦しいことも乗り越えられる。勉強する中でこのような経験をし、学ぶことが、将来の役に立つことにつながる。今の私なら、冒頭の子どもの問いにそう答えるだろう。こうした経験から、今日の授業や指導にも、人との関わりを大切にした授業を行うよう心がけている。

キャリア教育の充実

　関わりを大切にした授業実践を積み重ねていく上で、注目したのが、「キャリア教育」である。

　現行の小学校学習指導要領総則には、キャリア教育について「学ぶことと自己の将来とのつながりを見通しながら、社会的・職業的自立に向けて必要な基礎となる資質・能力を身につけていくことができるよう、特別活動を要としつつ各教科などの特質に応じて、キャリア教育の充実を図ること」と明記されている。そこで私は、人と関わりながら、教科などの学びから自己と友達のよさ

に気づくことができるようなキャリア教育の実践に取り組んだ。

キャリア教育の実践（1年生の取り組み）

（1）実践にあたって工夫したこと

　1学年の実態は、コロナ禍の影響もあり、大きい声で発表することや話すこと、集団で活動する経験など、人との関わりが少ない傾向にある。また、家族以外の人との関わりが少ない子どもや、習い事があるため放課後に遊ぶ時間がない子どもなど、家庭環境もさまざまで経験の差が大きい。

　このような実態を踏まえて、人との関わりを意識したキャリア教育を実践した。ここでは、学年での取り組みを紹介する。

　学年教師たちと検討し、テーマ・教科・領域における実践を構想・計画（図1）し実践した。教科学習の中に、振り返りの時間を設け、ペアで話したり、お互いのよかったところを発見させたりする機会を意図的に設け、各教科で学習したことが他の学習でどう生かされているか意識できるように工夫した。

図1　実践の構想図

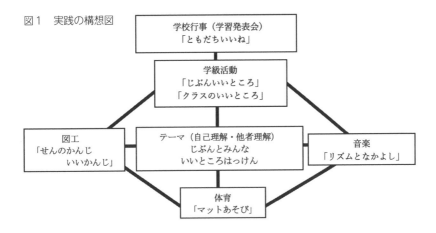

（2）学級活動の実践

　学級活動では、授業の導入で自分のいいところや学級のいいところを紹介したり、伝えたりする時間を取り入れた。時には、ロイロノートを活用し、見つけたことを付箋に書いて、画面を見せながら相手に説明する活動も行った。頑張っている友達を見つけたり、自分が頑張っていることを伝えることで、「あ

りがとう」や「素敵だね」といった言葉がかけられるようになってきた。その子どもたちをほめて、「あったか言葉」として集めていくことで、温かい雰囲気づくりができるよう工夫した。

クラスのみんなの
いいところは
どんなところだろう？

私はこう
思うよ。
どう思う？

いいところ
たくさん
見つけたよ。

学級活動の様子

（3）交換授業・合同授業の実践による効果

　1学年3学級で音楽、図工の交換授業を行い、体育は合同で行った。単元の関連を考慮し、教師がそれぞれ得意な教科を担当した。毎時間、伝え合う時間を設けたり、他教科で学んだ学習と関連づけたりして授業を行った。また、1年生では学習習慣を身につけさせることも重要であるため、授業の約束、発表の仕方も含め、統一した指導を心がけた。子どもたちは、担任以外の教師との関わりが増え、より多くの人と関わりたいという思いを強くし、学校に対しての安心感にもつながった。

（4）学校行事との関連から

　上記で述べたような実践を積み重ね、10月に行われた学習発表会では、「ともだちいいね」というテーマのもと、劇に取り組んだ。入学してからこれまで、

どれもいいね。
悩むなぁ。

タンタンターンの
リズムでやったら
うまくできました。

同じリズムでも音が
違うよ。どれがすき？

授業の様子

たくさんの人と関わり、新しい友達ができたことやこれからも一緒に頑張ろうという思いを持ち、見てくれる人に伝わるように指導を行った。

成果と課題

　成果は、以下の２点である。

①相手意識を持つことができた

　友達と関わる時間を設けたことは、思いを伝えることへの自信につながっている。自分の意見だけを発表すれば満足という段階から、友達の話を最後まで聞くことが身についてきた。相手意識を持って、また、よかったところを話したり、アドバイスしたりする子どもが増えてきた。

②教師間の連携が子どもの意欲の向上につながった

　打ち合わせを大切にした。学級や子どもの実態の情報共有と授業の進め方について、授業後には、振り返りを行った。担任だけでは気づくことができなかった子どもの姿やよさを知る機会になった。また、教師が得意な教科で授業を行うので負担は少ない。教師が自信を持って行う授業は、子どもの意欲の向上や興味の高まりにつながった。

　課題は、学級担任以外の授業に対して抵抗感があり、落ち着かなくなる子どもも見られた点である。実施にあたっては、発達段階、実態（学級・個人）を踏まえた計画や個に応じた指導を工夫していくことが必要である。

おわりに

　「ピンチはチャンス」という言葉が大好きである。震災は大きなピンチであったが、チャンスでもある。そして、チャンスは人との関わりやつながりを通して、よりよいものになると思っている。教師塾に参加し、このような執筆の機会をいただいたことに感謝し、教師として今後も成長し続けたい。

まずは「聴くこと」から始めませんか

中央区立有馬小学校教諭　大木戸 冬弥

「聞く」ではなく「聴く」

「教師は、人の話を聴くことが下手だ」という話を初任の時に聞いたことがある。子どもを指導する立場である教師は、相手の話を聴いているうちに、どうしても「どのように指導するか」「効果的なアドバイスはないか」を探しながら聴いてしまうからだそうだ。相手がどんなに深刻な状況でも、どんなに親身になって聴いてほしいと思っていてもそうなってしまう。相

手が子どもでも同じである。しっかりと子どもの気持ちを最後まで聴き、受け止めていきたい。教師に話そうと思って、行動に移してくれた子どもの勇気に、本当の「聴く」で応えてあげたい。それが、私の学級経営の根幹である。

国語科を通して「聞くこと」を深堀りしていく

冒頭で述べたように「聴く」を大事にしている私は、国語科の学習指導要領で示されている「話すこと・聞くこと」という領域について強い関心を抱いた。そこで気づいたことは、「聞く」は3種類あるということである。その3種類を私の中で以下のように定義付けた。

① 聞く（hear）　無意識に聞こえてくる音　自然に耳に入ってくる音
② 聴く（listen）　意識してじっくり聞くこと　集中して聞くこと
③ 訊く（ask）　尋ねること　質問すること

このように考えると、教師が意識すべきなのは②と③なのではないだろうか。そして、このことを子どもに伝えることで、子ども自身も相手の話を聴こうとする姿勢が変わり、意識して聴くことができるのではないだろうか。そんな「聴くこと」にフォーカスした授業実践をこれから紹介していきたい。

聴くことにフォーカスした授業実践

①2年生「そうだんにのってください（光村図書）」

　この単元では、「相手の発言を受けて話をつなぐ力」を身につけさせること
が求められている。話をつなぐためには、質問したり感想を伝えたりすること
などが考えられるが、いずれも相手の話をしっかり聴くことができなければ、
相手の気持ちに寄り添ったアドバイスを送ることはできない。そこで、今回私
が考えた手立ては、主に以下の4つである。この手立てを通して、2年生でも
相手の話をしっかりと聴き、相手の気持ちに寄り添ったアドバイスができた。

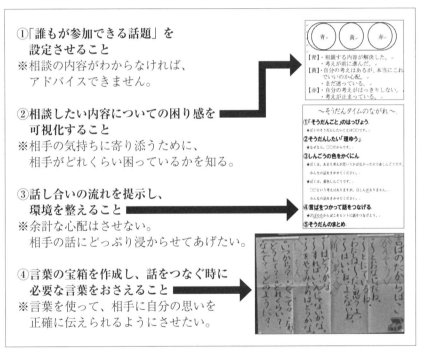

①「誰もが参加できる話題」を
　設定させること
※相談の内容がわからなければ、
　アドバイスできません。

②相談したい内容についての困り感を
　可視化すること
※相手の気持ちに寄り添うために、
　相手がどれくらい困っているかを知る。

③話し合いの流れを提示し、
　環境を整えること
※余計な心配はさせない。
　相手の話にどっぷり浸からせてあげたい。

④言葉の宝箱を作成し、話をつなぐ時に
　必要な言葉をおさえること
※言葉を使って、相手に自分の思いを
　正確に伝えられるようにさせたい。

　2年生のうちから相手の話にしっかりと耳を傾けることについて指導するこ
とで、3年生以降、より一層複雑化する話し合いにも柔軟に対応することがで
きると考える。

②5年生「作家で広げるわたしたちの読書　カレーライス（光村図書）」

　本単元の学習のゴールを「ビブリオバトルを通して、読書の世界を広げよう」
とした。ビブリオバトルとは、立命館大学の谷口忠大教授が考案した「書評合

戦」のことである。好きな本を片手に5分間の発表を行い、発表の後は3分間のディスカッションタイム（質問タイム）をするものだ。5分間、発表を真剣に聴くことができなければ、その後の3分間にはつながらない。要するに、真剣に聴くことができなければ、しっかりと訊くことはできないのである。

　自分が紹介したい本や作家を探すとなると長い時間を要する。そこで、以下のような単元構成に辿り着いた。

夏休み前（7月中旬）	夏休み（7月〜8月）	夏休み明け（9月）
「カレーライス」の授業重松清の作品を複数読み、作家の特徴や世界観に浸る。	自分が好きな本や作家を見つける。その作家が書いた作品を複数読み、作家の特徴や世界観に浸る。	一番気に入った作品を学級のみんなに紹介する。（作家の特徴や世界観についてもふれながら紹介する。）

①重松清の作品は、主人公が同年代のものが多く、子どもたちが共感しやすくおもしろい作品が多い。読書の世界を広げるにはもってこいの作家である。
　　ここで、子どもたちの「もっと読みたい！もっと違う作家の作品も読みたい！」という気持ちを高めることができた。
②夏休みの宿題で出される「読書」を意味のあるものにさせたいという思いは、教師の誰もが持っているのではないか。ビブリオバトルという目的意識を持たせることで、さまざまな作家の本を探し、真剣に読む時間を十分に与えることができた。
③夏休み明け、いざビブリオバトル開催！学級の全員が同じことを真剣に取り組んでいるのである。誰もが1人1人の発表を真剣に聴くことができた。それは、夏休み中に誰もが一生懸命に読書に取り組んだからである。「聴く」ことを大切にすることを通して、学級全体がより一層まとまったように私は感じた。

より一層、子どもの話を聴くために
①1人1日1会話以上
　ふだんの学校生活で、私が意識しているのは、「1人1日1会話以上」である。あいさつを交わしただけで、その日、この子と何も話さなかったということが

ないようにしている。話題は、授業に関係することでも他愛もない話でもどんなことでもよい。子どもとの関わり合いを深めるために、まずは教師から訊いて回るのが一番の近道だと思う。

②「半分ノート」で、自主学習にも相談にも

　子どもから積極的に相談してくれたり、働きかけたりしてくれるのならば心配はいらないだろう。しかし、学級には、「教師に相談しづらい」と思う子どもがいるものである。その理由の１つとして、「みんながいるところでは、話しづらい」という理由があげられるのではないかと私は感じている。そこで、私は他の子には決して見せないという約束をして、学級全員にノートを半分に切ったものを渡していた。話し言葉では、相談できなかったことや話せなかったことが、文字を通してなら話せるという子どもは一定数いる。このノートは週に１度、全員に提出させていた。何も相談したいことがない場合は、自主学習や日記帳として活用している子もいた。子どもが話したいことをいつでも聴くことができる環境をつくる上で、有効な手立てだと感じている。

おわりに

　人とコミュニケーションを図ることは、生きていく上で避けては通れない。避けられないことであるならば、より一層得意になりたいと私は考えている。そのために、まずは「聴く」ことから始めていきたい。話を聴くことで、話はつながる。話を聴くことで、話を訊くことができる。そんな「聴き上手」になることを意識しながら、私はこれからも教育の現場に立ち続けていきたい。

「鳥獣戯画」をさらに読む

葛飾区立原田小学校教諭　関口　侑羽

はじめに

　光村図書６年国語「『鳥獣戯画』を読む」（高畑 勲 作）の授業で学んだこと
をさらに他教科で生かした実践を紹介する。国語の授業では、まず題名に注目
した。通常、絵は「みる（見る・観る）」ものであり、絵を「読む」とは表現
しない。実践した授業では、題名をあえて「読む」と表現したことに着目し、
絵を「読む」とはどのようなことかを本文から考えた。国語の授業では、子ど
もたちは「絵をじっくりと見てあらゆる情報から考え、想像したことを言葉で
表現すること」と結論づけた。そこから、教材文をモデルとして、子どもたち
自身が絵の解説文を書くという、絵を「読む」学習活動を行った。そして、こ
の国語の学習で学んだ力を教科書の学習で終わりにするのではなく、「『鳥獣戯
画』をさらに読む」として、学校教育のさまざまな場面で生かし、価値づけを
行った。

国語の力を他の場面に生かす 「学びに向かう力」

①社会「資料の読み取り」

　社会では、資料の読み取り
に国語で学んだ力を生かした。
東京書籍６年社会「明治の国
づくりを進めた人々」では、
導入で江戸時代と明治時代の
生活の様子が描かれた絵を提
示した。２つの絵をじっくり
と見て気づいたことを言葉に
しながら、人々の様子や違い

江戸時代 / 明治時代

・江戸時代は、ほとんどの人が和服を着ている。
・江戸時代はかごに乗って移動している。
・ほとんどが、木造の建物。
・日本の文化が多い。

・明治時代は洋服を着ている人がいる。
・明治時代は、人力車や馬車に乗っている。
・明治時代は外国の文化が多く入っているような気がする。
・建物の造りが明治は洋風になっている（丈夫そう）

について考えた。国語と同じように「絵を読む」でもあり、子どもたちは「時
代を読む」でもあると表現していた。「国語で身につけた力を生かそう」と声

をかけると、目に見える事実から何が読み取れるかをよく考えるとともに、伝えたいことをどのように言葉で表現すればよいかを考える姿も見られた。

②理科　実験結果の整理

　理科では実験結果の読み取りに国語で学んだ力を生かした。大日本図書６年理科「土地のつくりと変化」では、流水堆積実験を行った。堆積してできた地層をじっくりと見て、結果を整理した。非連続型テキストを読み取るという点で、「絵を読む」と同じように国語の学習が生かされると考えた。子どもたちも「結果を読む」「地層を読む」と表現し、さまざまな視点から結果を読み取ることができた。

③アンケート「国語の学習が他にも役立ったことがありますか？」

　国語の学習がどのように役立っているのかについて、子どもたちにアンケートをとった。アンケートの結果を一部抜粋したものが以下の通りである。

・自分の考えをはっきりと発表することができるようになった。
・物語から自分も登場人物と比べながら読み、生活面を改めるようになった。
・相手にどう伝わるのか考えて発言できるようになった。
・他の見方がないか考えるようになった。
・算数の文章題が理解しやすくなった。
・人の気持ちを想像できるようになった。

　ここから、子どもたちが学習の成果を実感するのは多岐にわたることがわかる。また、このような場面を教師が見逃さずに「あのときの学習が生かすことができたね。」などと価値づけしていくことも重要である。

まとめ

　学習で身につけた力はその教科・単元だけでなく、他教科や生活のさまざまな場面で生かすことができる。そのためには、教師がその学習で身につけた力を整理し、価値づけしていくことが大切である。

子どもが主体的に学ぶための仕掛けづくり
～社会科×ICTの実践を通して～

足立区立伊興小学校教諭　下川 智裕

はじめに

　本校の研究主題は 「児童の『やってみよう！』『それは本当かな？』『わかった！』の追究～児童自らが学びを進めるカリキュラムづくり～」である。そのような中、私は日常の授業で子どもたちがいかに主体的に学習に取り組むことができるか、学力差のある学級でどのように授業を行っていけばよいのか悩んだ時期があった。この課題を解決するために、ICT主任である自分の特長を生かして解決できないか考えた。

ICTを活用した「やりたい！」「やらなきゃ！」を持たせる仕掛け

　私が社会科の授業で、主体性を育むことができると考えるポイントは、

・資料の焦点化　何を見ればよいのか「わかる」⇒「やりたい！」
・調査方法の選択化　自分で「選べる」 視聴して「わかる」→「やりたい！」
・共同編集機能を活用した協働学習　自分も「やらなきゃ！」
・何より、端末を触るのが楽しい！ 「やりたい！」

　解決のために、まず学力下位層の子どもたちが、どうすれば「わかった」「やりたい！」と感じることができるのか。教科書や資料集は学習に不可欠であるが、情報が多過ぎて短時間で読み取るのは難しい。そこで、導入場面では資料を焦点化して、読み取るべき内容を正確に読み取れるようにした。次に、調査方法の選択化を行った。教科書、資料集だけではなく、本時の学習に関係する画像・映像資料にいつでも誰でもアクセスできる環境を整え、子どもたちは調べる時間の中で、教科書・資料集・タブレット端末を自由に使わせた。単元末は、協働学習を取り入れ、スライドの共同編集機能を活用し、学び合い、教え合いができる環境を整え知識の定着を図った。

「武士による政治のはじまり」の実践

　6年歴史単元「武士による政治のはじまり」の学習のまとめを右図のシンキングツールを活用した。ここではグループごとに4視点「時代の流れ」「場所の特徴」「人のつながり」「人の活躍」に分け、「鎌倉時代」についてまとめていく。この4視点は社会科の見方・考え方にもとづいて設定した。

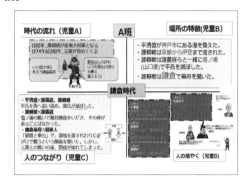

　子どもたちは、決められた役割に沿って、前時までのノートや教科書、資料集、タブレット端末を使いグループのスライドにまとめていく。一枚のスライドで学んできた単元のまとめを行い、学習内容の定着を図ることができた。

　本授業は、小中連携授業の中で行ったものである。授業後、参観された先生方からフィードバックを受けた。取り組みの成果と課題は、次の通りである。

　成果 ①限られた時間の中で、同じグループの子ども同士がまとめる内容を話し合いながら、主体的に取り組む姿が見られた。②学力下位層の子どもも、友達の活動を見たり友達に聞いたりしながら、自力で取り組むことができた。③今までの学習ノートを見ながら行うことで、学んできた内容を生かすことができた。

　課題 ①各グループのデータをどのように共有し、残していくか。
（解決策）スライドを共有ドライブに保存することでいつでもアクセス可能な状態にしたり、適宜、紙面に印刷し配布したりすることで補うことが可能であると考えた。

おわりに

　学級の学ぶ意欲を高めていくには、「わかった」「できた」実感をいかに持たせていくかが大切である。そのために、ファシリテーターとしての教師ができることは「やりたい！」「やらなきゃ！」と思わせる仕掛けづくりである。

学級目標を軸にした学級づくり
～学級目標の活用を通じて～

国分寺市立第六小学校教諭　蜂須 美加

学級目標の役割は？

　年間約200日の中で、確実にかつ効率的に子どもたちの成長を促していくことが教師には求められる。そこで欠かせないと考えるのが学級目標だ。子どもにとって1年後に達成すべき自分たちの姿であり（目的的な役割）、教師にとっては、「課題解決集団の育成というゴールにたどり着くための、子どもたちと共有する道しるべ」（赤坂, 2015, p.19）である。学級目標の活用は、よりよい学級づくりを目指していく上での1つの有効な手立てととらえ、作成やその活用について考えた。

学級目標を作る時期はいつ？

　私はこれまで、学級開きをしてすぐに学級目標を設定していた。しかし、4月は、教師も子どももお互い新しい関係作りをしている時期であり、自分たちの実態に合った学級目標を考えることはまだ難しい。結果として、あたりさわりのない言葉が並び、学級目標が形骸化していた過去の反省がある。

　そこで、4月は、子どもたちの行動や教室の現状を積極的にフィードバックすることに主眼を置いた。教師が子どもを一方的にジャッジするのではなく、例えば「○○さんの行動についてどう思う？」と子どもに問うことによって、学級で大切にしたい価値観を共有する機会を意識的に持った。5月頃には、子どもたち自身が学級の良さや目指したい姿を話し合えるようになっていった。

【学級目標ができるまで】

4月
学級に根付かせたい価値観の
種まき
↓
5月～
学級のよさ・強み
弱み・成長すべき点を共通認識
↓
一人一人が
目標にしたい言葉を短冊に記入する
↓
全員の考えが反映された話し合い
↓
決定
（朝の会での唱和、
個人目標の設定）
↓
7月
学級目標の到達度の振り返り

●「キラキラ」　＝一人ひとりが輝く　（個人の活躍）
　「たすけあう」＝協力する　（集団としての成長）
●学級全員で★を描いて貼ったり、キャラクターを入れ
　たり、子どもたちにとって愛着のある学級目標になった。

「決めっぱなしの学級目標」にしない

　「つくった学級目標は教室の壁に飾っているだけでは達成されません。その目標を成し遂げるために『すべきアクション』がいくつもあるはずです。それが『行動目標』です。」（宮澤，2022，p.131）とあるように、具体的な行動に移せるようにしていく必要がある。学級目標と現状のギャップを考え、それを埋めるために必要な行動を行動目標として設定していく。

行動目標の例：●ちくちく言葉を使わない　●時間を守って行動しよう
　　　　　　　●自分からあいさつしよう　●男女とも仲良く
　　　　　　　●自分の考えを進んで伝えよう

　決まった行動目標は、学級目標と共に掲示し、行動に移せるようになったら、新たな行動目標を立てることをくり返していく。次第に、「もう少し～できたらいいよね」「次の行動目標は～にしようか」などと声が上がるようになり、自分たちの行動を省み、よりよく変えていこうという意識が高まっていった。

学級目標は、最高の合言葉

　学級目標は、1年間を走り抜けるために必要な学級の心臓のようなもの。教師が外側から与える一方的な励ましや叱責より、子ども自身が必要感を持って内省する機会が増え、成長を促す効果がある。教師と子どもの共通の拠り所になる学級目標を大切に、成長を実感して喜び合える200日目を目指していきたい。

【参考文献】
○赤坂真二(2015)『最高のチームを育てる学級目標』明治図書
○宮澤悠維(2022)『学級経営の心得』学事出版

「絵本の読み聞かせ」で育てる子どもの想像力

大田区立池上小学校教諭　入江 一葉

　私が大学生の時、遠藤真司教授の講義で「絵本の読み聞かせ」について考える機会があった。それまで全く興味がなかったのだが、「読み聞かせが上手くなれば教師として大きな武器になる」という言葉に衝撃を受けた。そこから、子どもたちにたくさんの絵本を読んであげたいという気持ちが芽生え、本の収集や読み聞かせの練習をするようになった。あれから私は教師になり、今、大好きな絵本を子どもたちに読み続けている。

「絵本の読み聞かせ」の魅力

　一番の魅力は「子どもたちの想像力が広がる」ということである。絵本を読んでいる間、子どもたちは、「次はどうなるのかな」「きっと○○が出てくるよ」など、話を予想しながら聞いている。子

どもたちの想像力を広げるためにとても有効な手段だと感じている。

子どもたちに身につく力

　第一に、集中力の向上である。私が、1年生を担任していた時、授業のはじめに読み聞かせを行うようにしていた。なぜなら、読み終えた後、子どもたちが落ち着いた雰囲気で授業を始めることができたからである。はじめは短い本を読んでいたのだが、徐々に長いお話を読んでも集中して聞けるようになった。

　第二に、読書活動の充実である。私の勤務している学校では、朝の時間に「読書タイム」がある。その時間、私は2つのルールを徹底している。①10分間1冊の本を読む。②読書タイムの間は、本を変えることはできない。つまり、10分間席を立ち歩くことを許していないのだ。席に座ったと思ったらすぐに席を立ち、本を変えるという行為をくり返す子どもがいる。そうではなく、自分で「10分間、集中して読める本を決める力」（＝選書力）を育てることで、本の世

界に集中できる空間を作っている。また、読み聞かせで読んだ本は学級の本棚に置き、子どもが好きなタイミングで読めるようにしている。あらゆる絵本を読むことで、子どもたちも自分の好みの本がわかり、読書タイムに楽しく取り組んでいる。

　第三に、作者に興味をもつ子どもが増えたことである。２年生の担任をしている時、国語の有名教材である「スイミー」を学習する前後に、レオ・レオニの絵本を意図的に読んでいた。はじめは何も感じていなかった子どもたちが、作者の名前を覚え、動物が出てくる作品が多いことに気づいていった。子どもたちはお話の内容だけではなく、作者に興味を持つようになったのである。このことをきっかけに、絵本を読むたび、作者の名前をおさえ、他にどのような作品を書いているのか探す子どもが増え、読書の幅が広がっていると感じた。

実践方法の紹介

　私は、週に３日読み聞かせの時間を確保している。例えば、朝の時間の隙間タイム。国語や道徳で教材として絵本を活用することもある。また、学級経営においても読み聞かせを生かしている。４月、新しい学級に不安を感じている子どもたちのために、藤田晋治さんの「教室はまちがうところだ」を読んだ。５月には自分の持ち物を大切にしてほしいという思いから、なかやみわさんの「くれよんのくろくん」を読んだ。このように、私が子どもたちに伝えたいメッセージを、絵本を通して伝えている。

おわりに

　私は読んだ絵本の題名を短冊に書いて後ろの壁に掲

示している。１年間で100冊を超え、それだけの短冊が教室に貼られ、子どもとともに絵本の歴史と楽しさを目で見て大きな喜びを味わった。私自身が頑張る源にもなり、今、「私の教師としての武器は『絵本の読み聞かせ』である」と胸を張って言える。これからも子どもたちと楽しみながら実践を続け、子どもたちとともに絵本の世界を楽しみたい。

主体的・対話的で深い学びを目指した国語科の指導の工夫

世田谷区立給田小学校教諭　田代 かれん

　子どもにとって毎日の授業や学習活動が「やらなくてはいけないこと」から「自分のためにやりたいこと」になるように授業を工夫していきたいと考えている。その一環として２年生の国語科「お手紙」の授業で、自分なりに目標を持ち、友達と学び合うことを楽しめるような授業を目指して工夫した。

単元のゴールと見通しの明示

　単元の目標は想像したことを音読劇で表すこととし、ゴールとして音読発表会を設定した。気持ちを込めて、場面に合う動作をつけながら音読するためには登場人物の気持ちを想像しながら物語を読む必要がある。そのために①お話を読んで考える、②音読劇の練習をする、③音読劇の発表をする、という学習過程を単元の始めに示した。学習過程を示さないと、子どもたちは「今日は何を勉強するの？」「いつまでこの勉強をやるの？」と聞くことが多かったが、学習のゴールと見通しがわかることで、安心して学習に向かっている。

自己目標の設定と自己評価の継続

　学習目標の評価を、金メダル、銀メダル、銅メダルの３段階で示した。毎回授業のはじめに教師が「今日はどのメダルを目指す？」と自分の目標を持つように促し、子どもは自分が達成したいメダルを選んで挙手するとともに、ワークシートに記入した。授業の最後には、達成度を◎○△で自己評価した。

　単元前半の登場人物の気持ちについて考えたことを話し合って読みを深める段階と、後半の音読劇の練習で２種類の目標を用意した。目標の選択や自己評価の理由を尋ねると、「まずは銅メダルから」「昨日は銀メダルを達成したから今日は金メダルを目指す」「班では自分の考えを話せたけれど、全員の前で今日は発表できなかっ

たから○にした」などと教えてくれた。また、「何を目標にするのかわかって
よかった」「自分で目標を決めたから頑張ることができた」と自分で目標を立て、
自己評価することの良さを実感していた。

ロイロノートでの「音読コンテスト」

　授業で毎回音読をしていても、なかなか全員の音読をじっくり聞けないこと、
音読の宿題を出しても読む力が身についているか見取りにくかった。そこで、
ロイロノートというアプリの録音機能を使って音読した音声を提出してもらい、
お互いに聞き合って「音読王」を投票で決める「音読コンテスト」を開催した。
授業と並行して宿題の一つとして行い、子どもたちは「音読王」を目指して意
欲的に取り組んでいた。子どもたちと事前に声の大きさや読み方の正しさ、気
持ちを込めているかなど上手な音読のポイントを確認し、目標や審査項目とし
て意識するようにした。友達の音読を聞いて、投稿し直す子どももいた。音読
へのモチベーションの高まりを感じるとと
もに、一人一人の音読をじっくり聞き、評
価できることは教師にとっても指導と評価
の一体化を実現する良い機会となった。教
室では話すことに苦手意識がある子どもの
音読が上手であると気づけた時には、驚き
とともにうれしさを感じた。

おわりに

　以上の工夫を通して、音読劇に向けて自分の目標を持ち意欲的に学ぶ子ども
の姿が見られた。自分の学びを振り返ることは、次の目標を持つことにもつな
がり、主体的な学び、深い学びが実現できると考える。今回は物語の読み取り
の目標の中に友達との話し合いについても盛り込んだため、対話的な学びにも
つながった。私自身も学び続ける教師として、指導を振り返り、仲間と対話を
重ねながら、今後も子どもが学びたくなるような授業を目指していきたい。

「学校が好き」な子を育てる

江戸川区立篠崎小学校教諭　秋山 絵茉

　私は担任として学級を持つ際に、1つのテーマを持って指導にあたっている。それは「楽しく学ぶ教室」だ。子どもが学校にいるほとんどの時間は、授業時間である。つまり、授業時間を楽しむことができれば、「学校という場所は楽しいところだ！」と感じる子どもは増えるのである。振り返ってみると、私は大の勉強嫌いな子どもだった。苦手なことがたくさんあったからだと思う。苦手なことは大人も進んで取り組めないものである。1日45分×5時間のうち苦手な教科が3時間もあれば、集中力が続かない子どもたちは5時間目が終わるころにはへとへとに疲れ果てている。そこで、「楽しく学ぶ」にはどうすればよいのか自分なりに創意工夫していることを紹介する。

漢字学習にも楽しみを！

　単純計算で一番学習する漢字が少ない1年生で週に4字程度（2学期から漢字の学習が始まったとして計算）、一番多い4年生では週に6字程度、漢字を学習することになる。その時間を楽しい時間にできないかと考えた。そこで、漢字の筆順を確認する際にさまざまな変化を取り入れた。

リズムを変える	・ゆっくりのテンポで空書きする ・速いテンポで空書きする
言い方を変える	・英語で数えていく ・クラスの合言葉を使って数えていく ・教師の合図で声を出さず、心の中で各自が数えていく
体全体を使って書く	・筆を持っている様な手つきで落ち着いて書く ・立ち上がり、体全体を使って書く

　1学期はくじ引きでどの書き方で練習をするか決め、2学期からは子どもたちが考えた書き方で練習を進めている。大切なことは、このように楽しく筆順の確認をした後に、しっかりとドリルやノートで練習をさせることである。楽

しい雰囲気を作っただけでは、正しく漢字を書く力を身につけることはできない。楽しい雰囲気の余韻の中で、今度は落ち着いて、字形やとめ・はねなどの書き方のポイントを確認させ、どの子も漢字の練習に集中して取り組ませている。

日々の指導を「キャンペーン」や「イベント」に！

　同じ内容でも伝え方が変わると、受け取る側の印象は大きく変わると感じる。日々の指導の中では、「あいさつをしましょう」「忘れ物をなくしましょう」など、くり返し伝えなければいけないことが多くある。その指導を少しでもポジティブなイメージへの工夫が、クラスのキャンペーンやイベントである。

　私は生活面での指導をする際、子どもたちと相談して、クラスのキャンペーンやイベントという形で、期間を決めて実施している。「あいさつキャンペーン」と決めた週は、「毎朝会った友達に元気にあいさつしよう！」という内容を決め、クラス全員で達成できるように取り組む。「忘れ物をなくそうイベント」では、班の中で声をかけ合うとともに、忘れ物が少ない子どもの工夫をクラスで発表してもらう場を設定している。

教師の笑顔と子どもの笑顔

　「感情は伝わっていくもの」と担任をしていてよく感じる。学級が落ち着かない時、必ず学級内に不安定な子がいる。その逆で優しさや明るさも広がる。教師がいつも笑顔で明るく子どもと接することで学級の雰囲気を和らげ、子どもとの信頼関係の構築にもつながると感じる。「秋山先生ってどんな人？」と子どもが聞かれた時に、思い浮かぶ私の顔が笑顔であることを目指している。そして、そのような日々の取り組みから、「学校が好き」な子どもたちを育てていきたい。

教師も子どもも楽しむ古典の授業実践

江戸川区立篠崎小学校教諭　三浦 万由子

はじめに

　教師になって2年目に、初めて5年生
の担任になった。国語科の教科書には「古
典を楽しむ」という単元があったが、私
自身が古典を教えることも、子どもたち

が古典にふれることも初めてで、どのような授業をすればよいのか悩んでいた。
そこで、「学ぶ楽しさ」に焦点を当て、教材研究と授業づくりに取り組んだ。

学ぶ楽しさの再発見

　まずは私自身が古典について学び、知識を深めるために、早稲田大学演劇博
物館を訪れた。この博物館では、能や狂言のビデオが放映されていたり、道具
や衣装などが展示されている。実際に映像や資料を見ることで、古典の世界に
ふれることができた。古典だからといって現代の作品と違うものとして見るの
ではなく、当時の人と同じ気持ちになって作品を楽しむことができた。これは、
私にとって学ぶ楽しさを再認識する良い機会となった。授業で生き生きとした
古典の世界を伝えることができる映像や写真を活用することにした。

楽しみながら、学びが深まる授業づくりの工夫

①生活体験との関連づけ

　導入では、子どもたちに楽しいことはどのようなことかを考えさせた。子ど
もたちからは、「動画を見る」「ゲームをする」「本を読む」などの声があがった。
次に、昔の人の楽しみを考えさせた。そして、昔の人の楽しみとして、能や狂
言、人形浄瑠璃、歌舞伎などがあったことを紹介した。はじめは「難しそう」
と言っていた子どもたちだったが、今と昔の楽しみを比べたことで、「昔の人
も今と同じように、こういうものを見て楽しんでいたんだ」と、古典に対する
考え方が変わっていった。子どもたちが自分たちの生活体験をもとに古典につ

いて考え、学びを深めていく様子が見られた。

②見方・考え方の普遍性

　今でも読み継がれている「竹取物語」「平家物語」「伊曽保物語」を、時代背景やあらすじを伝えながら学級全体で読む場を設定した。「平家物語」の「祇園精舎の鐘の声」では、どんなに権力がある人でもその力は長く続かないというメッセージ、「伊曽保物語」の「はととありのこと」では、他人に親切にすると自分にも返ってくるという作者の思いを読み取ることができた。

　授業後の感想では、「昔の人と今の人の思いや考えは変わっていない」と多くの子どもたちが言っていた。古典を通して、今と昔で変わらない、ものの見方・考え方を感じることができていた。

③古典作品への親しみ

　古典の学習を始める際、学級用に竹取物語や平家物語の本を用意し、いつでも子どもたちが本を手に取ることができる読書環境を作った。授業中に能や狂言、歌舞伎などの動画を視聴することで、言葉の響きや表現の仕方に違いはあるが、

「歌舞伎は、劇やミュージカルに似ている」「狂言は、お笑いのような感じ」「今の楽しみは、昔の楽しみが変化していったものだと思う」と、子どもたちは古典が現代の楽しみにつながっていることに気づくことができた。

　単元が終わった後も、学級用の竹取物語や平家物語の本を熱心に読む子どもがいて、日頃の生活でも古典に親しむ姿が見られた。

おわりに

　今回の実践を通して、まずは教師自身が、実際に体験して、教材を深く知り楽しむことが大切であることがわかった。今回、早稲田大学演劇博物館を訪れ、実際に映像や資料を見たことで、古典が身近に感じられるような授業の計画を立てることができた。これは他の教科、教材にも生かすことができることである。これからも、自分の経験を豊かにして、古典に限らずさまざまな授業で教材の魅力を子どもたちと一緒に楽しみ、味わい、学びを深めていきたい。

並行読書で読み味わう「ちいちゃんのかげおくり」

新宿区立西戸山小学校教諭　溝渕 莉奈

はじめに

　私は小学生の頃、国語の教科書に出てくる文章の音読や暗唱が好きだった。6年間何度も文章の音読をしていたので、今でも内容を記憶している教材文が多い。3年生になり、初めて「ちいちゃんのかげおくり」の範読を聞いた時のことだった。私は授業中、涙ぐんでしまった。家に帰りいつものように音読をしていると、いつの間にか涙が止まらず、教科書を見ることができなくなっていた。自分が知らない戦争があった時代に衝撃を受け、心に刺さったのだろう。

　その後も「ちいちゃんのかげおくり」を読むたび、心が苦しかったことを覚えている。このような印象を持っていた「ちいちゃんのかげおくり」を、今度は教師として教える側に立つことに不安があった。しかし、小学生の時に感じた戦争への思いを、戦争のない時代を過ごす子どもたちに伝えるため、学習内容を工夫することで、子どもたちも私も作品を読み味わう授業ができた。

具体的な取り組みと学習指導の工夫

　本実践では、週5時間の国語の授業を教材文の読みとり4時間、並行読書1時間に分け、子どもたちが戦争に関する本と向き合うことができるようにした。

①戦争に関する資料の提示

　子どもたちは戦争になじみがないので、国語の教材文だけでは当時の様子を想像することが難しい。使われていた物や言葉の知識も薄い。そこで、戦争に関する写真や動画をまとめた資料を単元導入時に提示し、教材文を読む際に、場面の様子を想像できる工夫を取り入れた。また、教材文に出てくる言葉は、読み取りの際にも写真を用いて説明をした。この取り組みによって、場面ごとの様子や情景を想像する力が豊かになった。

②並行読書と感想カード

　並行読書は、本実践のテーマである。これまでの授業では、並行読書を取り入れたことがなかったので、初めての取り組みであった。学校司書協力のもと、

戦争に関する本を50冊近く用意し、教室のそば
に本を並べた。

　学習を始める前から戦争の本に興味を持ち、
何冊も読み進めている子どももいたが、これま
で手に取りにくいと感じていた子どもにとって
は、戦争について知る良い機会となった。読書
の時間には、教材文に関連する本を紹介したり、
自分の興味のある本を自由に読み進めるなどし
た。読んだ本は、感想カードに読んだ感想を書きためていった。

　「ちいちゃんのかげおくり」だけではなく、さまざまな本から戦時中の様子
を知ったことで、戦争の怖さや悲惨さを子どもたちは感じていた。また、自分
と年齢の近い子どもの戦時中の生活を知ることで、今生きている時代が平和で
あることを感じる子どももいた。

③学習感想

　導入では初発の感想を書き、終末にはこれまでの学習と感想カードを振り返
って学習感想をまとめた。初発の感想では、登場人物に対する思いを書いてい
る子どもが多く見られた。しかし、学習感想では戦争への思いやその時代を生
きた人への思いなど、教材文だけでなく戦争そのものに対しても思いを感じる
ような文章が見受けられ、並行読書の効果を実感した。

おわりに

　戦争という言葉を聞くだけで、心が痛
くなる。平和な時代に生まれ育った私に
は何が出来るのかを考えた。これまでに
自分が学習してきた知識を教え、受け取
った思いをそのまま伝えることが大切だ
と考え、本実践と向き合った。これから
も授業を通して、戦争の悲惨さや怖さを
子どもたちに伝えていきたい。

居心地のよい学級をつくるための関係づくり

さいたま市立大谷小学校教諭　善養寺　李奈

はじめに

　院生時代に遠藤真司教授の講義で、「教師は子どもたちの人間関係づくりと授業を両輪で考える必要がある」ということを学び、深く感銘を受けた。それから、私は学級の子ども全員が安心して過ごすことのできる「居心地のよい学級」をつくることを目標に教師生活を送っている。

　現在私が勤めている小学校は各学年6クラス編成の大規模校である。担任をしている3年生の子どもたちの多くは4月当初に「同じ学級の仲間でも名前しか知らなくて話したことがない」「名前も顔も知らない人がいた」と言っていた。また、さいたま市で実施している「心と生活のアンケート」を行った結果、自己肯定感が低く、自分の良いところがわからない子どもも多いことがわかった。

　そこで、学級の仲間のことを知り、友達の良いところを見つける活動を行うことで子ども同士の良好な関係づくりにつなげたいと考えた。ここでは朝の会と道徳の授業で行った実践を2つ紹介する。

一日のはじめに「自己肯定感」を高める朝の会

　朝の会では、「ほめほめタイム」と称し、一人の子どもの良いところを座席のまとまりごとに山手線ゲームの要領で伝える活動を行っている。この活動を取り入れてから、1時間目を穏やかに始めることができている。

　特に、1学期は「やさしい」「元気」「面白い」といった単語のみのほめ言葉だったが、2学期になり、「次の日は○○さんだから今日から良いところを見つけておこう」と意識する子どもが増えた。「いつも字をきれいに書いていてノートも丁寧です」「落とした消しゴムを拾ってくれてうれしかったです」のように具体的な行動をほめ合う様子が見られるようになった。

子ども同士で「自分の良さ」を見つけ合う道徳の授業

道徳の授業では、子ども同士で「自分の良さ」を見つけ合う活動を行っている。まず、ワークシートに自分の良いところを書く。その後、班の友達全員から自分の良いところを書いてもらう。それらをまとめることで、「自分は気づいていなかったが友達が教えてくれた自分の良さ」がわかるようにした。

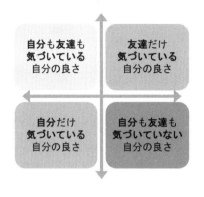

活動後の振り返りでは「自分の知らない一面を知ることができてうれしかった」「今までは自分の良さがあまりわからなかったけど、良いところがわかってきた」「これからはもっといろいろな自分らしさを見つけていきたい」といった肯定的な感想が多く見られた。

おわりに

このような取り組みをした結果、学級では以下のような変化が見られた。

・休み時間に一人で過ごす子どもがいなくなった。
・友達に対して否定的な発言を言わなくなった。
・苦手なことを認め合い、友達の良いところを見つけられるようになった。
・困っている友達を助けてあげようという雰囲気が醸成された。
・保護者から「休み時間や放課後に友達と遊ぶようになった」と言われた。

これまでに述べた活動を通して、1学期には「ほめられてうれしい」という感想だったのが、現在は「自分も友達の良いところを見つけて詳しく言えるようになりたい」と活動自体に意欲的な子どもたちも増えている。

今後は、グループだけでなく、学級に在籍する35人全員で良さを伝え合うなど、活動の幅を広げた取り組みを行おうと考えている。私は、これからも対話的な学習を行うための基礎となる居心地のよい学級をつくるために、子どもたちの関係づくりに力を入れて取り組んでいきたい。

子どもたち全員が参加できる授業づくり

目黒区立菅刈小学校教諭　矢部 遥

　私は、昨年の４月から小学校教師として働き始めた。どのような子どもたちと１年間過ごしていくのか楽しみな半面、学級経営や学習指導を適切に行っていけるのかという不安な気持ちもあった。特に学習指導では、教育実習の時から授業を考えることに苦手意識を感じ、時間を要していたため不安が大きかった。

　学級担任として働き始めると、１時間の授業を展開するだけで精一杯の私の授業では、子どもたちの退屈そうな表情があちこちで見られた。自分自身で試行錯誤するものの、納得がいかず、先輩教師の授業を真似することで日々の授業を保っていた。今、子どもたちが退屈にならないように「全員が参加できる授業」を目指して、日々努力している。

「全員が参加できる」授業づくり

　小学校の授業において「全員が参加できる授業」とは、特別な支援を必要とする子どもを含めた全員が学習内容に興味・関心を持ち、「主体性」と「対話」が成立する授業であると考える。子どもたちが意欲的になる工夫や取り組みやすい工夫、全員が対話できる手立てを教師が授業に散りばめていくことが大切である。私が見つけた「全員が参加できる授業」の工夫を紹介していく。

①学習価値を見出させるアプローチ

　子どもたちのやる気を引き出すためには、子どもたちがその単元や１時間の学習に対して「やりたい」と興味を持ったり、「やるべきだ」と必要性を感じたりすることが重要である。子どもたち自身が学習に価値を見出す必要がある。３年国語科「すがたをかえる大豆」の授業を例に取り上げながら学習の価値を見出させるための工夫について考えていく。

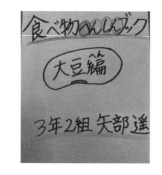

　「すがたをかえる大豆」では題名読みから入り、想像を膨らませると共に、「『食べ物へんしんブッ

ク』を作ろう」と投げかけ、私自身が作成した「へんしんブック」を提示することで、単元の導入の段階で子どもたちの興味を引きつけるよう工夫した。同時に、並行読書を取り入れ、子どもたちが自分の「へんしんブック」を作る準備ができるようにした。

さらに、「『へんしんブック』を作るために何を学習したらよいかな」と発問すると、手本をよく見ながら「文章の書き方を知りたい」や「具体例の順序がありそう」などと話し合っていた。それらを整理することで、見通しを持って学習をスタートできた。興味とともに「へんしんブック」を完成させるという目標を持たせたことで、学習価値が見出されたと考える。

②グループ活動でのアプローチ（資料と活動の工夫）

3年生の社会科「わたしたちのくらしと商店の仕事」では、スーパーマーケットに並ぶ商品がどこから来るのかを調べる時間があった。子どもたちがよく利用するスーパーマーケットのチラシをグループの数だけコピーし、丸をつけていく活動を展開した。商品は赤色で、産地は青色で囲むように指示をした。

まずは、グループで一枚のチラシに丸を書き込むことで、商品と産地を見つける時間を作った。次に、みんなでつけた丸を見ながら、ノートの表に商品と産地を書く時間を作った。すると、特別な支援を必要とする子どもや学習に苦手意識を持つ子どもも学習に参加することができた。時間を明確に分け、シンプルな資料提示とスモールステップの活動を取り入れることで、全員が学習活動に参加できたと考える。このような工夫により、グループでの対話も活発になった。

おわりに

今後も子どもたち全員が参加できる授業、意欲を持って取り組むことができる授業を目指して工夫を続けていくことで、主体的で対話的な学びを実現していきたい。またこのような実践を積み重ねることで、私自身も教師として成長していきたい。

内観を重視した保健指導
～ヨガの理論を用いて～

武蔵野市立第三小学校養護教諭　金重 郁恵

はじめに

　前職でヨガや子ども向けのダンス講師をして
いた経験が、現在の保健指導に大きな影響を与
えている。騒がしく落ち着かない子どもや、か
んしゃくを起こした子どもも、呼吸を整えると
自然と落ち着きを取り戻す。

　今回は、ヨガの理論で大切な「調身・調息・
調心」を用いた個別の保健指導により、子ども
が自らを内観できるように導く実践方法を紹介
する。

前職のヨガ講師時代

実践方法

　保健室から出て校内を見回ると、さまざまな問題に直面した子どもたちと出
会う。友だちとの人トラブルや発達特性によるパニック等が起きた際、心の安
定を取り戻すために、調身（まずは体を整える）、調息（次に呼吸を整える）、
調心（最後に心が整う）の三つを段階的に実践していく。

　まずは調身。静かで落ち着ける環境へ移動を促す。特に視覚や聴覚が敏感な
子ほど速やかに移動する。その際、子どもと関わる教師は二人までとし、過度
な情報が多方から入ることは避ける。また、体調不良や暑すぎ寒すぎなどの不
快感がないかも確認する。

　次に調息。教師側がゆったりとした口調で落ち着いて語りかけ、子どもの現
状について聞き取る。時間に追われているからといって、まくし立てるような
口調になってはならない。「どうしたのかな？ゆっくり深呼吸してみようか。」
と子どもの心に寄り添う。感情が高ぶり泣いている場合には一緒に深呼吸する。
子どもは話を聞いてもらえるという安心感から少しずつ落ち着きを取り戻す。

　そして調心だが、これは時間がかかるので慌てずに行う。「いつ、どこで、

何をしていたら、どうしてしまって、どこを、どうしたので、どうしてほしい。」という内容を丁寧に聞き取る。大切なのは、子どもの言ったことをくり返すことだ。教師の考えや指導は一旦置いておく。なるべく子ども自身に言語化させ、ここに至った経緯や今の心情を聞き取る。教師は子どもの発達段階や特性に応じ内容を整理、要約するとよい。ただし心情の言語化は、目に見える怪我や痛みでわかる体調不良と異なり説明が難しい。その場合は、表情カードを用いて選ばせる方法もある。今の心の状態を自分自身で把握することができるよう援助する。

表情カードと
子どもたちに人気のぬいぐるみ

　内観を重視しこれらの流れを実践した上で、学級担任やその場に居合わせた子どもからの聞き取りなど、次の段階に移行するようにしている。

理想と現実の狭間で

　これらの実践は時間も手間も要するため、学級担任にとっては困難な場合もあるだろう。しかし、子ども自身が内観するという作業を省き、教師側の導きたい方向への指導を優先することは根本的な問題解決にはならない。生涯に生きる自己管理能力を育成するには、子ども自身がその時々の心理状態を内観し、具体的な手立てで解決していける力を養うことが大切だ。そのためには、校内の連携体制が重要である。学級担任が一人で子どもを抱えるのではなく、校内連携体制を構築することが重要である。

おわりに

　異業種から転職した立場で、少し俯瞰して学校教育現場を見ていると、教師の多忙さに驚くと同時に、その中でも懸命に子どもに向き合う姿を度々目にする。しかし、教師は万能ではない。学級内で問題を解決しようと少々頑張りすぎていると感じることもある。一人で抱え込まず、養護教諭やカウンセラー、専科の教師等、たくさんの協力者と助け合うことが当たり前の現場にしたい。

外国語の授業は世界への扉

練馬区立光が丘夏の雲小学校特別非常勤講師　辻 弘子

はじめに

　私は、小学校の講師になる前に、航空会社の客室乗務員、旅行代理店の電話コミュニケーター、ホテルのゲストリレーションズといった接客の仕事をしてきた。数えきれないくらいの失敗を経て学んだことは、「人は気持ちが動くとき、体も動く」ということである。

子どものつぶやきが始まり

　小学校６年生の教科書には、「行ってみたい国」に関する表現を学ぶunitがある。そこで直面するのが、「行きたい国はありません」や「日本を選んでもいいですか」という子どもが多いこ

とだ。憧れの国はないのか聞くと、「全く興味がない」と言う。大人になり、海外に駐在してみたいとも思わないし、旅行や留学でさえも意欲がないというのだ。子どもの頃から英国をはじめとした欧米の文化に憧れの気持ちを抱いてきた私は、どうすれば子どもたちの気持ちを動かすことができるかと考えた。

　授業の中で体験談を交えて国を紹介してきたが、さらに意識してみた。タイで大きな蛇を首に巻いたらひんやりと重く感じた話、ニュージーランドで運転中、羊の群れに道を塞がれた話、オーストラリアでカンガルーステーキを食べた話など、食べ物と動物の話は子どもたちの目が輝く。「へぇ～」「なるほど」という反応がある。子どもたちの心に引っかかり刺激になってほしいとの思いから、いつも子どもたちが興味をひくような外国の話を用意しておくようにした。

　３年生の外国語活動の際、「"Friday" ってフライと同じ音だ！」と叫んだ子どもがいたので、「よく気がついたね。ケンブリッジでホームステイ中、金曜日の晩ご飯は毎週魚のフライだったよ。Fridayだからフライなんだって」と伝えると他の子どもたちも驚いていた。ロシアのマトリョーシカ人形の実物を見せて、「人形はこの中に何個入ってるでしょう」とクイズにしたり、東欧の「ピ

エロギ」は誰も食べたことがなかったので、ポーランド人の友人が実際に作ってくれたものを写真に撮り見せたりもした。教科書に載っている二次元の写真を、経験談を加えることで三次元の生き生きとしたもので伝えたいと思っている。

全国の教師たちとの関わり

日頃、外国語教育に携わっている全国の教師たちとのFacebookでの交流を通して、アイデアやアドバイスを頂いている。使用している教科書には、"Over the Horizon"という他教科との連携を推進しているページがあり、マラウイの子どもの写真には、「大切なものは水」と書かれている。

岩手県花巻市のALT三浦聡美先生が実際に水運び体験を校庭で実践されたと聞き、そのお知恵を拝借した。

家庭科室の大きなたらいと水を入れたペットボトルを用意し、手持ちのアフリカ布を使用することで、アフリカらしさを演出した。子どもたちは腰にアフリカ布を巻き、ペットボトルを入れた大きなたらいを頭の上に乗せて、教室内を歩く。夏休みの課題図書だった「水をくむプリンセス」の絵本を読みながら実践した。子どもたちの振り返りシートには、子どもが毎日水運びをするアフリカの実情への驚きと、蛇口をひねれば簡単に水を得ることができる自分の生活に改めて感謝する記述があった。

また、タブレットが子どもたち1人1台となったことにより、see, eat, buyに注目して検索させるとユニークな食べ物や名所、お土産をすぐに探し出すことができるようになった。ICT環境の変化が外国への関心にもつながる。

おわりに

気持ちが動けばあとはもう早い。どうすれば相手に伝えられるか、自分なりの文章が書きたくて、積極的に質問の手が挙がるようになる。外国語を学習する先に、間違いなく世界への扉がある。子どもたちが夢を持って世界に羽ばたいていけるよう、私も日々学びながら手助けしていきたい。

初任者教師が取り組む学級開き

さいたま市立文蔵小学校教諭　佐々木 琢渡

　昨年度の３月まで早稲田大学教職大学院にて、教育についてさまざまな専門的、実践的な内容を学んできた。学部時代には学ぶことのできなかった「学級経営」や教科の専門性を含むことを学び、教師１年目のスタートを迎えた。教職大学院には現職教員の方が多くいるためさまざまな話を聞いており、４月までの期間で心構えや準備を少ないながらもできていたのではと考えていたが、実際は慌ただしい毎日を送ることとなった。ここでは、教師１年目にあたっての思いや子どもたちの様子、自分なりの工夫や考えについてまとめる。

子どもが来る前の準備

①自己紹介

　一年間担任をする子どもたちとの最初の出会いの場面では、心をつかむ自己紹介をしたいと思った。そのため、好きなこと、好きなスポーツや食べ物、身長など子どもたちの興味を引くことのできる話題を提示した。子どもたちの反応はよく、「自分と同じだ」「一緒に学びたい、遊びたい」というような気持ちを高めることができたのではないかと考える。言葉を通して、子どもたちとのつながりを作ることができた。

②ルール作り

　子ども一人一人が落ち着いた環境で安心して学ぶことができるようにするために、日々過ごす学級のルールを考えた。①人の身体や心を傷つけること、②ごまかすこと、③約束を守らないこと。この３つは、そのような場面があったら、お互いに注意し合うことを学級のルールにした。

　また、「マイナスの言葉はみんなのモチベーションや気分を下げることになる」という話から肯定的な言葉を積極的に使う学級にしたいと伝えた。これはいじめや頑張っている人へのからかいを許さないということにつながっていくのではないかと考え、実践している。

教室環境の工夫

教室環境を整えることで、子どもは落ち着いて生活することができる。そこで、掲示物はそろえて丁寧に貼ることを意識した。このようなことを通して、視覚情報を整理整頓するとともに、子どもたちを大切にしている思いも伝えていきたい。また、当番を責任もって取り組んでほしいという思い

写真1

から、全員が確認できるような場所に写真1を掲示している。

学級の子どもたちの様子

担任している学級には、素直で明るい子どもが多い。授業中も多くの手が挙がり、休み時間は毎日のように外で遊んでいる。元気で活発であるという良い点を伸ばすように心がけている。毎日楽しそうに学校に来る様子から、安心しつつも、気をつけて見守っている。

手伝ってほしいと言うと積極的に給食当番や手紙を配ったりすることを手伝う子どもが多く、大変助かっている。教師になって1年目ということもあり、最初はわからないながらも自分が頑張らなければと思っていたが、教師1人が頑張るだけでなく子どもが活躍できることは積極的に任せてもよいのだとわかってきた。意識してほめることで良い行動が学級全体に広がっていくため、叱ることよりもほめることを意識している。

教師になってからの思い

学生時代には知らなかった事務的な仕事もあり、日々忙しく過ごしているが、ずっと憧れてきた教師という職業につけてやりがいも感じている。授業を子どもと作り上げていく

うれしさや子どもの新鮮な感性にふれられることは、この職業ならではの喜びだと考えている。これからも教師として学び続け、誇りを持ってこの仕事を続けていきたいと強く思う。

憧れの教師という仕事

早稲田大学教職大学院修士２年　丸山 千琴

　人生を振り返るとターニングポイントには、いつも教師との出会いがあった。小学校１年生の時の担任は、入学して間もない不安な時期に私の性格を見抜き、指揮者やリーダーに選出してくれた。その担任との出会いのおかげで、人前に出ることが好きになり、生徒会で活動するまでになった。また、荒れていた学級を６年生の時の担任は始業式から一週間経つ頃にはまとめ上げ、卒業式には学年で一番仲のよい学級にした。当時の私には、担任は何も特別なことはしていないにもかかわらず、学級が大きく変容しているように見え、担任がまるで魔法使いのように思えた。

　早稲田大学教職大学院で学ぶことを決めたのも、大学１年の時に早稲田大学教師塾塾長である遠藤真司先生と出会い、ご教授いただいたことがきっかけである。力のある先生方との出会いが今の自分の土台となり、「教師」という仕事に憧れを抱くきっかけとなった。そして、自分の仕事として「教師」を目指すことに決めたのである。

　子どもたちの前に立つ時、私は孔子の「罪を憎んで人を憎まず」という言葉を大切にしている。子どもたちと一緒に生活をしていると成長にうれしくなることもあるが、指導することも少なくない。私が子どもたちを指導するのは、子どもたちに自分の信念を持って社会でよりよく生きてほしいという願いからである。この願いを絶対に忘れることなく、子どもたちの前に立ちたい。

　そして、私は「教育は人対人」であると考えている。「子どもだから」ではなく、子どもも一人の人として尊重し接して、関係を構築していきたい。指導する際は間違いを正しながら人として大切なことを伝え続ける教師でありたい。

　憧れである教師という仕事は大きな責任が伴う大変な仕事であり、人生の土台づくりを支えることのできる素晴らしい仕事である。自信を持って子どもたちの前に立つために、今後も早稲田大学教職大学院での学びや早稲田大学教師塾への参加を通してさまざまな視点から深く考え学んでいきたい。

教師という夢を持って

「小学校の先生になりたい！」そう思ったのは、恩師との出会いがきっかけである。

小学校3年生の時、友人関係をうまく築くことができず、学校に通うことが億劫になっていた。そんな私を、担任の先生が大きく変えてくれた。毎朝、明るく元気にあいさつをし、周りとうまく打ち解けることができない私を見て、サポートをしてくれた。些細なことかもしれないが、私はその行動一つひとつに勇気づけられ、安心することができた。数日間休んでしまった際には、電話をかけてくれた。その時の「みんな待っているよ」という言葉は今でも心に残っている。この言葉を聞いて、自分を必要としてくれている人がいること、学校は自分の居場所であることに気づくことができた。それから学校に行くことが楽しくなった。

私を大きく変えてくれたこの恩師のように、今度は私が多くの子どもたちに影響を与えることのできる教師になりたい。そのためには、常に相手（子ども一人ひとり）の立場になって考えることが大切だと思う。今、何を考えていて、どういった気持ちになっているのか、どのような言葉をかける必要があるのか。子どもが35人いれば35通りの回答がある。だから、一人ひとりに向き合い、本気で関わり、私なりの答えを見出したい。

大学・大学院での生活では、子どもの立場を意識しながら学んでいる。大学院では、教授や現職の先生方との出会い、実践的な実習や早稲田大学教師塾への参加を通して、大学の時よりも広い視野で考えることができるようになっている。実習において、子どもへの理解が深まっているからこそできる指導や発問を行っている授業を見学させていただき、子ども一人ひとりに対する理解を深めていくことの必要性をさらに感じた。

理想の教師に近づくために、まずは出会った方々としっかりと向き合い、その良さを学んでいきたい。そして、良さを見つけていく力をつけていきたい。

子どもの夢が湧きでるドリームマップの授業

NPO法人こどものみらいプロジェクトゆめドリ正会員
一般社団法人ゆめのチカラ認定ドリームマップファシリテーター　川村 紀子

　11才までの私の夢は、小学校の教師になることだった。特に4年生の時の担任の教え方に惹かれた。教師になった時の参考に、先生がされていた子どもをやる気にさせる工夫をノートに書きとめるほど真剣だった。転校を機にその夢はしぼみ、それからは将来の夢を問われると苦しい気持ちになった。答えを濁しながら内心感じていたのは、不安や劣等感だった。夢を持っている人がまぶしく見え、夢のない自分はだめだと感じた。自信も将来の見通しもないまま、学校の勉強や行事、習い事をこなした。受け身で過ごすうちにやりたいことも好きなこともわからなくなり、進路選択に困り、結局、偏差値を頼りにした。それが、両親が納得し、世間的にも正しい基準だと思ったからだ。

　18才のある日、父の本棚にあった本に書かれた難民の少女のエピソードをきっかけに、「開発途上国支援の仕事をしたい！」という夢が生まれた。望む未来が明確になると、日々の勉強や行動が夢につながることとして意味づけでき、驚くほどにやる気が湧いた。夢がもたらす希望の力を感じた。

　国際協力の仕事に約15年間従事し、縁があって、小・中学校にドリームマップ®授業を届ける活動に参加し始めた。NPO法人こどものみらいプロジェクトゆめドリの活動は、私と同様に「子どもたちが自由に未来を創造するチカラを最大化」という団体のミッションに共感した多様なバックグラウンドを持つ有志の大人たちによって実施されている。

ドリームマップ授業と先生の期待

　ドリームマップ®とは、「夢をかなえるワン・ツー・スリーの法則」「夢をえがく4つの視点」、そして「仕事は夢をかなえる手段」「仕事を通じて社会とつながる」などの考え方や、ビジュアル化する制作物作成に導くワークなど一連

の流れ全てを指している。ドリームマップ授業は、このドリームマップ®を用いて、子どもたちが自己を探究し、自分にとっての幸せな人生を考え、新しい発見や豊かな発想が生まれる場を体験するプログラムだ。2004年に経済産業省の起業家教育促進事業に採択されて以降、運営母体は変遷しつつも、小学校から大学まで全国の学校で活用され、近年は年間約15000人の子どもたちが授業を受けている。

学校から届く授業申込書には、授業への期待として「自分の将来に成長のイメージを持って自信を持ち、自己肯定感を高めたい」「明るい見通しを持って生き方を考える機会にしたい」「学校や家庭での生活の中で目標を持ち取り組む意欲を持たせたい」「過去を振り返る学習ではなく、未来思考型で学習したい」などが挙げられている。子どもたちの現状の危惧としては、自己肯定感の低さや、目標を自ら見出しにくいこと、正解を好み、失敗を恐れがちなこと、将来に漠然とした不安を持っていることなどが記されている。

授業は一日通して6時間かけて行われる。1・2時間目は今の自分を知り、3・4時間目に夢をえがき、5・6時間目に夢を伝え合う。各学級には専門研修を受けた認定ファシリテーターが2名入り、子どもたちが自由に大胆に夢をえがけるように「待つ、聴く、受け止める」姿勢で、伸び伸び発言できる場を

作る。子どもたちは所定のワークブックの流れに沿って、自分自身と対話する。同級生の考えにふれたり、初めて会う外部の大人からの肯定的な承認も助けに、6時間じっくりと取り組む中で徐々に枠が外れていく。自分の好きなことをベースに、欲しい物ややりたいこと、周りの人や社会とどのように関わりたいかという視点で発想を広げると、望む未来が具体的に見えてくる。自分の個性やよさ、可能性も感じる。「こうだったらいいな！こうだったら幸せ！」と湧き出てきた夢を、台紙の上に写真や文字で可視化すると、それはわくわくして自然と行動したくなる原動力になる。

ドリームマップ授業を受けた小学生の感想

● 今までしょうらいのことを考えたことなんて全然なかったし、ほとんどの夢があやふやだったので、いろいろ考えることができて良かったです。（4年）

● 「自分のこんないいところ、夢があるんだ！」と思いました。もっともっと深い夢を作って自分で自分を楽しませたいと思います！（6年）

● しっかりと自分の夢に向き合ってみれば、こんなに夢がふくらむんだとおどろきました。そして自分の夢をかなえるために、失敗をおそれずに、たくさんちょう戦したり、いろいろな人の気持ちに触れたりしていきたいと思います。（4年）

● わたしは「こうなりたいな〜」という夢を見て、そしたら、「その夢をどうしたらかなうだろう」と考えて行動するという図が一番印象に残っていて、将来に向けて行動しようと思いました。（6年）

● すこし自分の夢と自分が好きになれました。これからは自分の夢に向かってつきすすんでいこうと思います。（4年）

● 友だちの夢もどれもこせいてきで、いろいろな夢をもっていると思いました。みんなの夢を応援したくなりました。（4年）

● 発表した時に言った今日からできることを家でさっそくやってみました。イメージがだんだんふくらんで、とてもいいアイデアがでたりして楽しかったです。（4年）

● 目標ができたことで、そのために努力をするようになったと思います。これから自分の夢のことについて調べたり、新しいことにチャレンジしたりしていきたいと思います。そして、これからも自分のことを知りたいと思います。（4年）

● ぼくは、自分の好きなことややりたいことは自分で決めていいということを学びました。理由は、皆の発表をきいたときに、皆それぞれちがう夢を持っていたからです。ぼくは自分のやりたいことを大切にしていきたいです。（6年）

変化の激しい時代を生きる子どもたちの未来を応援するために

　社会は多様に変化し続け、未来は一層、予測困難になっている。この時代を生きる子どもたちが、自分の道を切り拓き、それぞれに思いえがく幸せを実現してほしい。新しい学習指導要領にこめられたこの思いを、現場の教師たちからも強く感じる。NPO法人こどものみらいプロジェクトゆめドリは、学習指導要領の改訂内容に合わせ、「主体的・対話的で深い学び」をより重視し、「子どもが主役」「夢が湧き出る場」をキーワードにドリームマップ授業のプログラムを見直した。また全国に広がる授業の質の標準化を目指し、標準スクリプトを作成した。研修の充実を図り、活動に参加する認定ファシリテーターの更新研修は、毎年の必須受講にした。ドリームマップ授業の学びをキャリア・パスポートに活用し、継続的に成長を振り返り、生き方を考える試みがされつつあり、ゆめドリも教材開発を始めた。現場の教師のニーズや期待に応えられるよう、今後も、質の維持と進化のための努力を続けていく。

おわりに　〜「ゆめのチカラ」を主体的に生きる力に〜

　ドリームマップの授業で出会う子どもたちが、「自分にも夢があった！」と目を輝かせる様子を見るたびに、夢には自信を生む力があると感じる。画用紙からあふれんばかりに多くの夢をえがいたドリームマップにも、たった数枚の写真が貼られたドリームマップにも優劣はない。子どもたちにとって、自分の人生は他の誰かが決めるのではなく、自分でつくっていくものということを経験する一日となることを大切に思っている。

　授業の最後に「ドリームマップに完成はない。これからもパワーアップさせよう」と子どもたちに伝える。私たちは日々、新しい出会い、新しい学びがあり、新たな夢が生まれたり、時に夢ががらりと変わることもある。子どもも大人も、折々に自分をじっくり見つめ、自分だけのドリームマップをえがき、周りの人たちと分かち合うことが、人生を豊かに味わい生きる一助になればと願う。

NPO法人こどものみらい
プロジェクトゆめドリ
https://yumedori.or.jp/

一般社団法人ゆめのチカラ
https://dream-map.co.jp/

ドリームマップ®は一般社団法人ゆめのチカラの登録商標です。

編集後記

　編集委員として、私は主に同じ学校で仕事していた方々の原稿を担当しました。当然のことながら私は、担当した先生方がふだんから熱意を持って、素晴らしい指導しているのを知っています。その素晴らしい実践が、原稿からも読者に伝わるようにと思いを込めながら編集を行なってきました。2ページまたは4ページと限られた文字数の中ではありますが、十分にその素晴らしさが敷詰められた内容に仕上がっています。また、私自身も、この原稿から新たな刺激をもらえました。早稲田大学教師塾の全てがこの本に詰まっています。この本を手にした方にとっても、教育に対する視野が広がるきっかけになればと思います。
江袋勇樹

　「ご縁が、人を導く。」この言葉に、私の教員人生が、全て集約されているように感じます。小学校の教師になったことも、早稲田大学大学院に派遣されたことも、この本の制作に関われたことも、全てが「良縁（ご縁）」です。この本は、早稲田大学教師塾に集う教師のご縁が繋いだ結晶といえる1冊です。稲門の風が吹く中、理論と実践の往還を交え、未来への教育の灯を語り合った日々。誰と出会うかで人生は変わり、誰と出会うかは自分次第です。そして、この本との出会いが、誰かの教員人生を耕し、豊かに潤すことを願います。最後に、塾長である早稲田大学教職大学院客員教授の遠藤真司先生に感謝と敬意を表すと共に、教師塾の更なるご発展に今後も関われたら幸せです。**齊藤佑季**

　今回、グループの執筆原稿の取りまとめを行い、それぞれの先生方の貴重な実践について知ることができたこと、共に関わることができたことに感謝の気持ちでいっぱいです。その中で、私自身にも大きな学びがあり、自身の実践をブラッシュアップする機会となりました。このような役割を与えていただいた遠藤真司先生にも感謝申し上げます。この本には、それぞれの先生方がこだわって取り組んでこられた実践や自身の強みを生かし、授業に反映させた実践などの集大成になる本です。この本を手にして、それぞれの実践にふれたとき、

どのような自分でいるでしょうか。そして、どのような自分でありたいと思うでしょうか。自分自身の実践を見直し、これからの授業実践の糧にする。そのような思いにさせられる本です。

関川　卓

　私は編集委員として、若手の先生方と一緒に原稿の執筆に取り組んできました。若手の先生方の原稿を読む中で、今まで忘れていた教師としての初心を思い出すことができました。子どもたちを大切にし、学級全体が笑顔であふれるような実践を読む中で、私自身多くのことを学ぶことができました。この本はそのようなきらりと光る実践であふれています。内容は、日々の学級経営からさまざまな教科の指導まで十人十色。でも全ての方の原稿の根底には、塾長である遠藤真司先生が大切にされている教育への「熱・愛・力」があります。読んでくださった方が明日からがんばろうと思える素晴らしい本の編集に携わることができたこと、大変うれしく思っております。

関口友子

　毎日子どもたちと過ごしながら授業を行い、さまざまな働きかけをしていますが、自分の実践をじっくり見つめ、文章にすることは多くありません。今回の原稿作成にあたり、改めてこれまでの自分の日々の実践や教職大学院で学んだ1年間を振り返るよい機会となりました。編集委員として感じたことがあります。それは、教師塾に参加されている先生方がご自身の専門性を高めながら実践されていることや、その専門性の幅広さです。そして何より、先生方が熱意を持って教壇に立たれていることです。この本を手に取ってくださる方々にこれだけ多くの仲間たちがいることを感じていただくとともに、明日から使えるヒントとなりますことを願っております。

前河英臣

　私は、編集委員として携わる過程で、先生たちの実践を裏付けている、その先生が大切にしているものを感じることができました。

　この本には、具体的実践内容という海面に出ている氷山、目に見えている氷山の部分だけでなく、海面よりも下にある、目には見えない、実践の背景にある先生の「動機」や「理念」を知ることができます。また、どのページから読んでも読みごたえのある内容となっています。興味のあるページから、「実践

してみたいな」と思ったページから、読みたいように読む。そんな「主体的な読み」をこの本を手に取った方にしていただきたいと思っています。**西田雅史**

　これほどたくさんの教師たちが執筆した本を、私はこれまでに見たことがありません。ここに集められた一つ一つの実践は、さまざまな世代の、さまざまな経験を持つ教師たちが試行錯誤して得たものの結集であり、早稲田大学教師塾に集まる「学び続ける教師たち」の姿そのものだと思います。教師自身が学ぶことを楽しんでいるからこそ、学校は生き生きとした活気ある場所になると思っています。この本は、そんな教師たちの、等身大の実践です。私は、編集委員として携わるうちに、共に学ぶ仲間がこれだけいるのだと、勇気をもらうことができました。この本を手に取った方にとっても、そっと背中を押す一冊になってくれることを願っています。

増田智恵子

　今回、編集委員としてグループ内の先生方と原稿のやり取りをさせていただきました。その中で感じたことは、経験年数に関わらずお一人お一人が教師としての責任と熱量をもって日々のご実践に取り組まれているということです。よりよい学校をどのように作っていけばよいのか、働き方の視点や授業づくりの視点など、さまざまな視点をもって執筆されていました。私自身、皆さんの原稿を拝読し、自分の実践を振り返って価値付けし直すことにつながりました。読者の皆様にとっても、この書籍の内容が、教師としての日々の仕事の励みになったり、自信につながったりするとよいなと思っております。　　**渡邉成啓**

　この３年間、直接子どもの学ぶ姿を見て、教師が互いに考えを交わすといった機会が激減し、授業研究のあり方が大きく変わってしまいました。そんな中でも、早稲田大学教師塾では、自ら学ぼうとする教師が集まり、授業の在り方、児童との関わり方など教師としての目指すべき姿を語り合い、交流してきました。そして本著では、遠藤真司先生のご指導のもと、教師塾で学ぶメンバーのそれぞれの思いをまとめることができました。新たな教育課題が山積の日々の中で、一人一人の教員の熱い思いに溢れる実践や教育観にふれ、前向きな意欲を持てる１冊となってくれることを願います。

佐々木千穂

塾長と私

発行所 代表　大平 聡

　遠藤真司先生との出会いは、全国組織の校長会の機関誌編集会議であった。民間大手企業から教職への転職という経験知に笑顔を携えながらの委員としての登場は、若い眼鏡の「ひょっこりひょうたん島の博士くん」との印象だった。担当の月号編集手配を早速にまとめ上げられていた。

　その後、委員長となり、編集会議では委員皆さんの意見を広く掬い上げ名舵取り役をされた。一方、本業の校長職と多くの役職とともに、幾多の試練を糧に円熟した名校長へとなられた。

　かつて、奈良、三重でご一緒した校長会の全国研究大会の取材では、不思議な御縁を感じた。それは大会後の奈良公園でのバッタリ遭遇、そして伊勢神宮内宮でも、これまたバッタリ、場所が場所だけに神がかりとの感でもあった。

　定年退職後は母校早稲田大学で教鞭をとられ、学究も深められ、この度、著書刊行の運びとなり制作に携われることに、ここでもバッタリの御縁再々来を喜んでいる次第である。

遠藤真司先生（右）と

おわりに

　私が大学生の頃、父は小学校校長、母は小学校教師でした。当時は親と同じ職業になる考えは全くなく、卒業後は民間企業に就職しました。社会人となった1年目の秋、母が通勤途上で脳動脈瘤破裂のために倒れて急死し、突然の悲しみの中、次第に自分の生き方を私は考え直すようになりました。

　経済活動の仕事より、人を育てる教師としての仕事に就くことへの思いが出てきて、働きながら大学の通信教育で教員免許を取り、教員採用試験を受験することにしました。私が働いていた職場は大変忙しいところであり、日々の仕事は激務でした。休みがあまり取れず毎日夜遅くまで働き続けました。帰宅してから深夜まで、時には明け方まで通信教育の勉強を続けたものです。何年もかかって取得した教員免許であり、働きながら勉強をして受験をした教員採用試験でした。晴れて合格した時は、受験勉強の苦しさから解放される安堵感と、苦労してなった教師の仕事に誠実に向き合おうと決意をしました。

　教師という職業は、子どもの成長に直接関わることができる喜びあふれる職でした。教師である自分を信頼してくれる子どもたち、私の指導を支えてくれた保護者たち、共に教育活動を進め貴重な助言をしてくれた先輩、同僚、後輩の教師たち、ここで出会った人たちがいたからこそ、自分の教師人生は充実感でいっぱいとなりました。また、もともと教師志望ではなく、途中から私と同じように教師になった兄との多くの時間をかけた語り合いも、私の教師としての基礎をつくってくれました。振り返って微笑むことができるこの数十年間は、決して後悔することのない微笑ましい人生の確かな足跡となりました。

　「教育は人なり」という言葉があります。教える者と学ぶ者、その信頼関係には当然のことながら人間性が表れてきます。人と人とのつながりを大事にして、お互いを認め合いながら前に進んでいく過程は、まさに子どもだけでなく、教師本人にとっても人間性陶冶の場となります。自分の人間力を高めることに向き合った者は、よき指導者となり、よき教師となることと信じて進んできました。

　校長時代から、多くの学校から呼ばれて続けている研究会講師、この回数は、

2023年7月には合計数が600回を超えました。一つの研究授業のためには、その教師は学年教師とともに教材研究をし、授業展開を考え、資料を作成し、学習指導案をつくります。授業本番では緊張感とともに、子どもとのやりとりを上手に行いながら進めていきます。計画を立てたにも関わらず、時には予想していない反応に戸惑いながら、その場で臨機応変に受け止め指導をしていかなければなりません。研究協議会では、多方面からの課題を指摘され、それを次の授業に向けて改善をしていきます。

　このような研究授業での教師の大変さ、苦労を600回も目の当たりにして指導を行ってきたということです。思えば大変な数となりました。研究会講師として、教師の授業に接すれば接するほど、教師という仕事の大きな影響力を感じます。自分もこの仕事に就いていたとはいえ、子どもを導く仕事の崇高さに心が揺さぶられます。授業を積み重ねて、自信をつけていく教師を数多く見てきました。私の指導助言、励ましが、その教師の指導力向上の一助となっていたのなら、こんなにうれしいことはありません。

　しかし、壁にぶつかる教師もまた少なくありません。人間相手だからこそ思うようにいかないことも当然あります。何とかその壁を乗り越え、教師としての仕事のやりがいを感じてほしいという思いが出てきます。

　私は今、多くの人たちの教師人生を、充実感で満たし導く役割を担っていると思っています。教師塾に集う者たちは、みな共に教育を本気で考え、高みを目指す仲間です。切磋琢磨して、この研究会で学び続ける者たちは、きっと教師としてのよりよい生き方を見つけることになると信じています。

　「夢があるから人生は輝く」モーツァルトの名言です。この書籍『学び続ける教師たち』に著されている考えや実践を読むと、教育に携わる者として、さらなる夢が湧いてきます。一つでも二つでも、この書にある実践を学びとり、教育の考え方を知ることで、自分の教師人生が輝くものになるはずです。志を高くして、これからも学び続ける教師たちが、今、私の目の前にいるということ。明日の教育の灯りを感じずにはいられません。

　　　　令和5年（2023）8月　早稲田大学の研究室にて　　遠藤　真司

執 筆 者 一 覧

【編者・執筆者】

遠藤真司　　　早稲田大学教職大学院客員教授　教師塾塾長

【執　筆　者】五十音順　※編集委員

相坂岳宏　　　大田区立梅田小学校主任教諭
赤堀貴彦　　　大田区立都南小学校主幹教諭
秋山絵茉　　　江戸川区立篠崎小学校教諭
飯島典子　　　大田区立赤松小学校校長
池田美智子　　宮城県仙台市立八乙女小学校教諭
池田良子　　　練馬区立高松小学校主任教諭
石田惇二　　　豊島区立池袋第一小学校主任教諭
伊藤雄一　　　練馬区立田柄小学校校長
井村珠生　　　練馬区立下石神井小学校主任教諭
入江一葉　　　大田区立池上小学校教諭
内田典子　　　豊島区立池袋第一小学校校長
※江袋勇樹　　大田区教育委員会指導課指導主事　教師塾運営委員代表
大井川今日子　荒川区立尾久小学校主幹教諭
大木戸冬弥　　中央区立有馬小学校教諭
大熊啓史　　　台東区立石浜小学校主幹教諭
小川美希　　　江戸川区立篠崎小学校主任教諭
加賀美夏生　　早稲田大学教職大学院修士２年
神前珠美　　　大田区立都南小学校主幹教諭
神永雅人　　　東久留米市立第二小学校主幹教諭
金重郁恵　　　武蔵野市立第三小学校養護教諭
川村紀子　　　NPO法人こどものみらいプロジェクトゆめドリ正会員
神田しげみ　　玉川大学教師教育リサーチセンター客員教授
黒﨑祐子　　　東久留米市立第十小学校主任教諭
東風安生　　　横浜商科大学商学部教授　教師塾顧問
※齊藤佑季　　世田谷区立中丸小学校主幹教諭
齊藤研太　　　江戸川区立篠崎小学校主幹教諭
材木優佳　　　国分寺市立第五小学校主任教諭
佐々木琢渡　　さいたま市立文蔵小学校教諭
※佐々木千穂　千代田区立お茶の水小学校主任教諭
島田葉子　　　東久留米市立第二小学校主任教諭
下川智裕　　　足立区立伊興小学校教諭
杉山浩規　　　立川市立大山小学校校長
鈴木富雄　　　東久留米市立第九小学校主任教諭
※関川　卓　　練馬区立豊玉第二小学校主幹教諭

※	関口友子	江東区立豊洲小学校主任教諭　英語専科　教師塾事務局代表
	関口侑羽	葛飾区立原田小学校教諭
	善養寺李奈	さいたま市立大谷小学校教諭
	田代かれん	世田谷区立給田小学校教諭
	田中裕里	板橋区立三園小学校主任教諭
	辻　弘子	練馬区立光が丘夏の雲小学校特別非常勤講師
	土谷英純	足立区立梅島小学校主幹教諭
	堤　　緑	練馬区学校教育支援センター光が丘第一分室つむぎ非常勤（元主幹教諭）
	渡久地温子	大田区立馬込小学校主任教諭
	長塚まみ	足立区立平野小学校主任教諭
※	西田雅史	板橋区立北前野小学校主任教諭
	芳賀英幸	武蔵村山市立第一小学校講師（元副校長）
	蜂須美加	国分寺市立第六小学校教諭
	林　　岳	足立区立足立入谷小学校主幹教諭
	樋口由紀子	東久留米市立第十小学校校長
	福盛田嘉子	目黒区立田道小学校主任教諭
	船津亜沙実	西東京市立栄小学校主任教諭
	古矢美雪	東久留米市立第五小学校校長
	本間信治	元板橋区立舟渡小学校校長　教師塾顧問
※	前河英臣	江東区立第五大島小学校主幹教諭
※	増田智恵子	小笠原村立母島小学校主任教諭
	松浦かおり	国分寺市立第二小学校主任教諭
	松木和江	練馬区立光が丘夏の雲小学校講師（元主任教諭）
	丸山千琴	早稲田大学教職大学院修士２年
	三浦万由子	江戸川区立篠崎小学校教諭
	溝渕莉奈	新宿区立西戸山小学校教諭
	湊屋　幸	中央区立有馬小学校主幹教諭
	宮﨑友美子	荒川区立第三日暮里小学校主任教諭
	森谷一経	開智国際大学国際教養学部教授　教師塾顧問
	八重樫祐子	練馬区立光が丘夏の雲小学校教諭（元主任教諭）
	矢部　遥	目黒区立菅刈小学校教諭
	山川寛子	東久留米市立第五小学校音楽講師（元主任教諭）
	山根まどか	三鷹市立北野小学校校長
	吉田光男	練馬区立旭丘小学校主幹教諭
	米本美由紀	元東京都公立小学校、元川越市立公立中学校養護教諭
※	渡邉成啓	江戸川区立篠崎小学校主幹教諭

遠藤真司（えんどう しんじ）

- 早稲田大学教職大学院客員教授
- 早稲田大学法学部卒業後、民間企業２社を勤務した後、東京都公立小学校の教諭となる。２校９年間にわたり校長として学校経営を行う。専門領域は国語教育、学校経営、学級経営、教員養成。
  小学校国語教科書編集委員、全国連合小学校長会機関誌『小学校時報』編集委員長、東京都小学校国語教育研究会会長、東京都青年国語研究会会長、関東学級力向上研究会会長、西東京市教育委員会教育計画策定懇談会座長などを歴任。校長退職後は４年間に渡り、開智国際大学教育学部准教授としても教壇に立つ。現在は豊岡短期大学非常勤講師、日本児童教育専門学校講師、武蔵野市教育委員会教育アドバイザーも兼任。日本語能力検定委員。NHKのニュース番組などで時々教育問題についてのコメントを発信する。
- 多くの学校や教育委員会での講演会、講師回数は2023年７月に600回を超える。
- 教師の総合的指導力を高め合う研究会「早稲田大学教師塾」を主宰。現在会員数は150名超。

著書　「校長の力は『話す力・聞く力』で決まる」「校長の力は『書く力』で決まる」「校長の力は『対応力』で決まる」（単著：第一公報社）、「小学校国語科授業づくりガイドブック」（共著：明治図書出版）、「学校マネジメントの視点から見た学校教育研究」（共著：文学社）、「小学校国語教育　板書で見る全単元の授業のすべて」（共著：東洋館出版社）、「教育の質を高める教育原理」（共著：大学図書出版）等多数。

論文　「国語科における『一貫した問い』の有効性」（早稲田大学大学院紀要）などこれまでに発表した論文は16本、うち査読付き論文が７本。

学び続ける教師たち —早稲田大学教師塾発—

令和５年(2023)９月２日　初版第一刷

共　著　　遠藤真司と早稲田大学教師塾の仲間たち

発行人　　大　平　　聡

発行所　　株式会社　第一公報社

〒112-0002
東京都文京区小石川4-4-17
電話 03(6801)5118　FAX 03(6801)5119

印刷・製本　港北メディアサービス株式会社